KB212598

주 예수여 오시옵소서

요한계시록 강해 - 개정판

황삼석 지음

엘맨
하나님의 사람을 만들어 가는 ELMAN

주 예수여 오시옵소서
요한계시록 강해 - 개정판

초판1쇄 2021년 8월 20일

지은이 : 황삼석
펴낸이 : 이규종
펴낸곳 : 엘맨출판사
등록번호 : 제13-1562호(1985.10.29.)
등록된곳 : 서울시 마포구 토정로222
             한국출판콘텐츠센터 422-3
전화 : (02) 323-4060,6401-7004
팩스 : (02) 323-6416
이메일 : elman1985@hanmail.net

www.elman.kr

ISBN : 978-89-5515-006-3 03230

값 13,000 원

주 예수여 오시옵소서

요한계시록 강해 – 개정판

황삼석 지음

엘맨
하나님의 사람을 만들어 가는 ELMAN

머리말

저는 1973년도에 은혜체험을 하고 기도하면서 한동안 성경을 읽는데 열중하였습니다. 저는 성경을 읽으면서 요한계시록의 중요성을 알게 되었고 목회를 하면서 성도들에게 요한계시록의 말씀도 열심히 가르치게 되었습니다.

요한계시록의 말씀은 두려운 말씀이 아닙니다. 물론 불신자들에게는 요한계시록의 말씀은 두려운 말씀입니다. 왜냐하면 요한계시록에는 불신자들이 받을 재앙과 심판과 멸망과 지옥이 기록되어 있기 때문입니다. 그래서 요한계시록에서 불신자들은 하나님의 진노를 두려워하는 것을 볼 수 있습니다. 그러나 성도들에게는 요한계시록의 말씀이 두려운 말씀이 아닙니다. 왜냐하면 요한계시록에는 성도들이 받을 하나님의 보호하심과 상급과 영생과 천국이 기록되어 있기 때문입니다. 그래서 요한계시록에서 성도들은 하나님의 의로운 심판을 즐거워하며 찬양합니다.

요한계시록은 예수님께서 교회들을 위하여 그 천사를 사도 요한에게 보내어 알게 하신 말씀입니다. 그러므로 요한계시록의 말씀을 교회가 알아야 합니다. 저는 성도들이 요한계시록의 말씀을 바르게 알기를 소원합니다. 왜냐하면 거짓 교훈으로 성도들을 미혹하는 자들이 잘못 해석한 요한계시록의 말씀으로 미혹하기 때문이며, 성도들이 요한계시록의 말씀을 바르게 알아야 거짓된 교훈에 미혹되지 않기 때문입니다. 그래서 저는 성도들이 요한계시록의 말씀을 바르게 아는데 조금이라도 도움이 되기를 원하는 마음으로 2005년도에 "주 예수여 오시옵소서(요한계시록 강해)" 제목의 책을 출판하였습니다. 그리고 이번에 말씀을 다시 정리하고 보충하여 개정판으로 출판하게 되었습니다.

본서를 읽는 모든 분들에게 성령님이 역사하셔서 바른 믿음이 무엇인가를 깨닫게 하시고 바른 신앙생활을 할 수 있게 하시기를 간절히 바랍니다.

부족한 종에게 본서를 출판할 수 있도록 은혜 주신 하나님 아버지께 감사드리며 영광을 돌려 드립니다. 그리고 부족한 종을 주의 사랑으로 사랑하며 올해 정년 은퇴하기 까지 목회사역과 해외 선교사역과 출판사역에 협력해 주신 우리 동천교회 당회와 제직과 모든 성도들에게 감사드립니다. 또한 부족한 종의 목회 동역자가 되어 묵묵히 협력한 사랑하는 아내와 자녀들에게도 감사합니다. 그리고 9번째 책까지 출판을 맡아주신 엘맨출판사 임직원들에게도 감사드립니다.

2021년 8월
빛고을 광주 두암골에서 황삼석

차례

서론

　요한계시록을 기록한 당시는 로마 도미티안 황제의 통치 말기(주후 95-96년경)로 로마 네로 황제 때부터 시작된 기독교 대 박해의 최고조 기였으며, 로마제국과 기독교의 마찰의 최대 쟁점은 황제숭배였습니다. 그리고 당시는 바울과 베드로와 대부분의 사도들이 이미 순교했고, 로마제국 곳곳에서 많은 성도들이 박해를 받았으며, 성도들은 계속되는 박해로 초기의 믿음의 열정과 열심이 매우 쇠퇴한 상황이었습니다.

　예수님이 태어나신(세상에 오신) 당시에도 로마제국이 유대를 지배하던 때였고, 예수님이 사역을 시작하실 때에도 로마제국이 유대를 지배하고 있었습니다. 그러나 예수님은 로마당국과 충돌하지 않으셨습니다. 예수님이 총독 빌라도가 내주어 로마 군병들에 의해 십자가에 못 박혀 죽으셨으나 이는 유대인들의 요구에 의한 것이었습니다. 예수님은 로마의 박해보다 오히려 유대인들의 박해를 받으셨습니다.

　그리고 사도들도 로마 당국과 크게 문제가 되지 않았습니다. 유대 관원들과 제사장들이 사도들을 박해하고 옥에 가두었으나 로마당국의 박해는 없었습니다. 그래서 사도 바울과 다른 사도들이 로마 제국의 여러 곳을 다니며 복음을 전하고 교회를 세웠으며 로마에도 교회가 세워졌습니다. 사도 바울은 유대인들에게 붙잡혀 그들이 죽이려할 때에 로마 군대 천부장의 도움을 받았으며, 바울은 로마에서 황제에게 재판 받기를 청원하여 로마로 호송되기도 하였습니다.

그런데 로마 황제 네로 때에 기독교 대 박해가 시작되었습니다. 네로는 주후 54년 16세의 어린 나이에 그의 어머니 아그리피노의 도움으로 로마의 5대 황제에 오릅니다. 그런데 네로 황제는 폭군으로 자기 어머니도 살해하게 됩니다. 그리고 주후 64년에 로마에 대화재가 발생하게 됩니다. 그때 네로 황제는 대화재로 민심이 흉흉해지자 기독교인들을 방화범으로 몰아 대대적으로 처형하였습니다. 이렇게 주후 64년부터 68년까지 로마 황제 네로의 1차 기독교 대 박해가 있었는데 이 때 사도 바울은 주후 67년에 순교하였고, 사도 베드로는 주후 68년에 순교하였습니다. 그런데 주후 68년에 로마 원로원은 네로 황제를 해임시켰으며, 네로 황제는 왕궁을 버리고 쫓겨났으며 반대파의 추격으로 죽을 지경에 이르자 그의 나이 31세 때에 자살을 하였습니다.

네로가 퇴위한 후 로마는 정치적인 불안이 계속되었으며 로마 6대 황제 갈바는 재위 221일 만에 암살을 당하고, 로마 7대 황제 오토는 재위 91일 만에 자살을 하며, 로마 8대 황제 비텔리우스는 재위 247일 만에 처형을 당합니다. 그리고 로마 9대 황제 베스파시안 즉위로 로마는 안정을 되찾았습니다. 베스파시안 황제는 재위기간(주후 69-79년) 동안 더 이상 기독교를 박해하지 않았습니다. 그래서 기독교는 평안을 누렸으며, 이 평안은 그의 아들 로마 10대 황제 티투스의 때에도 계속되었습니다. 그러나 티투스 황제가 갑작스런 열병으로 죽게 되고 그의 동생 도미티안이 주후 81년 로마 11대 황제가 됩니다. 그는 황제가 신들의 신이라고 선포하며 황제 신상을 세우고 황제 숭배를 강요하였습니다. 그리고 황제 숭배를 거부한 그리스도인들에 대한 2차 대 박해가 로마제국 전역으로 확대되었습니다. 그래서 수많은 그리스도인들이 순교를 당했습니다. 이렇게 기독교를 박해한 도미티안은 주후 96년에 암살되었습니다.

도미티안 황제의 기독교 대 박해 때(주후95-96년 경) 사도 요한도 밧모 섬에 유배되었으며 예수 그리스도의 계시를 받아 기록하였는데 바로 요한계시록입니다. 바벨론 포로생활 때 선지자 에스겔과 다니엘이 받은 종말의 계시로 구약의 에스겔과 다니엘이 있으며, 로마제국의 식민지 생활 때 사도 요한이 받은 종말의 계시로 요한계시록이 있습니다.

요한계시록은 다른 성경과 같이 진리의 말씀 곧 구원의 복음입니다. 하나님이 주신 구원은 영을 살리신 구원이며, 이 세상에서 보호하시고 양육하시는 구원이며, 하나님의 진노하심에서 건지시고 천국에 들어가게 하시는 구원입니다. 요한계시록은 주로 하나님의 진노하심에서 건지시고 천국에 들어가게 하시는 구원을 말씀하는 종말론에 해당하는 예언의 말씀입니다.

1장

예수 그리스도의 계시

1장
예수 그리스도의 계시

　요한계시록은 예수 그리스도의 계시입니다. 곧 요한계시록의 계시
자는 예수 그리스도이십니다. 이 계시는 성부 하나님께서 그 아들 예
수님에게 주셨습니다. 그리고 예수님은 아버지 하나님께서 주신 계시
를 그 천사를 사도 요한에게 보내어 알게 하셨습니다. 곧 요한계시록
은 하나님 아버지께서 예수님에게 주신 반드시 속히 일어날 일들을 예
수님이 그 종들에게 보이시려고 그 천사를 그 종 요한에게 보내어 알
게 하신 것입니다(계1:1). 요한계시록의 계시의 통로는 성부 하나님
→ 예수 그리스도→ 천사→ 사도 요한→ 예수 그리스도의 종들(교회)
입니다. 하나님이 그의 종들에게 반드시 속히 되어질 일을 보이시려
고 그의 천사를 보내신 것입니다(계22:6).

계1:1　　　"예수 그리스도의 계시라 이는 하나님이 그에게 주사 반드시
　　　　　속히 일어날 일들을 그 종들에게 보이시려고 그의 천사를 그
　　　　　종 요한에게 보내어 알게 하신 것이라"
계22:6　　"또 그가 내게 말하기를 이 말은 신실하고 참된지라 주 곧 선지
　　　　　자들의 영의 하나님이 그의 종에게 반드시 속히 되어질 일을

"계시(헬, 아포칼륍시스)"라는 용어는 "드러내다, 나타내다, 알게 하다, 보이다"라는 뜻이 있습니다. 그러므로 계시는 하나님이 사람들에게 드러내고 나타나게 하여 알게 하시고 보게 하시는 것입니다. 그래서 우리는 하나님의 계시로 알게 됩니다.

예수 그리스도의 섬긴 바가 자기를 위한 것이 아니요 우리를 위한 것임도 우리가 계시로 알게 되었습니다(벧전1:12). 그리고 누구든지 계시를 받지 않고는 하나님 아버지를 알 수 없습니다(마11:27). 그래서 사도 바울도 예수 그리스도의 계시로 복음을 받았으며 여러 계시를 받았습니다(갈1:12, 엡3:3, 고후12:1, 고후12:7). 그러므로 우리에게도 하나님을 알게 하는 계시가 있어야 하며, 우리에게도 하나님을 알게 하는 계시가 있습니다(고전14:26, 엡1:17).

벧전1:12 "이 섬긴 바가 자기를 위한 것이 아니요 너희를 위한 것임이 계시로 알게 되었으니 이것은 하늘로부터 보내신 성령을 힘입어 복음을 전하는 자들로 이제 너희에게 알린 것이요 천사들도 살펴 보기를 원하는 것이니라"

마11:27 "내 아버지께서 모든 것을 내게 주셨으니 아버지 외에는 아들을 아는 자가 없고 아들과 또 아들의 소원대로 계시를 받는 자 외에는 아버지를 아는 자가 없느니라"

갈1:12 "이는 내가 사람에게서 받은 것도 아니요 배운 것도 아니요 오직 예수 그리스도의 계시로 말미암은 것이라"

엡3:3	"곧 계시로 내게 비밀을 알게 하신 것은 내가 먼저 간단히 기록함과 같으니"
고후12:1	"무익하나마 내가 부득불 자랑하노니 주의 환상과 계시를 말하리라"
고후12:7	"여러 계시를 받은 것이 지극히 크므로 너무 자만하지 않게 하시려고 내 육체에 가시 곧 사탄의 사자를 주셨으니 이는 나를 쳐서 너무 자만하지 않게 하려 하심이라"
고전14:26	"그런즉 형제들아 어찌할까 너희가 모일 때에 각각 찬송시도 있으며 가르치는 말씀도 있으며 계시도 있으며 방언도 있으며 통역함도 있나니 모든 것을 덕을 세우기 위하여 하라"
엡1:17	"우리 주 예수 그리스도의 하나님, 영광의 아버지께서 지혜와 계시의 영을 너희에게 주사 알게 하시고"

요한계시록 1장은 요한계시록의 계시자와 계시를 받은 자와 계시의 전달자와 계시의 대상자와 계시의 내용을 말씀합니다.

1. 요한계시록의 계시자

요한계시록의 계시자는 예수 그리스도이십니다. 곧 요한계시록의 계시는 예수님이 교회들을 위하여 그의 천사를 보내어 증언하게 하신 것입니다. 사도 요한은 요한계시록의 계시자이신 예수님을 보았습니다. 예수님은 나팔 소리 같은 음성으로 사도 요한에게 "네가 보는 것을 두루마리에 써서 에베소, 서머나, 버가모, 두아디라, 사데, 빌라델비아, 라오디게아 등 일곱 교회에 보내라"고 말씀하셨습니다(계1:9-11). 이에 사도 요한은 그에게 말한 음성을 알아보려고 몸을 돌이켰습니다(계1:12). 그 때 사도 요한이 일곱 금 촛대를 보았으며, 촛대 사이에 계신 인자 같은 이를 보았습니다(계1:13). 계시자이신 예수님이 사도 요한에게 나타나신 것입니다. 선지자 다니엘도 세마포 옷을 입은 한 사람을 이상 중에 보았고 그의 음성을 들었습니다(단10:4-6). 이와 같이 계시를 받은 자는 그 계시자를 알아야 합니다. 만일 계시를 받은 자가 그 계시자를 알지 못하면 그 계시를 믿을 수가 없습니다.

계22:16   "나 예수는 교회들을 위하여 내 사자를 보내어 이것들을 너희에게 증언하게 하였노라 나는 다윗의 뿌리요 자손이니 곧 광명한 새벽 별이라 하시더라"

계1:9-11   "나 요한은 너희 형제요 예수의 환난과 나라와 참음에 동참하는 자라 하나님의 말씀과 예수를 증언하였음으로 말미암아 밧모라 하는 섬에 있었더니 주의 날에 내가 성령에 감동되어 내 뒤에서 나는 나팔 소리 같은 큰 음성을 들으니 이르되 네가 보는 것을 두루마리에 써서 에베소, 서머나, 버가모, 두아디라, 사데, 빌라델비아, 라오디게아 등 일곱 교회에 보내라 하시기로"

계1:12   "몸을 돌이켜 나에게 말한 음성을 알아 보려고 돌이킬 때에 일곱 금 촛대를 보았는데"

계1:13   "촛대 사이에 인자 같은 이가 발에 끌리는 옷을 입고 가슴에 금 띠를 띠고"

단10:4-6   "첫째 달 이십사일에 내가 힛데겔이라 하는 큰 강 가에 있었는데 그 때에 내가 눈을 들어 바라본즉 한 사람이 세마포 옷을 입었고 허리에는 우바스 순금 띠를 띠었더라 또 그의 몸은 황옥 같고 그의 얼굴은 번갯빛 같고 그의 눈은 횃불 같고 그의 팔과 발은 빛난 놋과 같고 그의 말소리는 무리의 소리와 같더라"

1) 예수님은 교회 중에 계십니다.

사도 요한이 본 일곱 금 촛대는 일곱 교회입니다(계1:20). 일곱 금 촛대는 수신자인 일곱 교회이며, 이는 전 세계의 모든 교회를 의미합니다. 금 촛대가 교회인 것은 금은 변하지 않고 존귀하며 신적인 것을 의미하기 때문입니다. 그러므로 교회는 변하지 않고 존귀하며 신령해야 합니다. 또 교회를 촛대로 비유한 것은 교회는 성령으로 충만해야 하며, 교회는 세상의 빛임을 나타내는 것입니다. 선지자 스가랴도 순금 등잔대를 보았습니다(슥4:1-2).

계1:20   "네가 본 것은 내 오른손의 일곱 별의 비밀과 또 일곱 금 촛대라 일곱 별은 일곱 교회의 사자요 일곱 촛대는 일곱 교회니라"

슥4:1-2   "내게 말하던 천사가 다시 와서 나를 깨우니 마치 자는 사람이 잠에서 깨어난 것 같더라 그가 내게 묻되 네가 무엇을 보느냐 내가 대답하되 내가 보니 순금 등잔대가 있는데 그 위에는 기름 그릇이 있고 또 그 기름 그릇 위에 일곱 등잔이 있으며 그 기름 그릇 위에 있는 등잔을 위해서 일곱 관이 있고"

사도 요한이 본 일곱 금 촛대 사이에 계신 인자 같은 이는 예수님이십니다. 예수님은 교회와 함께 계시며 교회를 떠나지 아니하십니다. 예수님은 교회의 머리이시며 교회는 그의 몸입니다(엡1:22-23). 그리고 예수님은 교회를 사랑하십니다(엡5:25). 그러므로 우리는 예수님이 교회 중에 계심을 알아야 하고, 교회 중에 계신 예수님을 보아야 합니다.

엡1:22-23   "또 만물을 그의 발 아래에 복종하게 하시고 그를 만물 위에 교회의 머리로 삼으셨느니라 교회는 그의 몸이니 만물 안에서 만물을 충만하게 하시는 이의 충만함이니라"

엡5:25   "남편들아 아내 사랑하기를 그리스도께서 교회를 사랑하시고 그 교회를 위하여 자신을 주심 같이 하라"

2) 예수님은 사도 요한에게 보이셨습니다.

사도 요한이 본 촛대 사이에 계신 인자 같은 이 곧 예수님은 발에 끌리는 옷을 입고, 가슴에 금띠를 띠고, 그의 머리와 털의 희기가 흰 양털 같고 눈 같으며, 그의 눈은 불꽃같고, 그의 발은 풀무 불에 단련한 빛난 주석 같고, 그의 음성은 많은 물소리와 같으며, 그의 오른손에 일곱 별이 있고, 그의 입에서 좌우에 날선 검이 나오고, 그 얼굴은 해가 힘 있게 비치는 것 같았습니다(계1:13-16).

계1:13-16   "촛대 사이에 인자 같은 이가 발에 끌리는 옷을 입고 가슴에 금띠를 띠고 그의 머리와 털의 희기가 흰 양털 같고 눈 같으며 그의 눈은 불꽃 같고 그의 발은 풀무불에 단련한 빛난 주석 같고

그의 음성은 많은 물 소리와 같으며 그의 오른손에 일곱 별이
있고 그의 입에서 좌우에 날선 검이 나오고 그 얼굴은 해가 힘
있게 비치는 것 같더라"

예수님이 〈발에 끌리는 옷을 입으심〉은 존귀와 위엄을 의미하며,
발에 끌리는 옷은 제사장이나 왕의 옷으로 볼 수 있습니다. 곧 예수님
은 존귀와 위엄을 가지신 우리의 대제사장이시며 우리의 왕이십니다.

예수님이 〈가슴에 금띠를 띠심〉은 권세를 의미합니다. 예수님은 하
늘과 땅의 모든 권세를 가지셨습니다.

예수님의 〈머리와 털의 희기가 흰 양털 같고 눈 같으심〉은 성결을
의미합니다. 예수님은 온전히 성결하십니다.

예수님의 〈눈이 불 꽃 같으심〉은 전지함과 통찰력을 의미합니다.
예수님은 우리를 온전히 아시며 통찰하십니다. 예수님은 일곱 교회를
세밀하게 아셨습니다.

예수님의 〈발이 풀무 불에 단련한 주석 같으심〉은 원수를 짓밟는 능
력과 심판하는 권세를 의미합니다. 예수님은 그의 원수들을 이기시며
모든 자들을 심판하실 것입니다.

예수님의 〈음성이 많은 물소리와 같으심〉은 신적 권위를 의미합니
다. 예수님은 하나님이십니다.

예수님의 〈오른손에 일곱별이 있음〉은 예수님이 교회의 사자를 그
오른손에 붙잡고 계심을 의미합니다. 모든 교회와 성도는 예수님의
손 안에 있습니다.

예수님의 〈입에서 좌우에 날선 검이 나옴〉은 말씀으로 심판하시는

능력을 의미합니다. 예수님은 심판자이십니다.

예수님의 〈얼굴이 해가 힘 있게 비치는 것 같음〉은 영광중에 계심을 의미합니다. 예수님은 영광중에 계십니다.

요한계시록의 계시자이신 예수님 곧 사도 요한에게 보이신 예수님은 교회와 함께 계시며 교회를 사랑하십니다. 곧 예수님은 교회의 대제사장이시며 왕이시고, 모든 권세를 가지신 성결하시며 전지하신 심판자이십니다. 예수님은 교회의 사자를 붙잡고 계시며, 말씀으로 심판하시며, 영광중에 계십니다.

3) 예수님은 사도 요한에게 자신을 알리시며 명령하셨습니다.

계시자이신 예수님을 본 사도 요한은 죽은 자 같이 되었습니다. 이에 예수님이 오른손을 사도 요한에게 얹고 "두려워 말라"고 말씀하시고 자신을 알리시며 명령하셨습니다(계1:17). 사도 요한이 죽은 자 같이 된 것은 계시를 받을 때 있는 일이었습니다. 선지자 다니엘도 계시를 받을 때 깊이 잠 들기도 했으며, 혼절하여 수일을 앓다가 일어나기도 했습니다(단8:18, 단8:27, 단10:8-9).

계1:17   "내가 볼 때에 그의 발 앞에 엎드러져 죽은 자 같이 되매 그가 오른손을 내게 얹고 이르시되 두려워하지 말라 나는 처음이요 마지막이니"

단8:18   "그가 내게 말할 때에 내가 얼굴을 땅에 대고 엎드리어 깊이 잠 들매 그가 나를 어루만져서 일으켜 세우며"

단8:27   "이에 나 다니엘이 지쳐서 여러 날 앓다가 일어나서 왕의 일을 보았느니라 내가 그 환상으로 말미암아 놀랐고 그 뜻을 깨닫는 사람도 없었느니라"

단10:8-9 "그러므로 나만 홀로 있어서 이 큰 환상을 볼 때에 내 몸에 힘이 빠졌고 나의 아름다운 빛이 변하여 썩은 듯하였고 나의 힘이 다 없어졌으나 내가 그의 음성을 들었는데 그의 음성을 들을 때에 내가 얼굴을 땅에 대고 깊이 잠들었느니라"

① 예수님은 사도 요한에게 자신을 알리셨습니다.

사도 요한은 예수님을 알고 있었습니다(요일1:1). 그런데 예수님은 자신을 사도 요한에게 또 알리셨습니다. 우리도 예수님을 계속 알아가야 하고, 더 깊이 알아야 합니다. 예수님은 사도 요한에게 "나는 처음이요 나중이니 곧 산 자라. 내가 전에 죽었었노라. 볼지어다 이제 세세토록 살아 있어 사망과 음부의 열쇠를 가졌노니"라고 자신을 알리셨습니다(계1:17-18).

요일1:1 "태초부터 있는 생명의 말씀에 관하여는 우리가 들은 바요 눈으로 본 바요 자세히 보고 우리의 손으로 만진 바라"

계1:17-18 "내가 볼 때에 그의 발 앞에 엎드러져 죽은 자 같이 되매 그가 오른손을 내게 얹고 이르시되 두려워하지 말라 나는 처음이요 마지막이니 곧 살아 있는 자라 내가 전에 죽었었노라 볼지어다 이제 세세토록 살아 있어 사망과 음부의 열쇠를 가졌노니"

사도 요한에게 자신을 알리신 예수님은 처음과 나중 곧 창조자시오 심판자이십니다. 그리고 예수님은 산 자이십니다. 예수님은 전에 죽으셨었습니다. 곧 예수님은 우리를 위하여 십자가에 죽으시고 부활하셨습니다. 그리고 부활하신 예수님은 이제 세세토록(영원히) 살아 계십니다. 또 세세토록 살아 계신 예수님은 사망과 음부의 열쇠를 가지셨습니다. 열쇠는 권세와 지배권의 상징입니다. 예수님은 십자가에 죽으시고 부활하심으로 사망과 음부의 권세를 정복하셨습니다. 그리고 부활하시고 승천하신 예수님은 사망과 음부의 권세를 지배하고 계십니다.

예수님은 로마 군병들에 의하여 십자가에 죽으셨으나 다시 살아나셨고, 사망과 음부의 열쇠(권세)를 가지고 계십니다. 사탄의 역사로 로마 황제가 그리스도인들을 박해하고 있지만 사망과 음부의 열쇠를 가진 이는 사탄도 아니요 로마 황제도 아니요 오직 예수님이심을 말씀합니다.

② 예수님은 사도 요한에게 명령하셨습니다.

사도 요한에게 자신을 알리신 예수님은 "그러므로 네가 본 것과 지금 있는 일과 장차 될 일을 기록하라"고 명하셨습니다(계1:19). 사도 요한이 성령에 감동되어 들었던 나팔 소리 같은 큰 음성은 "네가 보는 것을 두루마리에 써서 에베소, 서머나, 버가모, 두아디라, 사데, 빌라델비아, 라오디게아 등 일곱 교회에 보내라" 하셨습니다(계1:10-11).

〈사도 요한이 본 것〉은 요한계시록 1장 20절에 기록된 내용으로 예수님의 오른손의 일곱별의 비밀과 또 일곱 금 촛대였으며 일곱별은 일곱 교회의 사자요 일곱 촛대는 일곱 교회였습니다(계1:20).

〈지금 있는 일〉은 요한계시록 2-3장에 기록된 내용으로 사도 요한이 예수님의 명령대로 기록하여 일곱 교회에 보낸 편지입니다.

〈장차 될 일〉은 요한계시록 4-22장에 기록된 내용으로 사도 요한이 예수님의 명령대로 기록한 장차 될 일은 세상 종말의 징조들과 그리고 교회와 성도들이 받을 환난과 불신자들이 받을 재앙과 또한 예수 그리스도의 재림과 심판과 사탄과 불신자들의 멸망과 영벌과 성도들의 승리와 영생 등입니다.

계1:19   "그러므로 네가 본 것과 지금 있는 일과 장차 될 일을 기록하라"
계1:10-11 "주의 날에 내가 성령에 감동되어 내 뒤에서 나는 나팔 소리 같은 큰 음성을 들으니 이르되 네가 보는 것을 두루마리에 써서 에베소, 서머나, 버가모, 두아디라, 사데, 빌라델비아, 라오디게아 등 일곱 교회에 보내라 하시기로"
계1:20   "네가 본 것은 내 오른손의 일곱 별의 비밀과 또 일곱 금 촛대라 일곱 별은 일곱 교회의 사자요 일곱 촛대는 일곱 교회니라"

2. 요한계시록의 계시를 받은 자

요한계시록의 계시(예수 그리스도의 계시)를 받은 자 곧 요한계시록의 기록자는 사도 요한입니다. 요한계시록의 계시자이신 예수님이 하나님이 그에게 주사 반드시 속히 일어날 일들을 그 종들에게 보이시려고 그의 천사를 그 종 요한에게 보내어 알게 하셨습니다(계1:1). 요한계시록의 계시들을 보고 들은 자는 사도 요한이며(계22:8), 계시들을 보고 들은 사도 요한은 예수 그리스도의 증거 곧 자기가 본 것을 다 증언하였습니다(계1:2).

계1:1	"예수 그리스도의 계시라 이는 하나님이 그에게 주사 반드시 속히 일어날 일들을 그 종들에게 보이시려고 그의 천사를 그 종 요한에게 보내어 알게 하신 것이라"
계22:8	"이것들을 보고 들은 자는 나 요한이니 내가 듣고 볼 때에 이 일을 내게 보이던 천사의 발 앞에 경배하려고 엎드렸더니"
계1:2	"요한은 하나님의 말씀과 예수 그리스도의 증거 곧 자기가 본 것을 다 증언하였느니라"

 1) 사도 요한은 성도들의 형제요 예수의 환난과 나라와 참음에 동참한 자입니다.

 사도 요한은 자신이 어떠한 자인가를 고백했습니다. 사도 요한은 로마제국 황제의 박해 중에서도 믿음을 지킨 일곱 교회 성도들의 형제였습니다. 또 사도 요한은 예수님의 환난과 나라와 참음에 동참한 자였습니다(계1:9). 그래서 사도 요한은 예수 그리스도의 계시를 받은 자로 인정받을 수 있는 자였습니다.

 당시 로마제국 안에 있는 그리스도인들은 그리스도를 믿는 연고로 박해를 받았습니다. 그럼에도 그들은 그리스도의 나라를 위하여 박해를 참았습니다. 사도 요한도 박해를 받는 성도들의 형제였으며 예수의 환난과 나라와 참음에 동참하였습니다. 그래서 사도 요한은 하나님의 말씀과 예수의 증거를 인하여 밧모라 하는 섬에 유배되었습니다(계1:9). 그리고 사도 요한은 유배된 밧모 섬에서 예수 그리스도의 계시를 받았습니다.

초대 교회의 전설에 의하면 사도 요한은 에베소 지방에서 전도하다가 도미티안 황제의 기독교 대 박해 때 밧모 섬에 유배되었으며, 도미티안 황제가 죽고 넬바 황제 때 석방되어 에베소로 귀환하였다고 합니다.

계1:9   "나 요한은 너희 형제요 예수의 환난과 나라와 참음에 동참하는 자라 하나님의 말씀과 예수를 증언하였음으로 말미암아 밧모라 하는 섬에 있었더니"

2) 사도 요한은 성령에 감동되어 계시를 받았습니다.

사도 요한은 주의 날에 성령에 감동된 상태에서 예수님의 음성을 들었습니다(계1:10-11). 성령에 감동된 상태는 성령님의 지배를 받는 황홀한 상태를 말합니다. 그러나 성령에 감동된 황홀한 상태는 자의식을 잃어버린 상태는 아닙니다. 성령 충만과 광신적인 것은 다릅니다. 사도 요한이 성령에 감동되어 받은 계시는 그가 보고 들은 것입니다(계22:8). 그러므로 계시를 받은 자는 성령의 감동으로 보고 들은 것이 있어야 합니다.

계1:10-11   "주의 날에 내가 성령에 감동되어 내 뒤에서 나는 나팔 소리 같은 큰 음성을 들으니 이르되 네가 보는 것을 두루마리에 써서 에베소, 서머나, 버가모, 두아디라, 사데, 빌라델비아, 라오디게아 등 일곱 교회에 보내라 하시기로"

계22:8   "이것들을 보고 들은 자는 나 요한이니 내가 듣고 볼 때에 이 일을 내게 보이던 천사의 발 앞에 경배하려고 엎드렸더니"

3) 사도 요한은 자기가 본 것을 다 증언하였습니다.

사도 요한은 계시자이신 예수님의 명령대로 하나님의 말씀과 예수 그리스도의 증거 곧 자기가 본 것을 다 증언하였습니다(계1:2). 그리고 사도 요한이 증언한 예언의 말씀을 읽는 자들과 듣는 자들과 지키는 자들이 복이 있습니다(계1:3, 22:7). 왜냐하면 예수님이 다시 오실 때가 가깝기 때문이요 예수님이 속히 오시기 때문입니다.

계1:2   "요한은 하나님의 말씀과 예수 그리스도의 증거 곧 자기가 본 것을 다 증언하였느니라"

계1:3   "이 예언의 말씀을 읽는 자와 듣는 자와 그 가운데에 기록한 것을 지키는 자는 복이 있나니 때가 가까움이라"

계22:7   "보라 내가 속히 오리니 이 두루마리의 예언의 말씀을 지키는 자는 복이 있으리라 하더라"

4) 사도 요한은 일곱 교회에 편지하였습니다.

예수님은 사도 요한에게 보는 것을 책에 써서 일곱 교회에 보내라고 명하셨습니다. 이에 사도 요한은 예수님의 명령대로 아시아에 있는 일곱 교회에 편지하였습니다(계1:4). 그런데 사도 요한은 자기가 본 것을 일곱 교회에 편지하면서 먼저 일곱 교회에 대한 축복의 문안 인사를 했습니다.

계1:4   "요한은 아시아에 있는 일곱 교회에 편지하노니 이제도 계시고
            전에도 계셨고 장차 오실 이와 그의 보좌 앞에 일곱 영과"

① 사도 요한은 은혜와 평강이 있기를 축복했습니다.

사도 요한은 성부와 성령과 성자 하나님으로 말미암아 은혜와 평강
이 있기를 축복했습니다(계1:4-5). 성도들은 누구나 은혜와 평강이 있
어야 하는데 은혜와 평강은 성부와 성자와 성령 하나님이 주십니다.

계1:4-5   "요한은 아시아에 있는 일곱 교회에 편지하노니 이제도 계시고 전
          에도 계셨고 장차 오실 이와 그의 보좌 앞에 있는 일곱 영과 또 충
          성된 증인으로 죽은 자들 가운데서 먼저 나시고 땅의 임금들의 머
          리가 되신 예수 그리스도로 말미암아 은혜와 평강이 있기를 원하
          노라 우리를 사랑하사 그의 피로 우리 죄에서 우리를 해방하시고"

〈이제도 계시고 전에도 계시며 장차 오실 이〉는 성부 하나님이십니
다. 성부 하나님은 절대자이시며, 불변자이시며, 영원한 분이십니다.
〈하나님 보좌 앞에 있는 일곱 영〉은 성령 하나님이십니다. 성령 하
나님은 완전한 분이시며, 그 사역이 완전하십니다.
〈충성된 증인으로 죽은 자들 가운데서 먼저 나시고 땅의 임금들의
머리가 되신 분〉은 예수님이십니다. 예수님은 하나님의 충성된 증인
으로 죽은 자들 가운데서 먼저 나시고(부활하시고) 땅의 임금들의 머
리가 되셨습니다.

② 사도 요한은 예수 그리스도를 증언했습니다.

사도 요한은 은혜와 평강을 주시는 예수 그리스도를 증언했습니다. 우리에게 은혜와 평강을 주시는 예수님은 우리를 사랑하사 그의 피로 우리를 우리 죄에서 해방하셨고(계1:5), 하나님을 위하여 우리를 나라와 제사장으로 삼으셨습니다(계1:6). 그리고 예수님은 구름을 타고 다시 오실(재림하실) 것입니다(계1:7). 예수 그리스도께서 구름을 타고 영광중에 오실 때에 각 사람의 눈이 그를 볼 것이며, 또 그를 찌른 자들 곧 그를 핍박한 자들도 그를 볼 것입니다. 그리고 땅에 있는 모든 족속 곧 불신자들이 그를 인하여 애곡할 것입니다. 이는 다시 오시는 (재림하시는) 예수님이 불신자들을 심판하시기 때문입니다.

계1:5   "또 충성된 증인으로 죽은 자들 가운데에서 먼저 나시고 땅의 임금들의 머리가 되신 예수 그리스도로 말미암아 은혜와 평강이 너희에게 있기를 원하노라 우리를 사랑하사 그의 피로 우리 죄에서 우리를 해방하시고"

계1:6   "그의 아버지 하나님을 위하여 우리를 나라와 제사장으로 삼으신 그에게 영광과 능력이 세세토록 있기를 원하노라"

계1:7   "볼지어다 그가 구름을 타고 오시리라 각 사람의 눈이 그를 보겠고 그를 찌른 자들도 볼 것이요 땅에 있는 모든 족속이 그로 말미암아 애곡하리니 그러하리라 아멘"

예수님은 자신이 구름을 타고 올 것을 말씀하셨습니다(마24:30, 마26:64). 선지자 다니엘은 인자 같은 이가 하늘 구름을 타고 온 환상을 보았습니다(단7:13-14). 예수님이 재림하실 때 구름을 타고 오심은 구름에 가리어 오실 것이며, 이는 예수님이 영광으로 오실 것을 의미합니다. 예수님이 승천하실 때 그 제자들이 보는데서 올려져 가셨는데 구름이 그를 가리어 보이지 않게 되었습니다(행1:9). 그리고 제자들 가운데서 하늘로 올려지신 예수님은 하늘로 가심을 본 그대로 오실 것입니다(행1:11). 예수님께서 재림하실 때 성도들이 부활하여 구름 속으로 끌어올려져 공중에서 예수님을 영접하게 될 것입니다(살전4:16-17). 그리고 예수님과 성도들이 지상으로 내려오는데 구름에 가리어 내려 올 것입니다.

마24:30   "그 때에 인자의 징조가 하늘에서 보이겠고 그 때에 땅의 모든 족속들이 통곡하며 그들이 인자가 구름을 타고 능력과 큰 영광으로 오는 것을 보리라"

마26:6   "예수께서 이르시되 네가 말하였느니라 그러나 내가 너희에게 이르노니 이 후에 인자가 권능의 우편에 앉아 있는 것과 하늘 구름을 타고 오는 것을 너희가 보리라 하시니"

단7:13-14   "내가 또 밤 환상 중에 보니 인자 같은 이가 하늘 구름을 타고 와서 옛적부터 항상 계신 이에게 나아가 그 앞으로 인도되매 그에게 권세와 영광과 나라를 주고 모든 백성과 나라들과 다른 언어를 말하는 모든 자들이 그를 섬기게 하였으니 그의 권세는 소멸되지 아니하는 영원한 권세요 그의 나라는 멸망하지 아니할 것이니라"

행1:9   "이 말씀을 마치시고 그들이 보는데 올려져 가시니 구름이 그를 가리어 보이지 않게 하더라"

행1:11   "이르되 갈릴리 사람들아 어찌하여 서서 하늘을 쳐다보느냐 너
          희 가운데서 하늘로 올려지신 이 예수는 하늘로 가심을 본 그
          대로 오시리라 하였느니라"

살전4:16-17 "주께서 호령과 천사장의 소리와 하나님의 나팔 소리로 친히
          하늘로부터 강림하시리니 그리스도 안에서 죽은 자들이 먼저
          일어나고 그 후에 우리 살아 남은 자들도 그들과 함께 구름 속
          으로 끌어 올려 공중에서 주를 영접하게 하시리니 그리하여 우
          리가 항상 주와 함께 있으리라"

　구름은 하나님의 임재를 의미합니다. 하나님께서 구름 가운데에 강
림하셨고(출34:5), 구름을 타고 임하십니다(사19:1). 또 구름은 하나
님의 영광을 의미합니다. 구름이 성전에 가득함으로 인하여 제사장이
성전 안에서 섬기지 못하였는데 이는 하나님의 영광이 가득함이었습
니다(왕상8:10-11). 그러므로 예수님이 구름을 타고 오심을 재림하
시는 예수님이 영으로 오신다고 주장하거나, 많은 사람들 가운데 사
람으로 오신다고 주장하는 것은 거짓된 것이며 잘못된 주장입니다.

출34:5   "여호와께서 구름 가운데에 강림하사 그와 함께 거기 서서 여
          호와의 이름을 선포하실새"

사19:1   "애굽에 관한 경고라 보라 여호와께서 빠른 구름을 타고 애굽
          에 임하시리니 애굽의 우상들이 그 앞에서 떨겠고 애굽인의 마
          음이 그 속에서 녹으리로다"

왕상8:10-11 "제사장이 성소에서 나올 때에 구름이 여호와의 성전에 가득

하매 제사장이 그 구름으로 말미암아 능히 서서 섬기지 못하였
으니 이는 하나님의 영광이 여호와의 성전에 가득함이었더라"

③ 사도 요한은 성부 하나님을 증언했습니다.

사도 요한은 은혜와 평강을 주시는 성부 하나님을 증언했습니다. 우
리에게 은혜와 평강을 주시는 성부 하나님은 알파와 오메가 곧 영원
한 분이십니다(계1:8). 또 성부 하나님은 이제도 계시고 전에도 계시
고 장차 오실 자 곧 항상 살아 계신 분이십니다(계1:8). 그리고 성부
하나님은 전능하신 분이십니다(계1:8).

계1:8   "주 하나님이 이르시되 나는 알파와 오메가라 이제도 있고 전
             에도 있었고 장차 올 자요 전능한 자라 하시더라"

3. 요한계시록의 계시의 전달자

요한계시록의 계시의 전달자는 천사입니다. 예수 그리스도는 천사
를 그 종 요한에게 보내어 속히 일어나고 될 일을 보이시고 알게 하셨
습니다(계1:1, 계22:6). 그리고 예수 그리스도께서 보내신 천사는 사
도 요한에게 와서 말하였으며 보게 하였습니다(계17:1, 17:7, 19:9,
21:9, 22:8).

계1:1   "예수 그리스도의 계시라 이는 하나님이 그에게 주사 반드시

속히 일어날 일들을 그 종들에게 보이시려고 그의 천사를 그
종 요한에게 보내어 알게 하신 것이라"

계22:6   "또 그가 내게 말하기를 이 말은 신실하고 참된지라 주 곧 선지
자들의 영의 하나님이 그의 종들에게 반드시 속히 되어질 일을
보이시려고 그의 천사를 보내셨도다"

계17:1   "또 일곱 대접을 가진 일곱 천사 중 하나가 와서 내게 말하여
이르되 이리로 오라 많은 물 위에 앉은 큰 음녀가 받을 심판을
네게 보이리라"

계17:7   "천가가 이르되 왜 놀랍게 여기느냐 내가 여자와 그가 탄 일곱
머리와 열 뿔 가진 짐승의 비밀을 네게 이르리라"

계19:9   "천사가 내게 말하기를 기록하라 어린 양의 혼인잔치에 청함
을 받은 자들은 복이 있도다 하고 또 내게 말하되 이것은 하나
님의 참되신 말씀이라 하기로"

계21:9   "일곱 대접을 가지고 마지막 일곱 재앙을 담은 일곱 천사 중 하
나가 나아와서 내게 말하여 이르되 이리 오라 내가 신부 곧 어
린 양의 아내를 네게 보이리라 하고"

계22:8   "이것들을 보고 들은 자는 나 요한이니 내가 듣고 볼 때에 이
일을 내게 보이던 천사의 발 앞에 경배하려고 엎드렸더니"

사도 요한에게 장차 될 일을 보인 천사는 사도 요한과 선지자들과
함께 된 하나님(예수님)의 종입니다(계22:8-9). 모든 천사들은 섬기
는 영이며, 하나님께서 구원 받을 상속자들을 섬기라고 천사들을 보
내십니다(히1:14). 그리고 천사들은 능력이 있어 하나님의 말씀을 행

하며 그 말씀의 소리를 듣습니다(시103:20). 선지자 다니엘에게 가브리엘 천사가 와서 내린 주의 명령을 알려 주었습니다(단9:21-23). 또 마리아에게 가브리엘 천사가 와서 잉태하여 아들을 낳을 것을 알려 주었습니다(눅1:30-31). 미가엘 천사는 하늘에서 그의 사자들과 함께 사탄(마귀)과 그의 사자들과 싸워 이기며, 사탄과 그의 사자들이 땅으로 내쫓겼습니다(계12:7-9). 그리고 불을 다스리는 천사가 있고 (계14:18), 물을 차지한 천사가 있습니다(계16:5). 또한 전쟁으로 사람을 죽이기로 준비된 천사도 있습니다(계9:14-15).

계22:8　　　"이것들을 보고 들은 자는 나 요한이니 내가 듣고 볼 때에 이 일을 내게 보이던 천사의 발 앞에 경배하려고 엎드렸더니 그가 내게 말하기를 나는 너와 네 형제 선지자들과 또 이 두루마리의 말을 지키는 자들과 함께 된 종이니 그리하지 말고 하나님께 경배하라 하더라"

히1:14　　　"모든 천사들은 섬기는 영으로서 구원 받을 상속자들을 위하여 섬기라고 보내심이 아니냐"

시103:20　　"능력이 있어 여호와의 말씀을 행하며 그의 말씀의 소리를 듣는 여호와의 천사들이여 여호와를 송축하라"

단9:21-23　"곧 내가 기도할 때에 이전에 환상 중에 본 그 사람 가브리엘이 빨리 날아서 저녁 제사를 드릴 때 즈음에 내게 이르더니 내게 가르치며 내게 말하여 이르되 다니엘아 내가 이제 네게 지혜와 총명을 주려고 왔느니라 곧 네가 기도를 시작할 즈음에 명령이 내렸으므로 이제 네게 알리려 왔느니라 너는 크게 은총을 입은 자라 그런즉 너는 이 일을 생각하고 그 환상을 깨달을지니라"

눅1:30-31 "천사가 이르되 마리아여 무서워하지 말라 네가 하나님께 은 혜를 입었느니라 보라 네가 잉태하여 아들을 낳으리니 그 이름 을 예수라 하라"

계12:7-9 "하늘에 전쟁이 있으니 미가엘과 그의 사자들이 용과 더불어 싸울새 용과 그의 사자들도 싸우나 이기지 못하여 다시 하늘에 서 그들이 있을 곳을 얻지 못한지라 큰 용이 내쫓기니 옛 뱀 곧 마귀라고도 하고 사탄이라고도 하며 온 천하를 꾀는 자라 그가 땅으로 내쫓기니 그의 사자들도 그와 함께 내쫓기니라"

계14:18 "또 불을 다스리는 다른 천사가 제단으로부터 나와 예리한 낫 가진 자를 향하여 큰 음성으로 불러 이르되 네 예리한 낫을 휘 둘러 땅의 포도송이를 거두라 그 포도가 익었느니라 하더라"

계16:5 "내가 들으니 물을 차지한 천사가 이르되 전에도 계셨고 지금 도 계신 거룩하신 이여 이렇게 심판하시니 의로우시도다"

계9:15 "네 천사가 놓였으니 그들은 그 년 월 일 시에 사람 삼분의 일 을 죽이기로 준비된 자들이더라"

4. 요한계시록의 계시의 대상자

요한계시록의 계시의 대상자는 예수 그리스도의 종들과 교회들입 니다. 예수님은 반드시 속히 일어나고 되어질 일을 교회들을 위하여 그 종들에게 보이시려고 그 천사를 사도 요한에게 보내어 보이시고 알게 하셨습니다.

1) 요한계시록의 계시의 대상자는 예수 그리스도(하나님)의 종들입니다.

요한계시록의 계시의 대상자는 예수 그리스도(하나님)의 종들입니다. 예수님은 반드시 속히 일어날 일들을 그 종들에게 보이시려고 그의 천사를 그 종 요한에게 보내어 알게 하신 것입니다(계1:1). 곧 예수님이 반드시 속히 일어날 일들을 그의 천사를 그 종 요한에게 보내어 알게 하신 것은 그 종들에게 보이려 하심입니다.

계1:1　　　"예수 그리스도의 계시라 이는 하나님이 그에게 주사 반드시 속히 일어날 일들을 그 종들에게 보이시려고 그의 천사를 그 종 요한에게 보내어 알게 하신 것이라"

그러면 예수 그리스도의 종들은 누구일까요? 요한계시록은 예수 그리스도의 종들이 누구인지를 말씀합니다.

① 예수 그리스도의 종은 그를 위해 순교한 자들입니다.

하나님은 하나님의 말씀과 그들이 가진 증거로 말미암아 죽임을 당한 영혼들 곧 예수 그리스도를 위해 순교한 자들을 종들이라고 말씀하십니다(계6:9-11). 그리고 하나님은 심판하사 순교한 자기 종들의 피를 갚으십니다(계19:2).

계6:9-11　　　"다섯째 인을 떼실 때에 내가 보니 하나님의 말씀과 그들이 가진 증거로 말미암아 죽임을 당한 영혼들이 제단 아래에 있어 큰 소리로 불러 이르되 거룩하고 참되신 대주재여 땅에 거하는 자들을 심판하여 우리 피를 갚아 주지 아니하시기를 어느 때까지 하시려 하나이까 하니 각각 그들에게 흰 두루마기를 주시며 이르시되 아직 잠시 동안 쉬되 그들의 동무 종들과 형제들도 자기처럼 죽임을 당하여 그 수가 차기까지 하라 하시더라""

계19:2   "그의 심판은 참되고 의로운지라 음행으로 땅을 더럽게 한 큰 음녀를 심판하사 그 종들의 피를 그 음녀의 손에 갚으셨도다 하고"

② 예수 그리스도의 종은 그의 증언을 받고 말씀을 지키는 자들입니다.

사도 요한과 예수님의 증언을 받은 그의 형제들이 종이며(계19:10), 사도 요한과 그 형제 선지자들과 요한계시록의 말씀을 지키는 자들이 예수 그리스도의 종입니다(계22:9).

계19:10   "내가 그 발 앞에 엎드려 경배하려 하니 그가 나에게 말하기를 나는 너와 및 예수의 증언을 받은 네 형제들과 같이 된 종이니 삼가 그리하지 말고 오직 하나님께 경배하라 예수의 증언은 예언의 영이라 하더라"

계22:9   "그가 내게 말하기를 나는 너와 네 형제 선지자들과 또 이 두루마리의 말을 지키는 자들과 함께 된 종이니 그리하지 말고 하나님께 경배하라 하더라"

③ 예수 그리스도의 종은 하나님을 경외하며 섬기는 자들입니다.

하나님의 종들은 곧 하나님을 경외하는 자들이며(계19:5), 하나님의 종들은 하나님을 섬깁니다(계22:3).

계19:5 　　 "보좌에서 음성이 나서 이르시되 하나님의 종들 곧 그를 경외하는 너희들아 작은 자나 큰 자나 다 우리 하나님께 찬송하라 하더라"

계22:3 　　 "다시 저주가 없으며 하나님과 그 어린 양의 보좌가 그 가운데에 있으리니 그의 종들이 그를 섬기며"

④ 예수 그리스도의 종은 하나님의 인침을 받은 자들입니다.

하나님은 대환난이 오기 전에 하나님의 종들의 이마에 인치십니다(계7:3). 그러므로 그 이마에 하나님의 인침을 받은 자들이 예수 그리스도의 종입니다.

계7:3 　　 "이르되 우리가 우리 하나님의 종들의 이마에 인치기까지 땅이나 바다나 나무들을 해하지 말라 하더라"

요한계시록의 계시는 예수님께서 반드시 속히 일어날 일들을 그 종들에게 보이시려고 그 천사를 그 종 요한에게 보내어 알게 하신 것입니다. 그러므로 요한계시록의 계시는 예수 그리스도의 종들만이 알 수 있습니다. 곧 예수 그리스도를 위하여 순교하며, 예수 그리스도의 증언을 받고 그 말씀을 지키며, 하나님을 경외하고 섬기며, 하나님의 인침을 받은 자들이 요한계시록의 계시를 알고 지킬 수 있습니다.

2) 요한계시록의 계시의 대상자는 교회들입니다.

요한계시록의 계시의 대상자는 교회들입니다. 예수님은 교회들을 위하여 그 사자를 보내어 반드시 속히 되어질 일들을 증언하게 하셨습니다(계22:16). 그러므로 요한 계시록의 계시는 성령님이 교회들에게 하신 말씀이며, 교회들이 들어야 합니다(계2:11).

계22:16   "나 예수는 교회들을 위하여 내 사자를 보내어 이것들을 너희에게 증언하게 하였노라 나는 다윗의 뿌리요 자손이니 곧 광명한 새벽별이라 하시더라"

계2:11   "귀 있는 자는 성령이 교회들에게 하시는 말씀을 들을지어다 이기는 자는 둘째 사망의 해를 받지 아니하리라"

요한계시록의 계시는 예수님이 교회들을 위하여 그 천사를 보내어 증언하게 하셨습니다. 그러므로 요한계시록의 계시는 교회들이 알아야 하고, 교회들이 지켜야 합니다.

5. 요한계시록의 계시의 내용

요한계시록의 계시의 내용은 사도 요한이 본 것과 지금 있는 일과 장차 될 일입니다(계1:19). 장차 될 일은 반드시 속히 일어날 일이며(계1:1), 반드시 속히 되어질 일입니다(계22:6).

계1:19	"그러므로 네가 본 것과 지금 있는 일과 장차 될 일을 기록하라"
계1:1	"예수 그리스도의 계시라 이는 하나님이 그에게 주사 반드시 속히 일어날 일들을 그 종들에게 보이시려고 그의 천사를 그 종 요한에게 보내어 알게 하신 것이라"
계22:6	"또 그가 내게 말하기를 이 말은 신실하고 참된지라 주 곧 선지자들의 영의 하나님이 그의 종들에게 반드시 속히 되어질 일을 보이시려고 그의 천사를 보내셨도다"

1) 요한계시록의 계시의 내용은 사도 요한이 본 것입니다.

사도 요한이 본 것은 예수님의 오른손에 일곱별의 비밀과 일곱 금 촛대이며 일곱별은 일곱 교회의 사자(목회자)요 일곱 금 촛대는 일곱 교회입니다(계1:20). 그런데 예수님이 오른손에 일곱 교회의 사자(목회자)인 일곱별을 붙잡고 계시며, 또 예수님이 일곱 교회인 일곱 금 촛대 사이에 계십니다(계2:1). 이렇게 예수님의 관심은 교회와 그 사자(목회자)에게 있습니다. 그래서 예수님은 사도 요한에게 일곱별의 비밀과 일곱 금 촛대를 보게 하셨고, 그 본 것을 기록하게 하셨습니다. 우리도 교회의 사자(목회자)와 교회를 볼 수 있어야 합니다. 우리가 요한계시록의 말씀을 바르게 알려면 먼저 교회를 볼 수 있고 교회의 사자(목회자)를 볼 수 있어야 합니다.

그 당시 교회들은 로마 황제의 박해로 인해 환난 가운데 있었으며 교회의 사자(목회자)들은 죽음의 위험에 있었습니다. 그러나 예수님께서 교회에 계시며 교회의 사자(목회자)들을 오른손으로 붙잡고 계셨습니다. 그리스도와 교회의 비밀은 큽니다(엡5:32). 예수 그리스도는 교회를 사랑하시고 위하여 자신을 주셨습니다(엡5:25). 또한 예수 그리스도는 교회를 보양하십니다(엡5:29).

계1:20	"네가 본 것은 내 오른손의 일곱 별의 비밀과 또 일곱 금 촛대라 일곱 별은 일곱 교회의 사자요 일곱 촛대는 일곱 교회니라"
계2:1	"에베소 교회의 사자에게 편지하라 오른손에 있는 일곱 별을 붙잡고 일곱 금 촛대 사이를 거니시는 이가 이르시되"
엡5:32	"이 비밀이 크도다 나는 그리스도와 교회에 대하여 말하노라"
엡5:25	"남편들아 아내 사랑하기를 그리스도께서 교회를 사랑하시고 그 교회를 위하여 자신을 주심 같이 하라"
엡5:29	"누구든지 언제나 자기 육체를 미워하지 않고 오직 양육하여 보호하기를 그리스도께서 교회에게 함과 같이 하나니"

2) 요한계시록의 계시의 내용은 지금 있는 일입니다.

지금 있는 일은 아시아에 있는 일곱 교회에 대한 말씀으로 요한계시록 2-3장의 말씀입니다. 예수님은 사도 요한에게 "네가 보는 것을 두루마리에 써서 에베소, 서머나, 버가모, 두아디라, 사데, 빌라델비아, 라오디게아 등 일곱 교회에 보내라"고 명하셨습니다(계1:11). 예수님께서 말씀하신 일곱 교회에 대한 말씀은 모든 교회에게 하신 말씀입니다. 예수님은 교회들을 위하여 그 사자(천사)를 보내어 요한계시록의 계시를 증언하게 하셨습니다(계22:16).

아시아에 있는 일곱 교회에게 지금 있는 일은 로마제국의 황제 숭배로 인한 환난과 궁핍이 있었고, 자칭 유대인이라 하나 거짓말을 하며 교회를 비방한 사탄의 회당인 유대인들의 박해가 있었으며, 이단의 미혹이 있었는데 행음하게 하고 우상의 제물을 먹게 하는 발람의 교훈 곧 니골라당의 교훈을 따르는 자들이 있었고, 자칭 선지자라 하는 이세벨이 있어 주의 종들을 가르쳐 꾀어 행음하게 하고 우상의 제물을 먹게 하였습니다.

그런데 그 일곱 교회 중에서 서머나 교회와 빌라델비아 교회는 예수님께 칭찬만 받았고, 사데 교회와 라오디게아 교회는 예수님께 책망만 받았으며, 에베소 교회와 버가모 교회와 두아디라 교회는 예수님께 칭찬과 책망을 함께 받았습니다. 지금도 교회가 어떤 교회인가가 매우 중요합니다. 지금도 서머나와 빌라델비아 같은 교회는 예수님께 칭찬만 받을 것이며, 사데와 라오디게아 같은 교회는 예수님께 책망만 받을 것이고, 에베소와 버가모와 두아디라 같은 교회는 예수님께 칭찬과 책망을 받을 것입니다. 그러므로 예수님께 책망 받을 것이 있는 교회는 회개해야 하며, 예수님께 칭찬을 받을 수 있는 교회가 되어야 합니다.

계1:19   "그러므로 네가 본 것과 지금 있는 일과 장차 될 일을 기록하라"

계1:11   "이르되 네가 보는 것을 두루마리에 써서 에베소, 서머나, 버가모, 두아디라, 사데, 빌라델비아, 라오디게아 등 일곱 교회에 보내라 하시기로"

계22:16   "나 예수는 교회들을 위하여 내 사자를 보내어 이것들을 너희에게 증언하게 하였노라 나는 다윗의 뿌리요 자손이니 곧 광명한 새벽 별이라 하시더라"

3) 요한계시록의 계시의 내용은 장차 될 일입니다.

장차 될 일은 이 세상의 종말 곧 예수님의 재림과 그 이전에 될 일과 그 이후에 될 일로 요한계시록 4-22장의 말씀입니다. 곧 장차 될 일은 예수님의 재림 이전에 일어날 이 세상의 종말의 징조인 재난과 복음 전파 그리고 일곱 나팔 재앙과 성도들이 박해 받는 대 환난과 성도들을 박해한 자들에게 하나님이 내리시는 재앙과 성도들의 부활과 그리스도의 재림입니다. 또한 예수님의 재림 이후에 일어날 천년왕국과 세상 심판과 사탄의 멸망과 불신자들의 부활과 최후의 심판과 불신자들이 지옥에 던져지는 일과 성도들이 천국에 들어가는 일입니다.

성도들은 사탄과 짐승(독재자)과 거짓 선지자들과 불신자들에게 박해를 받을 것입니다. 그러나 성도들은 박해를 받아도 오직 하나님을 섬기며 복음을 증언할 것입니다. 곧 성도들은 대환난의 때에 죽임을 당해도 짐승(독재자)의 우상에게 절하지 아니하고, 또 매매를 못해도 이마에나 오른손에 짐승의 표를 받지 않을 것입니다. 그리고 성도들은 박해 중에서도 하나님의 보호를 받을 것이며, 예수님이 재림하실 때에 부활하여 천년왕국에서 예수님과 함께 왕 노릇하며, 새 하늘과 새 땅 곧 천국에서 영원히 살게 될 것입니다.

불신자들은 사탄이 세운 짐승을 섬기며 성도들을 박해할 것입니다. 그래서 불신자들은 하나님이 진노하심으로 내리는 재앙을 받게 될 것입니다. 불신자들에게 내리는 재앙은 일곱 나팔 재앙과 일곱 대접 재앙입니다. 일곱 나팔 재앙은 땅 삼분의 일에 내리는 재앙이며, 일곱 대접 재앙은 땅 전체에 내리는 재앙입니다. 또한 불신자들은 예수님의 최후의 심판을 받고 사탄과 함께 유황 불 못 곧 지옥에 던져져 영벌을 받을 것입니다.

　요한계시록은 예수 그리스도의 계시입니다. 요한계시록의 계시자는 예수 그리스도이시며, 예수 그리스도는 교회 중에 계시며, 교회의 대제사장이시며 왕이시고, 모든 권세를 가지신 성결하시며 전지하신 심판자이시며, 교회의 사자를 붙잡고 계시며, 말씀으로 심판하시며, 영광중에 계십니다. 요한계시록의 계시를 받은 자는 사도 요한이며, 사도 요한은 성도들의 형제요 예수의 나라와 참음에 동참한 자였으며, 성령에 감동되어 계시를 받았고, 자기가 본 것을 다 증언하였습니다.

　요한계시록의 계시의 전달자는 천사이며, 예수 그리스도께서 보내신 천사는 사도 요한에게 와서 말하였으며 보게 하였는데, 천사는 사도 요한과 선지자들과 함께 된 하나님(예수님)의 종입니다.

　요한계시록의 계시의 대상자는 예수 그리스도의 종들과 교회들이며, 예수 그리스도의 종은 그를 위해 순교한 자들이며, 그의 증언을 받고 말씀을 지키는 자들이며, 하나님을 경외하며 섬기는 자들이며, 하나님의 인침을 받은 자들입니다. 요한계시록의 계시의 내용은 사도 요한이 본 것과 지금 있는 일과 장차 될 일입니다. 사도 요한이 본 것은 예수님의 오른손에 있는 일곱 별의 비밀과 일곱 금 촛대이며 일곱 별은 일곱 교회의 사자요 일곱 금 촛대는 일곱 교회입니다. 그리고 지금 있는 일은 아시아에 있는 일곱 교회에 대한 말씀으로 요한계시록 2-3장의 말씀입니다. 또 장차 될 일은 예수님의 재림과 그 이전에 될 일과 그 이후에 될 일로 요한계시록 4-22장의 말씀입니다.

2장

일곱 교회에 보내는 편지

2장
일곱 교회에 보내는 편지

요한계시록의 계시자이신 예수님은 사도 요한에게 "네가 보는 것을 두루마리(책)에 써서 에베소, 서머나, 버가모, 두아디라, 사데, 빌라델비아, 라오디게아 등 일곱 교회에 보내라"고 명하셨으며(계1:11), "네 본 것과 지금 있는 일과 장차 될 일을 기록하라"고 명하셨습니다(계1:19). 이에 사도 요한은 아시아에 있는 일곱 교회에 편지하였습니다(계1:4). 요한계시록 2-3장은 사도 요한이 예수님께서 명하신 대로 기록한 지금 있는 일로 아시아에 있는 일곱 교회에 보내는 편지입니다. 사도 요한이 보낸 편지는 곧 예수님께서 보내신 편지이며, 사도 요한이 편지한 일곱 교회는 아시아에 있는 에베소, 서머나, 버가모, 두아디라, 사데, 빌라델비아, 라오디게아 교회입니다.

사도 요한이 일곱 교회에 보낸 편지에는 각 교회의 형편과 신앙생활을 세밀하게 감찰하고 계신 예수님의 칭찬과 책망과 권고와 경고 또 약속이 기록되어 있습니다. 그런데 아시아에 있는 일곱 교회는 온 세계의 모든 교회를 대표합니다. 그러므로 아시아에 있는 일곱 교회에 보내는 편지는 오늘날 모든 교회에게 주시는 말씀입니다. 그러므로 일곱 교회에 보낸 편지에 기록된 칭찬과 책망과 권고와 경고 또 약속은 예수님께서 오늘날 모든 교회에게 주시는 말씀으로 받아야 합니다.

계1:11   "이르되 네가 보는 것을 두루마리에 써서 에베소, 서머나, 버가모, 두아디라, 사데, 빌라델비아, 라오디게아 등 일곱 교회에 보내라 하시기로"

계1:19   "그러므로 네가 본 것과 지금 있는 일과 장차 될 일을 기록하라"

계1:4   "요한은 아시아에 있는 일곱 교회에 편지하노니 이제도 계시고 전에도 계셨고 장차 오실 이와 그의 보좌 앞에 있는 일곱 영과"

교회란 그리스도 예수 안에서 거룩하여지고 성도라 부르심을 입은 자들입니다(고전1:2). 또 교회는 그리스도의 몸이며(엡1:23), 진리의 기둥과 터입니다(딤전3:15). 그리고 예수님은 교회를 보양하시며(엡5:29), 영광스러운 교회로 세우시고(엡5:27), 교회로 말미암아 하나님의 각종 지혜를 알게 하십니다(엡3:10).

고전1:2   "고린도에 있는 하나님의 교회 곧 그리스도 예수 안에서 거룩하여지고 성도라 부르심을 받은 자들과 또 각처에서 우리의 주 곧 그들과 우리의 주 되신 예수 그리스도의 이름을 부르는 자들에게"

엡1:23   "교회는 그의 몸이니 만물 안에서 만물을 충만하게 하시는 이의 충만함이니라"

딤전3:15   "만일 내가 지체하면 너로 하여금 하나님의 집에서 어떻게 행

하여야 할지를 알게 하려 함이니 이 집은 살아 계신 하나님의
교회요 진리의 기둥과 터니라"

엡5:29 "누구든지 언제나 자기 육체를 미워하지 않고 오직 양육하여
보호하기를 그리스도께서 교회에게 함과 같이 하나니"

엡5:27 "자기 앞에 영광스러운 교회로 세우사 티나 주름 잡힌 것이나
이런 것들이 없이 거룩하고 흠이 없게 하려 하심이라"

엡3:10 "이는 이제 교회로 말미암아 하늘에 있는 통치자들과 권세들에
게 하나님의 각종 지혜를 알게 하려 하심이니"

1. 에베소 교회에 보내는 편지

1) 에베소 도시

에베소는 소아시아 지방의 수도로 소아시아 지방의 정치, 교통, 무
역, 문화 등 각 방면의 중심지였습니다. 그리고 에베소는 로마 황제숭
배의 중심지였으며, 에베소에는 아데미의 신전이 있었습니다.

2) 에베소 교회

사도 바울이 제2차 전도여행 때에 에베소에 이르렀습니다. 에베
소에 이른 바울은 회당에 들어가서 유대인들과 변론하였습니다(행
18:19). 이에 여러 사람들이 바울에게 더 오래 머물러 있기를 청하였
습니다. 그러나 바울은 에베소를 떠났습니다. 그 후에 아볼로가 에베
소에 이르러 회당에서 말씀을 전하였습니다. 그런데 아볼로는 학문이

많고 성경에 능한 자였으며 일찍 주의 도를 배워 열심히 예수님에 관한 것을 자세히 말하며 가르쳤습니다. 그러나 아볼로는 요한의 세례만 알았으며 성령 세례를 알지 못하였습니다. 그래서 아볼로가 에베소에서 성령 세례를 가르치지 않았으므로 에베소 교회 성도들은 성령이 있음도 듣지 못했습니다. 그리고 아볼로가 에베소에서 말씀을 전하다가 고린도로 갔습니다. 그 후 사도 바울이 제3차 전도여행 때에 에베소에 다시 와서 에베소 교회 성도들이 성령을 받도록 하였습니다. 그리고 바울은 에베소 회당에서 석 달 동안 말씀을 가르쳤습니다. 그러나 유대인들의 반대가 심하므로 바울은 두란노 서원으로 옮겨 2년 동안 날마다 말씀을 강론하였으며, 하나님께서 바울의 손으로 놀라운 능력을 행하게 하시므로 많은 사람들이 믿었습니다. 그런데 은으로 아데미의 신상 모형을 만들던 은장색 데메드리오와 유대인들의 박해로 사도 바울은 에베소를 떠나게 되었습니다. 그 후 바울은 3차 전도여행을 마치고 예루살렘을 향하여 가면서 에베소 근처 밀레도에서 에베소 교회의 장로들을 불러 권면을 하고 그들과 함께 기도하였습니다. 그 때 그 장로들은 크게 울며 바울의 목을 안고 입 맞추며 바울과 작별하였습니다.

〈에베소〉의 뜻은 "인내"입니다. 에베소 교회는 행위와 수고와 인내가 있었습니다. 그리고 에베소 교회는 건전한 교리를 수호하였으며, 악한 무리를 배척하였습니다. 그래서 예수님은 에베소 교회를 칭찬하셨습니다. 반면에 에베소 교회는 처음에 가졌던 사랑을 잃어버렸습니다. 그래서 예수님은 에베소 교회를 책망도 하셨습니다.

3) 에베소 교회에게 말씀하신 예수님

에베소 교회에게 말씀하신 예수님은 오른 손에 일곱별을 붙잡고 일곱 금 촛대 사이에 거니시는 이로 나타나셨습니다(계2:1). 교회의 주인(주권자)은 예수님이십니다. 그리고 예수님은 오른 손으로 그 사자들을 붙잡고 계시는데, 〈오른 손〉은 능력의 손을 의미합니다. 예수님은 그의 몸된 교회에 계시며, 그 사자들에게 능력을 주십니다. 그러므로 음부의 권세가 교회를 이기지 못합니다(마16:18).

계2:1   "에베소 교회의 사자에게 편지하라 오른손에 있는 일곱 별을 붙잡고 일곱 금 촛대 사이를 거니시는 이가 이르시되"

마16:18   "또 내가 네게 이르노니 너는 베드로라 내가 이 반석 위에 내 교회를 세우리니 음부의 권세가 이기지 못하리라"

4) 에베소 교회에 대한 예수님의 칭찬과 책망과 권고와 경고와 약속

예수님은 에베소 교회를 칭찬하시고 책망도 하셨습니다. 그리고 예수님은 에베소 교회에게 권고하시고 경고하셨으며 이기는 자들에게 약속하셨습니다.

① 예수님은 에베소 교회를 칭찬하시고 책망도 하셨습니다.

에베소 교회는 행위와 수고와 인내가 있었습니다(계2:2). 또 에베소 교회는 악한 자들을 용납하지 아니하였으며, 자칭 사도라 하되 아닌 자들을 시험하여 그 거짓된 것을 드러냈습니다(계2:2). 그리고 에베소 교회는 참고 예수 이름을 위하여 견디고 게으르지 아니하였으며(

계2:3), 우상의 제물을 먹고 음행하는 니골라당의 행위를 미워하였습니다(계2:6). 그래서 예수님은 에베소 교회를 칭찬하셨습니다.

에베소 교회를 칭찬하신 예수님은 에베소 교회를 책망도 하셨습니다. 에베소 교회는 처음에는 사랑이 있는 교회였습니다(엡1:15). 그러나 에베소 교회는 처음 사랑을 버렸습니다. 그래서 예수님은 처음 사랑을 버린 에베소 교회를 책망하셨습니다(계2:4).

계2:2	"내가 네 행위와 수고와 네 인내를 알고 또 악한 자들을 용납하지 아니한 것과 자칭 사도라 하되 아닌 자들을 시험하여 그의 거짓된 것을 네가 드러낸 것과"
계2:3	"또 네가 참고 내 이름을 위하여 견디고 게으르지 아니한 것을 아노라"
계2:6	"오직 네게 이것이 있으니 네가 니골라 당의 행위를 미워하는도다 나도 이것을 미워하노라"
엡1:15	"이로 말미암아 주 예수 안에서 너희 믿음과 모든 성도를 향한 사랑을 나도 듣고"
계2:4	"그러나 너를 책망할 것이 있나니 너의 처음 사랑을 버렸느니라"

② 예수님은 에베소 교회에게 권고하시고 경고하셨으며 이기는 자들에게 약속하셨습니다.

예수님은 처음 사랑을 버린 에베소 교회에게 어디서 떨어졌는지를 생각하고 회개하여 처음 행위(사랑의 행위)를 가지라고 권고하셨습니다(계2:5). 또 예수님은 에베소 교회에게 만일 회개하여 처음 행위를 가지지 아니하고 회개하지 아니하면 그 촛대를 그 자리에서 옮기리라고 경고하셨습니다(계2:5). 〈촛대를 옮기는 것〉은 교회의 머리 되신 예수님과의 관계가 단절되어 생명력을 잃고 죽은 교회가 될 것이라는 의미입니다. 그러므로 회개하여 처음 행위를 가지는 것이 중요합니다.

예수님은 이기는 자들에게 하나님의 낙원에 있는 생명나무의 열매를 주어 먹게 하리라고 약속하셨습니다(계2:7). 이기는 자들은 낙원에 들어가며, 낙원에서는 예수님께서 생명나무의 열매를 주어 먹게 하십니다. 예수님께서 〈생명나무의 열매를 주어 먹게 하심〉은 영생을 누리게 하신 것입니다. 이기는 자들은 마귀를 대적하여 이기며 성령님께서 교회들에게 하시는 말씀을 순종하는 자들인데, 에베소 교회에서 이기는 자들은 처음 사랑을 버렸음을 회개하여 처음 사랑의 행위를 가진 자들입니다. 형제를 사랑하는 자는 사망에서 옮겨 생명으로 들어가지만 사랑하지 아니하는 자는 사망에 거합니다(요일3:14).

예수님이 에베소 교회에게 하신 말씀은 성령님이 모든 교회들에게 하시는 말씀이므로 귀 있는 자는 들어야 합니다(계2:7).

계2:5　　　"그러므로 어디서 떨어졌는지를 생각하고 회개하여 처음 행위를 가지라 만일 그리하지 아니하고 회개하지 아니하면 내가 네게 가서 네 촛대를 그 자리에서 옮기리라"

요일3:14　　"우리는 형제를 사랑함으로 사망에서 옮겨 생명으로 들어간 줄을 알거니와 사랑하지 아니하는 자는 사망에 머물러 있느니라"

계2:7　　　"귀 있는 자는 성령이 교회들에게 하시는 말씀을 들을지어다

이기는 그에게는 내가 하나님의 낙원에 있는 생명나무의 열매
를 주어 먹게 하리라"

2. 서머나 교회에 보내는 편지

1) 서머나 도시

서머나는 소아시아에서 에베소와 겨누는 대도시로 에베소 북방에
있는 항구도시였습니다. 서머나는 로마에 충성을 바쳤으며, 로마의
호의와 보호를 받아 황제 숭배의 중심지가 되었습니다. 또한 서머나
는 로마의 여신을 위한 신전도 건립하였습니다. 서머나의 현재 지명
은 터키의 〈이즈미르〉로 현재도 대도시입니다.

2) 서머나 교회

서머나 교회가 어떻게 세워졌는가는 알 수 없다고 합니다. "폴리캅
의 생애"라는 책에는 사도 바울이 서머나에서 전도하였다고 합니다.
폴리캅은 사도 요한의 제자로 서머나 교회의 초대 감독이었으며, 서
머나에서 순교하였습니다.

〈서머나〉의 뜻은 "몰약성"입니다. 몰약은 향이 매우 좋으며 두드리
고 으깰수록 더욱 아름다운 향기를 뿜어낸다고 합니다. 서머나 교회
는 궁핍하였으나 실상은 부요한 교회였습니다. 서머나 교회는 환난과
궁핍 중에서도 신앙적으로는 부요했습니다. 그래서 예수님은 서머나
교회를 칭찬만 하셨습니다.

3) 서머나 교회에게 말씀하신 예수님

서머나 교회에게 말씀하신 예수님은 처음이요 나중이요 죽었다가 살아나신 이로 나타나셨습니다(계2:8). 예수님이 〈처음이요 나중이심〉은 예수님은 영원하신 분 곧 영생의 주이심을 의미하며, 예수님이 〈죽었다가 살아나심〉은 예수님이 부활의 주이심을 의미합니다.

서머나 교회는 로마제국의 기독교 박해로 순교에 직면해 있었습니다. 순교에 직면한 서머나 교회에게 예수님은 영생의 주로, 부활의 주로 나타나 말씀하셨습니다.

계2:8   "서머나 교회의 사자에게 편지하라 처음이며 마지막이요 죽었다가 살아나신 이가 이르시되"

4) 서머나 교회에 대한 예수님의 칭찬과 권고와 약속

예수님은 서머나 교회에게 칭찬만 하셨습니다. 그리고 예수님은 서머나 교회에게 권고하셨으며, 이기는 자들에게 약속하셨습니다.

① 예수님은 서머나 교회를 칭찬만 하셨습니다.

서머나 교회는 환난이 있었고 궁핍하였습니다(계2:9). 서머나의 시민들의 생활수준은 부유한 편이었으나 성도들은 궁핍하였습니다. 이는 원래 성도들이 가난한 자들이기도 했으나 박해자들이 성도들의 재산을 약탈하는 일도 있었다고 합니다. 또한 서머나는 로마 황제숭배의 중심지로 황제숭배를 반대한 성도들은 환난 속에 살게 되었습니다. 그리고 서머나 교회는 자칭 유대인이라 하나 실상은 유대인이 아니요 사탄의 회당인 유대인의 비방도 있었습니다(계2:9). 서머나에는 유대인의 이민이 많았다고 합니다. 그런데 그 유대인들은 로마 황제 숭배를 하면서 황제숭배를 반대한 그리스도인들을 비방하며 박해에 앞장을 섰습니다. 그들은 사탄의 무리였습니다.

그러나 서머나 교회 성도들은 실상은 부요한 자였습니다(계2:9). 서머나 교회는 외적 환난과 궁핍이 내적 정결과 부요를 가져왔습니다. 그래서 예수님은 서머나 교회를 칭찬하셨습니다. 이렇게 환난이나 궁핍은 믿음의 장애가 될 수 없습니다. 오히려 환난이 있고 궁핍할 때 믿음이 더 바르고 온전하게 세워지기도 합니다.

계2:9 　　　"내가 네 환난과 궁핍을 알거니와 실상은 네가 부요한 자니라 자칭 유대인이라 하는 자들의 비방도 알거니와 실상은 유대인이 아니요 사탄의 회당이라"

② 예수님은 서머나 교회에게 권고하시고 이기는 자들에게 약속하셨습니다.

예수님은 서머나 교회에게 "장차 받을 고난을 두려워하지 말라"고 권고하셨습니다(계2:10). 곧 예수님은 "마귀가 장차 몇 사람을 옥에 던져 시험을 받게 하리니 너희가 십일 동안 환난을 받으리라"고 말씀하시며 "네가 죽도록 충성하라 그리하면 내가 생명의 면류관을 네게 주리라"고 권고하셨습니다(계2:10). 〈십일 동안〉은 짧은 기간을 의미합니다.

그리고 예수님은 이기는 자들에게 "둘째 사망의 해를 받지 아니하리라"고 약속하셨습니다(계2:11). 사람에게 두려운 것은 육신의 죽음이 아니고 둘째 사망인 불 못 곧 지옥에 들어가는 것입니다(계20:14). 예수님을 위해 육신의 죽음을 두려워하지 않고 죽도록 충성하는 자는 둘째 사망의 해를 받지 아니하는 것입니다. 서머나 교회의 이기는 자는 고난을 두려워하지 않고 죽도록 충성하는 자이며, 죽도록 충성하는 자는 생명의 면류관을 받고 둘째 사망의 해를 받지 아니합니다. 예수님을 위해 박해를 받는 자는 반드시 천국에 들어갑니다(막10:29-30).

예수님이 서머나 교회에게 하신 말씀은 성령님이 모든 교회들에게 하시는 말씀이므로 귀 있는 자는 들어야 합니다(계2:11).

계2:10 "너는 장차 받을 고난을 두려워하지 말라 볼지어다 마귀가 장차 너희 가운데에서 몇 사람을 옥에 던져 시험을 받게 하리니 너희가 십일 동안 환난을 받으리라 네가 죽도록 충성하라 그리하면 내가 생명의 관을 네게 주리라"

계2:11 "귀 있는 자는 성령이 교회들에게 하시는 말씀을 들을지어다 이기는 자는 둘째 사망의 해를 받지 아니하리라"

계20:14 "사망과 음부도 불못에 던져지니 이것은 둘째 사망 곧 불못이라"

막10:29-30 "예수께서 이르시되 내가 진실로 너희에게 이르노니 나와 복음을 위하여 집이나 형제나 자매나 어머니나 아버지나 자식이나 전토를 버린 자는 현세에 있어 집과 형제와 자매와 어머니와 자식과 전토를 백 배나 받되 박해를 겸하여 받고 내세에 영생을 받지 못할 자가 없느니라"

3. 버가모 교회에 보내는 편지

1) 버가모 도시

버가모는 서머나의 북방에 위치한 소아시아 무시아 지방의 수도였습니다. 버가모에는 많은 우상들이 있었고 특히 뱀 신이 있었다고 합니다. 또한 버가모에는 로마 황제들을 위한 신전들이 있어서 황제숭배의 중심지가 되었습니다. 이렇게 버가모는 사탄의 권좌가 있는 곳이었습니다.

2) 버가모 교회

〈버가모〉의 뜻은 "높여졌다(높은 성), 결혼하는 곳(이중 결혼)"입니다. 버가모 교회는 우상숭배와 황제숭배의 환경 속에 처한 교회였습니다. 그런데 버가모 교회의 성도들은 두 부류였습니다. 버가모 교회에는 참된 믿음을 가진 자들이 있었습니다. 그들은 순교의 고난 속에서도 우상숭배와 황제숭배를 하지 않고 믿음을 지켰습니다. 그래서 예수님은 버가모 교회를 칭찬하셨습니다. 반면에 버가모 교회에는 거짓된 믿음을 가진 자들도 있었습니다. 그들은 우상숭배와 황제숭배와 우상의 제물을 먹고 행음하는 니골라당의 교훈을 지키는 자들이 있었습니다. 그래서 예수님은 버가모 교회를 책망도 하셨습니다.

한국교회도 일제 강점기 때 신사참배를 강요당했습니다. 그 때 신사참배를 한 목회자들과 성도들이 있었으며 반면에 신사참배를 거절하다가 감옥에 갇히고 순교한 목회자들과 성도들도 있었습니다.

3) 버가모 교회에 말씀하신 예수님

버가모 교회에 말씀하신 예수님은 좌우에 날선 검을 가지신 이로 나타나셨습니다(계2:12). 좌우에 날선 검을 가지신 예수님은 참된 믿음과 거짓된 믿음을 나누시며 심판하시는 이십니다. 이는 버가모 교회의 신앙적 혼돈 상태 곧 참된 믿음을 가진 자들과 거짓된 믿음을 가진 자들을 대하시는 예수님의 모습입니다.

계2:12   "버가모 교회의 사자에게 편지하라 좌우에 날선 검을 가지신 이가 이르시되"

4) 버가모 교회에 대한 예수님의 칭찬과 책망과 권고와 경고와 약속

예수님은 버가모 교회를 칭찬하셨으며 책망도 하셨습니다. 그리고 예수님은 버가모 교회에게 권고하시고 경고하셨으며, 이기는 자들에게 약속하셨습니다.

① 예수님은 버가모 교회를 칭찬하시고 책망도 하셨습니다.

버가모는 사탄의 권좌가 있는 곳 곧 사탄이 거하는 우상숭배와 황제숭배가 있는 곳이었습니다(계2:13). 그래서 그곳에서 예수님의 충성된 증인 안디바가 죽임을 당하였습니다(계2:13). 그런데 버가모 교회의 충성된 성도들은 안디바가 죽임을 당하는 것을 보고도 예수 이름을 굳게 잡아서 예수님을 믿는 믿음을 저버리지 아니하였습니다(계2:13). 그래서 예수님은 버가모 교회를 칭찬하셨습니다.

반면에 버가모 교회에는 발람의 교훈을 지키는 자들이 있었습니다

(계2:14). 발람의 교훈은 우상의 제물을 먹게 하고 행음하게 하는 것이었으며(계2:14), 발람의 교훈을 지키는 자들이 니골라 당인데 버가모 교회에는 니골라 당의 교훈을 지키는 자들이 있었습니다(계2:15). 곧 버가모 교회에는 발람의 교훈을 따르는 니골라 당의 교훈을 지켜 황제숭배를 하고 우상의 제물을 먹으며 행음하는 자들이 있었습니다. 그래서 예수님은 버가모 교회를 책망도 하셨습니다.

계2:13　　　"네가 어디에 사는지를 내가 아노니 거기는 사탄의 권좌가 있는 데라 네가 내 이름을 굳게 잡아서 내 충성된 증인 안디바가 너희 가운데 곧 사탄이 사는 곳에서 죽임을 당할 때에도 나를 믿는 믿음을 저버리지 아니하였도다"

계2:14　　　"그러나 네게 두어 가지 책망할 것이 있나니 거기 네게 발람의 교훈을 지키는 자들이 있도다 발람이 발락을 가르쳐 이스라엘 자손 앞에 걸림돌을 놓아 우상의 제물을 먹게 하였고 또 행음하게 하였느니라"

계2:15　　　"이와 같이 네게도 니골라 당의 교훈을 지키는 자들이 있도다"

발람은 브올의 아들로 술사였습니다. 발람은 이스라엘 자손을 저주하라는 모압 왕 발락의 요청을 받고 갔으나 하나님께서 막으심으로 이스라엘 자손을 저주는 하지 못했습니다. 그러나 발람은 발락을 가르쳐 이스라엘 자손 앞에 올무를 놓아 이스라엘 자손으로 하여금 우상의 제물을 먹게 하고 행음하게 하였습니다. 곧 발람은 발락을 가르쳐 단을 쌓고 제사를 드리게 했으며, 모압 여자들은 그 신들에게 제사하면서 이스라엘 백성을 청하였습니다. 이에 이스라엘 자손들은 그 제물을 먹고 모압의 신들에게 절하고 모압 여자들과 음행하였습니다. 그 일로 인해 이스라엘 자손이 염병으로 이만 사천 명이 죽었습니다. 이렇게 발람은 불의의 삯을 위하여 어그러진 길로 간 자입니다(벧후2:15, 유1:11).

벧후2:15 "그들이 바른 길을 떠나 미혹되어 브올의 아들 발람의 길을 따르는도다 그는 불의의 삯을 사랑하다가"

유1:11 "화 있을진저 이 사람들이여, 가인의 길에 행하였으며 삯을 위하여 발람의 어그러진 길로 몰려 갔으며 고라의 패역을 따라 멸망을 받았도다"

② 예수님은 버가모 교회에게 권고하시고 경고하셨으며 이기는 자들에게 약속하셨습니다.

예수님은 버가모 교회에게 니골라 당의 교훈을 지키는 것 곧 우상의 제물을 먹고 행음한 것을 회개하라고 권고하셨습니다(계2:16). 그리고 예수님은 회개하지 아니하면 속히 임하여 그 입의 검으로 그들과 싸우리라고 경고하셨습니다(계2:16). 사람이 회개하지 아니하면 하나님이 칼을 가시며 활을 이미 당기어 예비하시고 죽일 기계를 예비하십니다(시7:12-13). 이스라엘 자손으로 우상의 제물을 먹게 하고 행음하게 한 발람은 칼로 죽임을 당했습니다(민31:8).

예수님은 이기는 자들에게 감추었던 만나를 주시고 흰 돌을 주실 것을 약속하셨습니다(계2:17). 〈감추었던 만나〉는 "신령한 양식"입니다. 예수님은 감추어진 비밀이요 또한 생명의 양식입니다. 〈흰 돌〉은

"승리자에게 주는 상급"입니다. 흰 돌 위에는 새 이름을 기록한 것이 있는데 그 이름을 받는 자 밖에는 알 사람이 없습니다. 예수님이 주시는 상급은 받는 자만 알 수 있습니다. 버가모 교회의 이기는 자는 황제숭배의 강요에도 불구하고 믿음을 저버리지 않고 우상을 섬기지 않으며 음행하지 않는 자입니다. 예수님은 이기는 자에게 신령한 양식인 자신을 주시며 상급을 주십니다.

예수님이 버가모 교회에게 하신 말씀은 성령님이 모든 교회들에게 하시는 말씀이므로 귀 있는 자는 들어야 합니다(계2:17).

계2:16　　　"그러므로 회개하라 그리하지 아니하면 내가 네게 속히 가서 내 입의 검으로 그들과 싸우리라"

시7:12-13　"사람이 회개하지 아니하면 그가 그의 칼을 가심이여 그의 활을 이미 당기어 예비하셨도다 죽일 도구를 또한 예비하심이여 그가 만든 화살은 불화살들이로다"

민31:8　　　"그 죽인 자 외에 미디안의 다섯 왕을 죽였으니 미디안의 왕들은 에위와 레겜과 수르와 후르와 레바이며 또 브올의 아들 발람을 칼로 죽였으니"

계2:17　　　"귀 있는 자는 성령이 교회들에게 하시는 말씀을 들을지어다 이기는 그에게는 내가 감추었던 만나를 주고 또 흰 돌을 줄 터인데 그 돌 위에 새 이름을 기록한 것이 있나니 받는 자 밖에는 그 이름을 알 사람이 없느니라"

4. 두아디라 교회에 보내는 편지

1) 두아디라 도시

두아디라는 공업도시였습니다. 그래서 두아디라에는 많은 조합이 있는 것으로 유명했고 행상들도 많았다고 합니다. 자주장사 루디아도 두아디라 출신이었습니다. 그리고 두아디라는 태양신 아폴로로 유명했으며 아데미의 신전도 있었습니다. 그래서 두아디라는 우상 숭배와 향락이 만연하였다고 합니다.

2) 두아디라 교회

〈두아디라〉의 뜻은 "희생"입니다. 두아디라 교회는 믿음을 지키며 꾸준히 봉사하는 성도들이 있었습니다. 두아디라 교회는 처음보다 더 성숙한 사랑과 믿음과 봉사의 행위가 있었습니다. 그래서 예수님은 두아디라 교회를 칭찬하셨습니다. 반면에 두아디라 교회는 우상숭배와 향락에 빠진 자들도 있었으며, 거짓 선지자 여자 이세벨을 용납하였습니다. 여자 이세벨은 주의 종들을 가르쳐 꾀어 행음하게 하고 우상의 제물을 먹게 하였습니다. 그래서 예수님은 두아디라 교회를 책망도 하셨습니다.

3) 두아디라 교회에 말씀하신 예수님

두아디라 교회에 말씀하신 예수님은 그 눈이 불꽃 같고 그 발이 빛난 주석과 같은 하나님의 아들로 나타나셨습니다(계2:18). 예수님의 〈그 눈이 불꽃 같음〉은 "참과 거짓을 구별하는 통찰력"을 의미하며, 〈그 발이 빛난 주석과 같음)은 "원수를 짓밟는 심판"을 의미합니다. 이는 하나님의 아들의 위엄을 나타냅니다. 하나님의 아들이신 예수님은 각 사람의 뜻과 마음을 살피시며, 각 사람의 행위대로 갚아 주십니다.

계2:18   "두아디라 교회의 사자에게 편지하라 그 눈이 불꽃 같고 그 발이 빛난 주석과 같은 하나님의 아들이 이르시되"

4) 두아디라 교회에 대한 예수님의 칭찬과 책망과 권고와 경고와 약속

예수님은 두아디라 교회를 칭찬하셨으며 책망도 하셨습니다. 그리고 예수님은 두아디라 교회에게 권고하시고 경고하셨으며, 이기는 자들에게 약속하셨습니다.

① 예수님은 두아디라 교회를 칭찬하시고 책망도 하셨습니다.

두아디라 교회는 신앙생활이 성숙한 교회였습니다. 두아디라 교회는 사업과 사랑과 믿음과 섬김과 인내가 있었습니다(계2:19). 또한 두아디라 교회는 신앙생활이 진보상태에 있었습니다. 두아디라 교회는 나중 행위가 처음 것보다 많았습니다(계2:19). 그래서 예수님은 두아디라 교회를 칭찬하셨습니다.

반면에 두아디라 교회는 자칭 선지자라 하는 여자 이세벨을 용납하였습니다(계2:20). 그래서 예수님은 두아디라 교회를 책망도 하셨습니다. 여자 이세벨은 주의 종들을 가르쳐 행음하게 하고 우상의 제물을 먹게 하였으며(계2:20), 예수님께서 회개할 기회를 주셨으나 그 음행을 회개하고자 아니하였습니다(계2:21).

계2:19	"내가 네 사업과 사랑과 믿음과 섬김과 인내를 아노니 네 나중 행위가 처음 것보다 많도다"
계2:20	"그러나 네게 책망할 일이 있노라 자칭 선지자라 하는 여자 이세벨을 네가 용납함이니 그가 내 종들을 가르쳐 꾀어 행음하게 하고 우상의 제물을 먹게 하는도다"
계2:21	"또 내가 그에게 회개할 기회를 주었으되 자기의 음행을 회개하고자 아니하는도다"

구약에 나오는 이세벨은 시돈 사람의 왕 엣바알의 딸로 이스라엘 아합 왕의 아내가 되었습니다. 이세벨은 아합 왕과 이스라엘 백성으로 시돈의 신인 바알을 섬겨 숭배하게 하였습니다(왕상16:31). 그리고 이세벨은 여호와의 선지자들을 죽였습니다(왕상18:13). 그래서 선지자 엘리야는 하나님께서 말씀하신 대로 개들이 이스르엘 성 곁에서 이세벨을 먹을 것이라고 전하였으며(왕상21:23), 그대로 되었습니다. 곧 이세벨은 예후의 명령대로 내시가 그녀를 열린 창문으로 내려 던지매 죽었고, 그 피가 담과 말에게 튀었습니다(왕하9:33).

왕상16:31	"느밧의 아들 여로보암의 죄를 따라 행하는 것을 오히려 가볍게 여기며 시돈 사람의 왕 엣바알의 딸 이세벨을 아내로 삼고 가서 바알을 섬겨 예배하고"
왕상18:13	"이세벨이 여호와의 선지자들을 죽일 때에 내가 여호와의 선지자 중에 백 명을 오십 명씩 굴에 숨기고 떡과 물로 먹인 일이 내 주에게 들리지 아니하였나이까"

왕상21:23 "이세벨에게 대하여도 여호와께서 말씀하여 이르시되 개들이
         이스르엘 성읍 곁에서 이세벨을 먹을지라"
왕하9:33 "이르되 그를 내려던지라 하니 내려던지매 그의 피가 담과 말
         에게 튀더라 예후가 그의 시체를 밟으니라"

② 예수님은 두아디라 교회에게 경고하시고 권고하셨으며 이기는 자들
에게 약속하셨습니다.

예수님은 자칭 선지자라 하며 자기 음행을 회개하지 아니하는 여자
이세벨을 침상에 던질 것이라고 경고하셨습니다(계2:22). 또한 예수
님은 여자 이세벨로 더불어 간음하는 자들도 회개하지 아니하면 그들
을 큰 환난 가운데 던지고 사망으로 그 자녀를 죽이리라고 경고하셨
습니다(계2:22-23). 그리고 예수님은 "모든 교회가 나는 사람의 뜻과
마음을 살피는 자인 줄 알지라. 내가 너희 각 사람의 행위대로 갚아 주
리라"고 경고하셨습니다(계2:23).

그런데 두아디라 교회 성도들 중에는 여자 이세벨의 교훈을 받지
아니한 자들 곧 사탄의 깊은 것을 알지 못하는 자들이 있었습니다.
예수님은 그들에게 다른 짐으로 지울 것이 없다고 하시며 그들에게
있는 것을 예수님이 오실 때까지 굳게 잡으라고 권고하셨습니다(계
2:24-25).

그리고 예수님은 이기는 자와 끝까지 예수님의 일을 지키는 자들
에게 만국을 다스리는 권세를 주리라고 약속하셨습니다(계2:26). 예
수님이 주시는 권세는 철장을 가지고 다스리는 권세이며, 예수님도
하나님 아버지께 철장을 가지고 다스리는 권세를 받으셨습니다(계

2:27). 또 예수님은 새벽 별을 주리라고 약속하셨습니다(계2:28). 〈새벽 별〉은 예수님을 의미하며(계22:16), 〈새벽 별을 주심〉은 예수님이 항상 함께 계시며 빛이 되심을 의미합니다. 두아디라 교회의 이기는 자는 행음하게 하고 우상의 제물을 먹게 하는 이세벨의 교훈을 받지 아니하고 예수님이 오실 때까지 그들에게 있는 것을 굳게 잡는 자들입니다. 예수님은 이기는 자들에게 만국을 다스리는 철장 권세를 주시며, 항상 함께 계시며 빛이 되십니다.

예수님이 두아디라 교회에게 하신 말씀은 성령님이 모든 교회들에게 하시는 말씀이므로 귀 있는 자는 들어야 합니다(계2:29).

계2:22-23　"볼지어다 내가 그를 침상에 던질터이요 또 그와 더불어 간음하는 자들도 만일 그의 행위를 회개하지 아니하면 큰 환난 가운데에 던지고 또 내가 사망으로 그의 자녀들을 죽이리니 모든 교회가 나는 사람의 뜻과 마음을 살피는 자인 줄 알지라 내가 너희 각 사람의 행위대로 갚아 주리라"

계2:24-25　"두아디라에 남아 있어 이 교훈을 받지 아니하고 소위 사탄의 깊은 것을 알지 못하는 너희에게 말하노니 다른 짐으로 너희에게 지울 것은 없노라 다만 너희에게 있는 것을 내가 올 때까지 굳게 잡으라"

계2:26　"이기는 자와 끝까지 내 일을 지키는 그에게 만국을 다스리는 권세를 주리니"

계2:27　"그가 철장을 가지고 그들을 다스려 질그릇 깨뜨리는 것과 같이 하리라 나도 내 아버지께 받은 것이 그러하니라"

계2:28	"내가 또 그에게 새벽 별을 주리라"
계22:16	"나 예수는 교회들을 위하여 내 사자를 보내어 이것들을 너희에게 증언하게 하였노라 나는 다윗의 뿌리요 자손이니 곧 광명한 새벽 별이라 하시더라"
계2:29	"귀 있는 자는 성령이 교회들에게 하시는 말씀을 들을지어다"

5. 사데 교회에 보내는 편지

1) 사데 도시

사데는 주전 6세기에 리디아 왕국 수도로 세계적 대도시였다고 합니다. 양털의 염색이 사데에서 시작되었다고 하며 사데에는 염직공업이 흥하였습니다. 그래서 사데는 사치와 부도덕의 도시가 되었다고 합니다.

2) 사데 교회

〈사데〉의 뜻은 "남은 물건"입니다. 사데 교회는 살았다 하는 이름만 가진 죽은 교회였습니다. 사데 교회의 위기는 외부에서가 아니라 내부에서 왔습니다. 사데 교회는 사치와 음탕한 생활에 빠졌으며 믿음은 형식에 불과했습니다. 그래서 사데 교회는 행위의 온전한 것을 찾을 수가 없는 교회였습니다. 곧 사데 교회는 그 옷을 더럽히지 아니한 몇 명의 성도만 있었을 뿐 믿음의 활기를 잃은 교회 곧 믿음이 죽은 교회였습니다. 그래서 예수님은 사데 교회를 책망하셨습니다.

3) 사데 교회에게 말씀하신 예수님

사데 교회에게 말씀하신 예수님은 하나님의 일곱 영과 일곱별을 가지신 이로 나타나셨습니다(계3:1). 〈하나님의 일곱 영〉은 "성령"을 의미하며, 〈일곱별〉은 "일곱 교회의 사자"를 의미합니다. 사데 교회는 살았다 하는 이름은 가졌으나 죽은 교회였습니다. 그래서 사데 교회는 내적 생명을 위한 성령님의 역사가 필요했으며 예수님이 붙잡고 계시는 사자가 필요했습니다. 그래서 사데 교회에게 말씀하신 예수님이 하나님의 일곱 영과 일곱별을 가지신 이로 나타나 말씀하셨습니다.

계3:1   **"사데 교회의 사자에게 편지하라 하나님의 일곱 영과 일곱 별을 가지신 이가 이르시되 내가 네 행위를 아노니 네가 살았다 하는 이름은 가졌으나 죽은 자로다"**

4) 사데 교회에 대한 예수님의 책망과 권고와 경고와 약속

예수님은 사데 교회를 책망하셨습니다. 그리고 예수님은 사데 교회에게 경고하시고 권고하셨으며, 이기는 자들에게 약속하셨습니다.

① 예수님은 사데 교회를 책망하셨습니다.

사데 교회는 살았다 하는 이름은 가졌으나 죽은 자였습니다(계3:1). 사데 교회는 하나님 앞에 그 행위의 온전한 것을 찾지 못했습니다(계3:2). 사데 교회는 사람이 보기에는 신자이나 하나님 앞에서는 신자가 아니었습니다. 그래서 예수님은 사데 교회를 책망하셨습니다.

| 계3:1 | "사데 교회의 사자에게 편지하라 하나님의 일곱 영과 일곱 별을 가지신 이가 이르시되 내가 네 행위를 아노니 네가 살았다 하는 이름은 가졌으나 죽은 자로다" |
| 계3:2 | "너는 일깨어 그 남은 바 죽게 된 것을 굳건하게 하라 내 하나님 앞에 네 행위의 온전한 것을 찾지 못하였노니" |

② 예수님은 사데 교회에게 권고하시고 경고하셨으며 이기는 자들에게 약속하셨습니다.

예수님은 살았다 하는 이름은 가졌으나 죽은 자인 사데 교회에게 "일깨어 그 남은 바 죽게 된 것을 굳건하게 하라"고 권고하셨습니다(계 3:2). 또 예수님은 사데 교회에게 "어떻게 받았으며 어떻게 들었는지 생각하고 지켜 회개하라"고 권고하셨습니다(계3:3). 그리고 예수님은 사데 교회에게 "만일 회개하지 아니하면 어느 때에 이를는지 알지 못하도록 도둑 같이 이르리라"고 경고하셨습니다(계3:3).

예수님은 사데 교회에 그 옷을 더럽히지 아니한 자 몇 명이 있음을 말씀하시고 그들은 합당한 자임으로 흰옷을 입고 예수님과 함께 다니리라고 약속하셨습니다(계3:4). 또 예수님은 이기는 자들에게 흰옷을 입을 것을 약속하시고, 그 이름을 생명책에서 결코 지우지 아니하고 그 이름을 하나님 아버지 앞과 그의 천사들 앞에서 시인하리라고 약속하셨습니다(계3:5). 그 이름이 생명책에 기록된 자들만이 천국에 들어가며, 예수님께서 하나님 아버지 앞과 천사들 앞에서 시인하신 자들만이 천국에 들어갑니다. 사데 교회의 이기는 자는 행실을 더럽히지 아니하고 하나님 앞에서 행위를 온전하게 하는 자입니다.

예수님이 사데 교회에게 하신 말씀은 성령님이 모든 교회들에게 하시는 말씀이므로 귀 있는 자는 들어야 합니다(계3:6).

계3:2	"너는 일깨어 그 남은 바 죽게 된 것을 굳건하게 하라 내 하나님 앞에 네 행위의 온전한 것을 찾지 못하였노니"
계3:3	"그러므로 네가 어떻게 받았으며 어떻게 들었는지 생각하고 지켜 회개하라 만일 일깨지 아니하면 내가 도둑 같이 이르리니 어느 때에 네게 이를는지 네가 알지 못하리라"
계3:4	"그러나 사데에 그 옷을 더럽히지 아니한 자 몇 명이 네게 있어 흰 옷을 입고 나와 함께 다니리니 그들은 합당한 자인 연고라"
계3:5	"이기는 자는 이와 같이 흰 옷을 입을 것이요 내가 그 이름을 생명책에서 결코 지우지 아니하고 그 이름을 내 아버지 앞과 그의 천사들 앞에서 시인하리라
계3:6	"귀 있는 자는 성령이 교회들에게 하시는 말씀을 들을지어다"

6. 빌라델비아 교회에 보내는 편지

1) 빌라델비아 도시

빌라델비아는 주전 2세기에 버가모 왕조의 앗탈루스 2세가 건립하였다고 합니다. 앗탈루스 2세는 이 도시를 그의 형인 유메네스 2세에 대한 사랑의 표시로 빌라델비아라고 명명하였다고 합니다. 앗탈루스 2세는 왕이며 그의 형인 유메네스 2세가 전장에 나갔을 때 신하들이 그를 왕으로 세우려했으나 그는 거절하므로 형을 배반하지 아니하였으며, 유메네스 2세는 왕위를 그의 동생인 앗탈루스 2세에게 물려주었다고 합니다. 빌라델비아는 코가미스 계곡에 연한 인구 1,000명 정도의 소도시였는데 지금도 터키의 한 고을(현재 지명: 알라세흐르)로 남아 있습니다.

2) 빌라델비아 교회

〈빌라델비아〉의 뜻은 "형제의 사랑"입니다. 빌라델비아 교회는 약하지만 충성된 교회였습니다. 빌라델비아 교회는 시험의 때에도 견실히 믿음을 지켰습니다. 빌라델비아 교회는 작은 능력을 가지고서도 말씀을 지키며 끝까지 인내하고 충성하였습니다. 그래서 예수님은 빌라델비아 교회를 칭찬만 하셨습니다.

3) 빌라델비아 교회에게 말씀하신 예수님

빌라델비아 교회에게 말씀하신 예수님은 거룩하고 진실하사 다윗의 열쇠를 가지신 이 곧 열면 닫을 사람이 없고 닫으면 열 사람이 없는 이로 나타나셨습니다(계3:7). 예수님이 〈거룩하고 진실하심〉은 하나님의 성품을 가지고 계심을 의미하며, 〈다윗의 열쇠를 가지심〉은 모든 주권을 가지고 계심을 의미합니다.

다윗은 구약의 이상적 왕으로 예수 그리스도의 모형이었습니다. 또한 다윗의 집은 그리스도의 왕국의 모형이었습니다. 그러므로 〈다윗의 열쇠〉는 예수님의 절대 주권을 의미합니다. 그리고 이 주권에 대항할 자는 아무도 없습니다. 예수님이 열면 닫을 사람이 없고, 닫으면 열 사람이 없습니다. 빌라델비아 교회 성도들은 이러한 예수님을 믿었기에 작은 능력을 가지고서도 예수님의 말씀을 지켰습니다.

계3:7 　　"빌라델비아 교회의 사자에게 편지하라 거룩하고 진실하사 다윗의 열쇠를 가지신 이 곧 열면 닫을 사람이 없고 닫으면 열 사람이 없는 그가 이르시되"

4) 빌라델비아 교회에 대한 예수님의 칭찬과 권고와 약속

예수님은 빌라델비아 교회를 칭찬하셨습니다. 그리고 예수님은 빌라델비아 교회에게 권고하셨으며, 이기는 자들에게 약속하셨습니다.

① 예수님은 빌라델비아 교회를 칭찬하셨습니다.

예수님은 빌라델비아 교회 앞에 열린 문을 두셨으며 능히 닫을 사람이 없었습니다(계3:8). 그리고 빌라델비아 교회는 작은 능력을 가지고서도 예수님의 말씀을 지키며 예수님의 이름을 배반하지 아니하였습니다(계3:8). 그래서 빌라델비아 교회의 행위를 아시는 예수님께서 칭찬하셨습니다.

계3:8 　　"볼지어다 내가 네 앞에 열린 문을 두었으되 능히 닫을 사람이 없으리라 내가 네 행위를 아노니 네가 작은 능력을 가지고서도 내 말을 지키며 내 이름을 배반하지 아니하였도다"

② 예수님은 빌라델비아 교회에게 권고하시고 이기는 자들에게 약속하셨습니다.

예수님은 빌라델비아 교회에게 속히 오실 것을 말씀하시고, 빌라델비아 교회가 가진 것을 굳게 잡아 아무도 면류관을 빼앗지 못하게 하라고 권고하셨습니다(계3:11).

예수님은 인내의 말씀을 지킨 빌라델비아 교회에게 사탄의 회당인 거짓말하는 유대인들 중 몇을 그 발 앞에 절하게 하시고, 예수님이 빌라델비아 교회를 사랑하시는 줄을 알게 하시며(계3:9), 장차 온 세상에 임하여 땅에 거하는 자들을 시험할 때에 빌라델비아 교회를 지키어 시험의 때를 면하게 하리라고 약속하셨습니다(계3:10). 또 예수님은 이기는 자에게 하나님의 성전에 기둥이 되게 하시므로 결코 다시 나가지 아니하며(계3:12), 하나님의 이름과 하나님의 성인 새 예루살렘의 이름과 예수님의 새 이름을 그이 위에 기록하리라고 약속하셨습니다(계3:12). 〈이름을 기록함〉은 소유가 됨을 의미합니다. 이기는 자는 하나님과 천국과 예수님께 속한 자가 됩니다. 빌라델비아 교회의 이기는 자는 예수님의 인내의 말씀을 지키며, 예수님의 이름을 배반하지 아니하고, 예수님이 다시 오실 때까지 가진 것을 굳게 잡아 면류관을 빼앗기지 아니한 자입니다.

예수님이 빌라델비아 교회에게 하신 말씀은 성령님이 모든 교회들에게 하신 말씀이므로 귀 있는 자들은 들어야 합니다(계3:13)

계3:11   "내가 속히 오리니 네가 가진 것을 굳게 잡아 아무도 네 면류관을 빼앗지 못하게 하라"

계3:9   "보라 사탄의 회당 곧 자칭 유대인이라 하나 그렇지 아니하고 거짓말 하는 자들 중에서 몇을 네게 주어 그들로 와서 네 발 앞에 절하게 하고 내가 너를 사랑하는 줄을 알게 하리라"

계3:10 "네가 나의 인내의 말씀을 지켰은즉 내가 또한 너를 지켜 시험
의 때를 면하게 하리니 이는 장차 온 세상에 임하여 땅에 거하
는 자들을 시험할 때라"

계3:12 "이기는 자는 내 하나님 성전에 기둥이 되게 하리니 그가 결코
다시 나가지 아니하리라 내가 하나님의 이름과 하나님의 성 곧
하늘에서 하나님께로부터 내려오는 새 예루살렘의 이름과 나
의 새 이름을 그이 위에 기록하리라"

계3:13 "귀 있는 자는 성령이 교회들에게 하시는 말씀을 들을지어다"

7. 라오디게아 교회에 보내는 편지

1) 라오디게아 도시

라오디게아는 소아시아의 교통의 요충지였으며, 모직공업의 중심
지였고, 유명한 의학교가 있었다고 합니다. 라오디게아는 주전3세기
에 수리아의 안티오커스 2세에 의해 건설되었으며 왕비 라오디케의
이름을 따라 명명하였다고 합니다. 라오디게아는 히에라볼리(현재 지
명: 파묵칼레)와 골로새에 인접해 두 도시의 사이에 있었습니다. 히에
라볼리는 온천지대로 따뜻한 물이 흘렀으며, 골로새는 높은 산이 있
어 시원한 물이 흘렀는데 라오디게아에서는 두 물이 합해져 미지근
하였다고 합니다.

2) 라오디게아 교회

〈라오디게아〉의 뜻은 "의인"입니다. 라오디게아 교회는 골로새 교회와 히에라볼리 교회와 더불어 에바브라가 설립한 교회로 사도 바울의 지도하에서 성장하였다고 합니다.

라오디게아 교회는 부요한 양 자랑했으나 실상은 영적으로 가난한 교회였습니다. 라오디게아 교회는 밖으로부터 핍박을 받지 아니하였으며, 안으로도 이단이나 부도덕 같은 폐단이 없었다고 합니다. 그래서 라오디게아 교회는 부유했고 좋은 조건들이었습니다. 그러나 라오디게아 교회의 믿음은 미지근하여 무기력하였습니다. 그런데도 라오디게아 교회는 영적으로 가난하고 무기력한 상태를 알지 못하였습니다. 그래서 예수님은 라오디게아 교회를 책망하셨습니다.

3) 라오디게아 교회에게 말씀하신 예수님

라오디게아 교회에게 말씀하신 예수님은 아멘이시오 충성되고 참된 증인이시며 하나님의 창조의 근본이신 이로 나타나셨습니다(계 3:14). 예수님이 〈아멘이심〉은 예만 되심을 의미하며, 〈하나님의 창조의 근본이심〉은 창조자이심을 의미합니다. 예수님은 하나님 아버지께 예만 되시며 충성되고 참된 증인이십니다. 그러나 라오디게아 교회는 예수님께 순종하지 못하며 충성하지 못하고 예수님의 참된 증인이 되지 못했습니다. 또한 예수님은 하나님의 창조의 근본이신 이 곧 창조자이십니다. 그러므로 모든 것은 예수님의 것이며, 모든 사람은 그 마음을 예수님께 두어야 합니다. 그러나 라오디게아 교회는 그 마음을 재물에 두었습니다.

계3:14   "라오디게아 교회의 사자에게 편지하라 아멘이시오 충성되고
         참된 증인이시요 하나님의 창조의 근본이신 이가 이르시되"

4) 라오디게아 교회에 대한 예수님의 책망과 경고와 권고와 약속

라오디게아 교회는 그 행위가 차지도 아니하고 뜨겁지도 아니하였습니다. 그래서 예수님은 라오디게아 교회를 책망하시며 차든지 뜨겁든지 하기를 원하셨습니다(계3:15). 그리고 예수님은 라오디게아 교회가 미지근하여 뜨겁지도 아니하고 차지도 아니하니 입에서 토하여 버리리라고 경고하셨습니다(계3:16). 또한 라오디게아 교회는 부자여서 부족한 것이 없다고 하였으며 영적으로 곤고한 것과 가련한 것과 가난한 것과 눈먼 것과 벌거벗은 것을 알지 못하였습니다(계3:17). 라오디게아 교회는 육신적인 것으로 만족하고 영적인 것을 보지 못하였습니다. 그래서 예수님은 라오디게아 교회를 책망하셨습니다.

예수님은 라오디게아 교회에게 "내게서 불로 연단한 금을 사서 부요하게 하고 흰옷을 사서 입어 벌거벗은 수치를 보이지 않게 하고 안약을 사서 눈에 발라 보게 하라"고 권고하셨습니다(계3:18). 〈불로 연단한 금〉은 "온전한 믿음"을 의미하며, 〈흰옷〉은 "그리스도의 의 곧 옳은 행실"을 의미하고, 〈안약〉은 "영적 통찰력"을 의미합니다. 또한 예수님은 라오디게아 교회에게 "내가 사랑하는 자를 징계하노니 그러므로 네가 열심을 내라 회개하라"고 권고하셨습니다(계3:19).

예수님은 라오디게아 교회에게 문 밖에 서서 두드린다고 말씀하시며 누구든지 예수님의 음성을 듣고 문을 열면 예수님이 그에게로 들어가 그와 더불어 먹으리라고 약속하셨습니다(계3:20). 또 예수님은

이기는 자들에게 예수님의 보좌에 함께 앉게 하여 주리라고 약속하셨습니다(계3:21). 〈예수님의 보좌에 함께 앉게 하여 주심〉은 예수님과 가장 긴밀한 관계에 두시는 것이며, 예수님의 영광에까지 높이시는 것을 의미합니다. 예수님도 이기시고 아버지 보좌에 함께 앉으셨습니다. 라오디게아 교회의 이기는 자는 온전한 믿음을 가지며, 의롭게 되고, 영적 통찰력을 가지며, 예수님의 음성을 듣고 예수님을 마음에 모신 자입니다.

예수님이 라오디게아 교회에게 하신 말씀은 성령님이 모든 교회들에게 하신 말씀이므로 귀 있는 자들은 들어야 합니다(계3:22)

계3:15   "내가 네 행위를 아노니 네가 차지도 아니하고 뜨겁지도 아니하도다 네가 차든지 뜨겁든지 하기를 원하노라"

계3:16   "네가 이같이 미지근하여 뜨겁지도 아니하고 차지도 아니하니 내 입에서 너를 토하여 버리리라"

계3:17   "네가 말하기를 나는 부자라 부요하여 부족한 것이 없다 하나 네 곤고한 것과 가련한 것과 가난한 것과 눈 먼 것과 벌거벗은 것을 알지 못하는도다"

계3:18   "내가 너를 권하노니 내게서 불로 연단한 금을 사서 부요하게 하고 흰 옷을 사서 입어 벌거벗은 수치를 보이지 않게 하고 안약을 사서 눈에 발라 보게 하라"

계3:19   "무릇 내가 사랑하는 자를 책망하여 징계하노니 그러므로 네가 열심을 내라 회개하라"

계3:20   "볼지어다 내가 문 밖에 서서 두드리노니 누구든지 내 음성을

듣고 문을 열면 내가 그에게로 들어가 그와 더불어 먹고 그는
나와 더불어 먹으리라"

계3:21   "이기는 그에게는 내가 내 보좌에 함께 앉게 하여 주기를 내가
이기고 아버지 보좌에 함께 앉은 것과 같이 하리라"

계3:22   "귀 있는 자는 성령이 교회들에게 하시는 말씀을 들을지어다"

요한계시록 2-3장은 지금 있는 일로 아시아에 있는 일곱 교회에 보
내는 편지를 통하여 모든 교회들이 어떠한 교회가 되어야 함을 말씀
합니다. 모든 교회들은 예수님께서 사람의 뜻과 마음을 살피시며 각
사람의 행위대로 갚아 주심을 알아야 합니다. 예수님은 아시아에 있
는 일곱 교회의 형편과 신앙생활을 세밀히 감찰하시고 각 교회를 칭
찬하시고 책망하시며 권고하시고 경고하시며 약속을 하셨습니다. 예
수님은 현재의 교회들도 세밀히 감찰하고 계시며, 칭찬하시고 책망
하시며 권고하시고 경고하시며 약속하십니다. 그러므로 각 교회는 예
수님께 칭찬을 받는 교회가 되어야 하며, 예수님께 책망 받을 일은 회
개해야 합니다.

교회는 에베소 교회처럼 행위와 수고와 인내가 있어야 하며, 악한
자들을 용납하지 말아야 하며, 거짓된 것을 드러내며, 우상숭배와 음
행의 행위를 미워해야 하고, 예수 이름을 위하여 견디고 게으르지 아
니해야 합니다. 또한 교회는 에베소 교회처럼 처음 사랑을 버렸다면
회개하여 처음 사랑을 회복해야 합니다.

교회는 서머나 교회처럼 환난과 궁핍 중에 있을지라도 영적으로는
부요해야 하며, 장차 받을 고난을 두려워하지 말고 박해를 받아도 죽

도록 충성해야 합니다.

교회는 버가모 교회처럼 예수 이름을 굳게 잡아서 믿음을 저버리지 아니해야 하며, 우상의 제물을 먹고 행음하게 하는 니골라당의 교훈을 지키는 자들이 있다면 회개하여 우상의 제물을 먹지 말고 행음하지 말아야 합니다.

교회는 두아디라 교회처럼 사업과 사랑과 믿음과 섬김과 인내가 있어야 하며, 나중 행위가 처음 것보다 많아야 하고, 행음하고 우상의 제물을 먹게 하는 이세벨의 교훈을 용납했다면 회개하여 우상의 제물을 먹지 말고 행음하지 말아야 합니다.

교회는 사데 교회처럼 살았다 하는 이름은 가졌으나 죽은 자이면 회개해야 하며, 하나님 앞에 온전한 것을 찾지 못했다면 회개하여 살아 있는 교회가 되어야 하며 하나님 앞에 그 행위의 온전한 것을 찾을 수 있어야 합니다.

교회는 빌라델비아 교회처럼 작은 능력을 가지고서도 예수님의 말씀을 지키며 예수 이름을 배반하지 말아야 하며, 가진 것을 굳게 잡아 아무도 면류관을 빼앗지 못하게 해야 합니다.

교회는 라오디게아 교회처럼 차지도 아니하며 뜨겁지도 아니하여 미지근하면 회개해야 하며, 물질로는 부자여서 부족한 것이 없다 하지만 영적으로 가난하면 열심을 내고 회개하여 영적으로 부요해야 하며, 예수님의 음성을 듣고 마음의 문을 열어 예수님을 영접해야 합니다.

할렐루야! 아멘.

3장

하나님의 보좌와
장차 마땅히 일어날 일들

3장
하나님의 보좌와
장차 마땅히 일어날 일들

　요한계시록의 계시자이신 예수님은 사도 요한에게 "네가 본 것과 지금 있는 일과 장차 될 일을 기록하라"고 명하셨습니다(계1:19). 사도 요한이 본 것은 예수님의 오른손의 일곱 별의 비밀과 일곱 금 촛대였으며(계1:20), 지금 있는 일은 아시아에 있는 일곱 교회에 보내는 편지로 요한계시록 2-3장의 말씀이며, 장차 될 일은 요한계시록 4-22장의 말씀입니다.

　사도 요한은 예수님께서 명하신 대로 아시아에 있는 일곱 교회에 보내는 편지를 기록한 후에 하늘에 열린 문이 있는 것을 보았고 처음에 그에게 말하던 나팔 같은 소리를 들었는데 예수님께서 "이리로 올라오라 이 후에 마땅히 일어날 일들을 내가 네게 보이리라"고 말씀하셨습니다(계4:1). 예수님께서 사도 요한에게 장차 마땅히 일어날 일들을 보여주신 것입니다.

　사도 요한이 보니 〈하늘에 열린 문이 있는 것〉은 사도 요한이 성령에 감동되어 하늘을 확실하게 목격했음을 의미합니다. 그리고 예수님이 〈이리로 올라오라하심〉은 사도 요한이 실제로 하늘에 있는 열린 문을 통하여 하나님의 보좌 앞까지 나아갔는지, 아니면 단순히 하늘에 있는 열린 문을 통해 하늘에 있는 하나님의 보좌의 환상을 보았는지는 알기 어렵습니다. 그러나 사도 요한이 올라간 것은 영적 황홀 상태이며 몸은 땅에 있으나 성령의 감동으로 하늘 보좌와 이 보좌를 통해 장차 될 일들을 예수님이 보이심으로 확실하게 보고 들은 것입니다. 곧 사도 요한은 육적 감각은 차단되고 영적인 체험을 한 것입니다. 예수님께서 이 후에 일어날 일들을 사도 요한에게 보여주셨고, 사도 요한은 보고 들은 것을 다 증언하였습니다(계1:2). 사도 바울도 낙원에 이끌려 가서 말로 표현할 수 없는 말을 들었는데 그가 몸 안에 있었는지 몸 밖에 있었는지 알지 못했습니다(고후12:1-4).

계4:1 "이 일 후에 내가 보니 하늘에 열린 문이 있는데 내가 들은 바 처음에 내게 말하던 나팔 소리 같은 그 음성이 이르되 이리로 올라오라 이 후에 마땅히 일어날 일들을 네게 보이리라 하시더라"

계1:2 "요한은 하나님의 말씀과 예수 그리스도의 증거 곧 자기가 본 것을 다 증언하였느니라"

고후12:1-4 "무익하나마 내가 부득불 자랑하노니 주의 환상과 계시를 말하리라 내가 그리스도 안에 있는 한 사람을 아노니 그는 십사 년 전에 셋째 하늘에 이끌려 간 자라 (그가 몸 안에 있었는지 몸 밖에 있었는지 나는 모르거니와 하나님은 아시느니라) 내가 이런 사람을 아노니 (그가 몸 안에 있었는지 몸 밖에 있었는지 나는 모르거니와 하나님은 아시느니라) 그가 낙원으로 이끌려 가서 말로 표현할 수 없는 말을 들었으니 사람이 가히 이르지 못할 말이로다"

요한계시록 4장은 장차 마땅히 일어날 일들의 진원지라 할 수 있는 하나님의 보좌에 대한 계시를 말씀합니다. 하늘 보좌에 앉으신 하나님 아버지께서 이 세상의 역사를 주관하시며, 장차 마땅히 일어날 일들인 종말적 사건들을 주관하십니다. 이는 성도들에게는 큰 위로와 소망이 됩니다.

요한계시록 5장은 하늘 보좌에 앉으신 하나님의 오른손에 있는 장차 마땅히 일어날 일들이 기록된 일곱 인으로 봉해진 책과 그 일곱 인봉을 떼기에 합당하신 어린양이신 예수님에 대하여 말씀합니다.

요한계시록 6장은 장차 마땅히 일어날 일들로 지상에서 일어날 일들(예수님의 재림의 징조들)과 천국(낙원)에서 있을 일과 예수님의 재림의 날에 일어날 일들을 말씀합니다.

1. 하나님의 보좌

요한계시록 4장은 장차 마땅히 일어날 일들의 진원지라 할 수 있는 하나님의 보좌에 대해 말씀합니다. 사도 요한은 "이리로 올라오라 이 후에 마땅히 일어날 일들을 내가 네게 보이리라"는 나팔 소리 같은 예수님의 음성을 듣고 곧 성령에 감동되어 하늘에 베풀어진 하나님의 보좌를 보았습니다. 그리고 사도 요한은 그 보좌에 앉으신 성부 하나님과 또 그 보좌에 둘려 이십사 보좌들이 있는 것과 이십사 보좌 위에 이십사 장로들이 흰 옷을 입고 머리에 금관을 쓰고 앉아 있는 것을 보았습니다. 또 사도 요한은 보좌로부터 번개와 음성과 우렛소리가 나고 보좌 앞에 켠 등불 일곱이 있는 것과 보좌 앞에 수정과 같은 유리 바다가 있는 것과 보좌 가운데와 보좌 주위에 네 생물이 있는 것을 보았습니다.

1) 사도 요한은 하늘 보좌와 그 보좌에 앉으신 성부 하나님을 보았습니다.

사도 요한이 처음에 그에게 말하던 나팔 소리 같은 "이리로 올라오라 이 후에 마땅히 일어날 일들을 내가 네게 보이리라"는 예수님의 음성을 듣고 곧 성령에 감동되어 하늘에 보좌가 베풀어진 것을 보았습니다(계4:2). 또 사도 요한은 그 보좌 위에 앉으신 성부 하나님을 보았습니다(계4:2). 그런데 보좌 위에 앉으신 성부 하나님의 모양이 벽옥과 홍보석 같았으며, 무지개가 있어 보좌를 둘렀는데 그 모양이 녹보석 같았습니다(계4:3).

계4:2   "내가 곧 성령에 감동되었더니 보라 하늘에 보좌를 베풀었고
          그 보좌 위에 앉으신 이가 있는데"

계4:3   "앉으신 이의 모양이 벽옥과 홍보석 같고 또 무지개가 있어 보
          좌에 둘렸는데 그 모양이 녹보석 같더라"

① 사도 요한은 하늘에 베풀어진 보좌를 보았습니다.

사도 요한이 성령에 감동되어 본 〈하늘에 베풀어진 보좌〉는 이 후에 일어날 일들을 지휘하고 섭리하며 주관하시는 하나님 아버지의 보

좌입니다. 하나님은 그 보좌를 하늘에 세우시고 만유를 통치하십니다 (시103:19). 곧 하나님은 거룩한 보좌에 앉으셔서 뭇 백성을 다스리십니다(시47:8). 그리고 하나님은 심판을 위하여 보좌를 예비하셨으며(시9:7), 의와 공평이 하나님의 보좌의 기초입니다(시97:2).

선지자 이사야도 하나님이 높이 들린 보좌에 앉으셨음을 보았으며 (사6:1), 선지자 에스겔도 궁창 위의 보좌의 형상을 보았고(겔1:26), 선지자 다니엘도 하나님의 보좌인 왕좌를 보았습니다(단7:9-10). 보좌는 통치권자인 주재자의 자리입니다. 당시 로마 황제의 자리는 높았습니다. 당시에 로마 황제는 엄청난 권력자로 비쳐졌으며 로마 황제의 보좌는 영원무궁한 것처럼 보였습니다. 그런데도 당시에 성도들은 로마 황제숭배를 거절하였습니다. 그들은 하나님만을 섬겼습니다. 그래서 예수님은 사도 요한에게 하늘에 있는 하나님의 보좌를 보여주셨습니다. 그리고 하늘에 있는 하나님의 보좌는 성도들에게 위안과 소망이 되었습니다. 우리도 하늘에 있는 하나님의 보좌를 바라보아야 합니다. 세상 통치자의 보좌는 변하며 없어집니다. 로마 황제의 보좌도 무너졌습니다. 그리고 로마도 멸망하였습니다. 그러나 하나님의 보좌는 영원합니다. 오직 하나님만이 영원한 통치자이십니다.

시103:19   "여호와께서 그의 보좌를 하늘에 세우시고 그의 왕권으로 만유를 다스리시도다"

시47:8   "하나님이 뭇 백성을 다스리시며 하나님이 그의 거룩한 보좌에 앉으셨도다"

시9:7   "여호와께서 영원히 앉으심이여 심판을 위하여 보좌를 준비하셨도다"

시97:2	"구름과 흑암이 그를 둘렀고 의와 공평이 그의 보좌의 기초로다"
사6:1	"웃시야 왕이 죽던 해에 내가 본즉 주께서 높이 들린 보좌에 앉으셨는데 그의 옷자락은 성전에 가득하였고"
겔1:26	"그 머리 위에 있는 궁창 위에 보좌의 형상이 있는데 그 모양이 남보석 같고 그 보좌의 형상 위에 한 형상이 있어 사람의 모양 같더라"
단7:9-10	"내가 보니 왕좌가 놓이고 옛적부터 항상 계신 이가 좌정하셨는데 그의 옷은 희기가 눈 같고 그의 머리털은 깨끗한 양의 털 같고 그의 보좌는 불꽃이요 그의 바퀴는 타오르는 불이며 불이 강처럼 흘러 그 앞에서 나오며 그를 섬기는 자는 천천이요 그 앞에서 모셔 선 자는 만만이며 심판을 베푸는데 책들이 펴 놓였더라"

② 사도 요한은 그 보좌에 앉으신 성부 하나님을 보았습니다.

사도 요한이 본 〈보좌에 앉으신 이〉는 성부 하나님이십니다. 심판자는 성도들의 구원자시오 보호자이신 하나님이십니다. 이 사실은 성도들에게 큰 위로와 소망이 됩니다. 그런데 사도 요한이 본 보좌에 앉으신 성부 하나님의 모양이 벽옥과 홍보석 같았습니다. 이렇게 하나님의 모양은 사람의 입이나 언어로 표현할 수가 없습니다. 단지 하나님의 모양은 세상에서 가장 아름다운 보석으로 비유할 수 있을 뿐입니다. 〈벽옥〉은 맑기 때문에 하나님의 성결을 의미하며, 〈홍보석〉은 붉기 때문에 하나님의 심판과 진노를 의미합니다. 그리고 보좌에 둘린 〈무지개〉는 하나님의 언약을 의미하며(창9:13), 무지개의 모양이

〈녹보석 같음〉은 하나님의 은혜와 자비를 의미합니다. 이렇게 하나님의 은혜의 언약이 하나님의 보좌에 엄존해 있습니다.

우리는 예수님께서 사도 요한에게 보여주신 계시를 통해 하늘 보좌에 앉으신 만유의 대 주재자이신 하나님은 성결하시며, 진노의 심판을 베푸시는 공의의 하나님이시며, 은혜의 언약 아래에 있는 자들에게는 긍휼과 자비를 베푸시는 분이심을 알 수 있습니다.

창9:13   "내가 내 무지개를 구름 속에 두었나니 이것이 나와 세상 사이의 언약의 증거니라"

2) 사도 요한은 보좌에 둘려 이십 사 보좌들이 있고 그 보좌 위에 이십 사 장로들이 앉아 있는 것을 보았습니다.

하늘에 베풀어진 보좌와 그 보좌 위에 앉으신 하나님을 본 사도 요한은 또 하나님의 보좌에 둘려 이십사 보좌들이 있는 것을 보았고, 이십사 보좌 위에 이십사 장로들이 흰 옷을 입고 머리에 금 면류관을 쓰고 앉아 있는 것을 보았습니다(계4:4).

계4:4   "또 보좌에 둘려 이십사 보좌들이 있고 그 보좌들 위에 이십사 장로들이 흰 옷을 입고 머리에 금관을 쓰고 앉았더라"

〈이십사 장로〉에 대한 확실한 설명은 없습니다. 그러나 이십사 장로는 모든 하나님의 교회를 대표하는 사람들 곧 구약시대 이스라엘 열 두 지파와 신약시대 예수님의 열 두 제자를 상징하는 자들로 볼 수 있습니다. 결국 이십사 장로는 모든 구원받은 하나님의 백성을 대표하는 자들로 볼 수 있습니다. 그리고 이십사 장로가 입고 있는 〈흰옷〉은 하나님의 의와 옳은 행실을 의미합니다. 어린 양이신 예수님의 아내로 자신을 준비한 자들에게 빛나고 깨끗한 세마포 옷을 입도록 하락하셨는데 세마포 옷은 성도들의 옳은 행실이며(계19:7-8), 하늘의 하나님 보좌 앞과 어린 양 앞에 서 있는 흰 옷을 입은 큰 무리는 어린 양의 피에 그 옷을 씻어 희게 한 자들입니다(계7:13-14). 또한 이십사 장로가 쓰고 있는 〈금관〉은 승리와 왕의 영광을 의미합니다. 이십사 장로는 그 죄악을 어린양의 보배로운 피로 씻고 변화되어 거룩하게 되었으며, 하나님의 은혜로 의롭게 되어 의롭게 살며, 예수 그리스도의 공로로 승리하여 왕 노릇하는 자들입니다.

계19:7-8   "우리가 즐거워하고 크게 기뻐하며 그에게 영광을 돌리세 어린양의 혼인 기약이 이르렀고 그의 아내가 자신을 준비하였으므로 그에게 빛나고 깨끗한 세마포 옷을 입도록 허락하셨으니 이 세마포 옷은 성도들의 옳은 행실이로다"

계7:13-14   "장로 중 하나가 응답하여 나에게 이르되 이 흰 옷 입은 자들이 누구며 또 어디서 왔느냐 내가 말하기를 내 주여 당신이 아시나이다 하니 그가 나에게 이르되 이는 큰 환난에서 나오는 자들인데 어린 양의 피에 그 옷을 씻어 희게 하였느니라"

3) 사도 요한은 보좌 앞에 켠 등불 일곱(일곱 영)이 있는 것과 유리바다
가 있는 것을 보았습니다.

하나님의 보좌와 그 보좌 위에 앉으신 하나님과 또 하나님의 보좌
에 둘려 이십사 보좌들이 있는 것과 이십사 보좌 위에 이십사 장로들
이 흰 옷을 입고 머리에 금관을 쓰고 앉아 있는 것을 본 사도 요한은
보좌로부터 번개와 음성과 우렛소리가 나고, 보좌 앞에 켠 등불 일곱
이 있음을 보았으며, 보좌 앞에 수정과 같은 유리 바다가 있음을 보았
습니다(계4:5-6).

계4:5-6   "보좌로부터 번개와 음성과 우렛소리가 나고 보좌 앞에 켠 등
            불 일곱이 있으니 이는 하나님의 일곱 영이라 보좌 앞에 수정
            과 같은 유리 바다가 있고 보좌 가운데와 보좌 주위에 네 생물
            이 있는데 앞뒤에 눈들이 가득하더라"

사도 요한은 보좌로부터 번개와 음성과 우렛소리가 나는 것을 보았
는데 〈번개와 음성과 우렛소리〉는 하나님의 심판의 도구로 하나님의
절대적인 위엄과 능력과 준엄한 심판을 의미합니다. 하늘에 있는 하
나님의 성전 안에 번개와 음성들과 우레와 지진과 큰 우박이 있습니
다(계11:19). 그리고 마지막 재앙인 일곱째 대접 재앙에서 번개와 음
성들과 우렛소리가 있고 큰 지진이 있으며(계16:17-18), 무게가 한
달란트나 되는 큰 우박이 하늘로부터 사람들에게 내립니다(계16:21).
또한 〈보좌 앞에 켠 등불 일곱〉은 하나님의 일곱 영이며 성령님을 의
미합니다. 성령님을 하나님의 일곱 영으로 말씀하심은 성령님의 온전

하고 다양한 은사와 사역을 의미합니다. 그리고 보좌 앞에 있는 〈수정과 같은 유리 바다〉는 성결과 구원을 의미합니다. 성도들은 그리스도의 피로 성결하게 된 자들이며, 성결하게 된 자들만이 구원을 받아 성결한 하나님의 보좌 앞에 나아갈 수 있습니다. 짐승과 그의 우상과 그의 이름의 수를 이기고 벗어난 자들 곧 구원을 받은 자들이 유리 바다가에 서서 하나님을 찬양합니다(계15:2).

계11:19   "이에 하늘에 있는 하나님의 성전이 열리니 성전 안에 하나님의 언약궤가 보이며 또 번개와 음성들과 우레와 지진과 큰 우박이 있더라"

계16:17-18 "일곱째 천사가 그 대접을 공중에 쏟으매 큰 음성이 성전에서 보좌로부터 나서 이르되 되었다 하시니 번개와 음성들과 우렛소리가 있고 또 큰 지진이 있어 얼마나 큰지 사람이 땅에 있어 온 이래로 이같이 큰 지진이 없었더라"

계16:21   "또 무게가 한 달란트나 되는 큰 우박이 하늘로부터 사람들에게 내리매 사람들이 그 우박의 재앙 때문에 하나님을 비방하니 그 재앙이 심히 큼이라"

계15:2   "또 내가 보니 불이 섞인 유리 바다 같은 것이 있고 짐승과 그의 우상과 그의 이름의 수를 이기고 벗어난 자들이 유리 바다가에 서서 하나님의 거문고를 가지고"

4) 사도 요한은 보좌 가운데와 보좌 주위에 네 생물이 있는 것을 보았습니다.

하늘에 베풀어진 보좌와 그 보좌 위에 앉으신 하나님과 또 하나님의 보좌에 둘려 이십사 보좌들이 있는 것과 이십사 보좌 위에 이십사 장로들이 흰 옷을 입고 머리에 금관을 쓰고 앉아 있는 것과 보좌로부터 번개와 음성과 우렛소리가 나고 보좌 앞에 켠 등불 일곱이 있는 것과 보좌 앞에 수정과 같은 유리 바다가 있음을 본 사도 요한은 보좌 가운데와 보좌 주위에 네 생물이 있는 것을 보았는데 네 생물은 앞뒤에 눈이 가득하였습니다(계4:6). 그 첫째 생물은 사자 같고 그 둘째 생물은 송아지 같고 그 셋째 생물은 얼굴이 사람 같고 그 넷째 생물은 날아가는 독수리 같았습니다(계4:7). 그리고 네 생물은 각각 여섯 날개를 가졌고 그 안과 주위에는 눈들이 가득하였으며 밤낮 쉬지 않고 거룩하시고 전능하시며 영원하신 하나님을 찬양하였습니다(계4:8). 곧 네 생물은 보좌에 앉으사 세세토록 살아계시는 하나님께 영광과 존귀와 감사를 돌렸습니다(계4:9). 모든 피조물과 하나님의 자녀들의 최고의 목적은 하나님께 영광과 존귀와 감사와 찬송을 돌려드리는 일입니다.

계4:6 "보좌 앞에 수정과 같은 유리 바다가 있고 보좌 가운데와 보좌 주위에 네 생물이 있는데 앞뒤에 눈들이 가득하더라"

계4:7 "그 첫째 생물은 사자 같고 그 둘째 생물은 송아지 같고 그 셋째 생물은 얼굴이 사람 같고 그 넷째 생물은 날아가는 독수리 같은데"

계4:8 "네 생물은 각각 여섯 날개를 가졌고 그 안과 주위에는 눈들이

가득하더라 그들이 밤낮 쉬지 않고 이르기를 거룩하다 거룩하
다 거룩하다 주 하나님 곧 전능하신 이여 전에도 계셨고 이제
도 계시고 장차 오실 이시라 하고"

계4:9   "그 생물들이 보좌에 앉으사 세세토록 살아 계시는 이에게 영
광과 존귀와 감사를 돌릴 때에"

　사도 요한이 본 〈네 생물〉은 천사를 의미합니다. 물론 네 생물을 모
든 피조물의 상징으로 보거나, 복음의 사역자들로 보는 견해도 있습
니다. 그런데 선지자 에스겔도 네 생물을 보았는데 에스겔이 본 네 생
물은 그룹이었습니다(겔1:5, 1:10, 10:15, 10:20). 그룹은 천사들입
니다. 그래서 네 생물을 천사로 볼 수 있으며, 이십 사 장로가 성도들
의 대표자라면 네 생물은 천사들의 대표자라 할 수 있습니다. 그리고
네 생물의 모양이 〈사자 같고, 송아지 같고, 사람 같고, 독수리 같음〉
은 하나님이 천사들을 통하여 하시는 사역을 나타냅니다. 사자 같음
은 왕으로서의 사역이며, 송아지 같음은 하나님의 일꾼으로서의 사역
이며, 사람 같음은 사람의 동료로서의 사역이며, 독수리 같음은 영적
사역입니다. 또한 네 생물에게 있는 〈여섯 날개〉는 신속한 봉사와 열
심 있는 충성과 겸손과 절대 복종을 의미합니다. 선지자 이사야가 하
나님의 보좌를 보았을 때에 본 스랍 천사들도 여섯 날개가 있었는데
두 날개로 얼굴을 가리고 두 날개로 발을 가린 것은 겸손을 의미하며,
두 날개로 날며 하나님을 찬양한 것은 봉사와 충성을 의미합니다(사
6:2-3). 또한 선지자 에스겔이 네 생물을 보았는데 그 네 생물은 네
날개가 있어 둘씩 서로 연하였고 또 둘은 몸을 가리었으며(겸손), 영

이 어떤 쪽으로 가면 그 생물들도 그대로 가되 돌이키지 아니하고 일제히 앞으로 곧게 행하였습니다(복종)(겔1:6, 11-12). 그리고 네 생물이 〈앞뒤와 안과 주위에 눈이 가득함〉은 탁월한 통찰력을 소유했음을 의미하며, 영적 긴장과 항상 깨어 있음을 의미합니다.

겔1:5   "그 속에서 네 생물의 형상이 나타나는데 그들의 모양이 이러하니 그들에게 사람의 형상이 있더라"

겔1:10   "그 얼굴들의 모양은 넷의 앞은 사람의 얼굴이요 넷의 오른쪽은 사자의 얼굴이요 넷의 왼쪽은 소의 얼굴이요 넷의 뒤는 독수리의 얼굴이니"

겔10:15   "그룹들이 올라가니 그들은 내가 그발 강 가에서 보던 생물이라"

겔10:20   "그것은 내가 그발 강에서 보던 이스라엘의 하나님 아래에 있던 생물이라 그들이 그룹인 줄을 내가 아니라"

사6:2-3   "스랍들이 모시고 섰는데 각기 여섯 날개가 있어 그 둘로는 자기의 얼굴을 가리었고 그 둘로는 날며 서로 불러 이르되 거룩하다 거룩하다 거룩하다 만군의 여호와여 그의 영광이 온 땅에 충만하도다"

겔1:6   "그들에게 각각 네 얼굴과 네 날개가 있고"

겔1:11-12   "그 얼굴은 그러하며 그 날개는 들어 펴서 각기 둘씩 서로 연하였고 또 둘은 몸을 가렸으며 영이 어떤 쪽으로 가면 그 생물들도 그대로 가되 돌이키지 아니하고 일제히 앞으로 곧게 행하며"

5) 사도 요한은 이십사 장로들이 보좌에 앉으신 하나님께 경배하는 것을 보았습니다.

네 생물들이 영광과 존귀와 감사를 보좌에 앉으시고 세세토록 살아 계시는 하나님께 돌릴 때에 이십사 장로들이 보좌에 앉으신 하나님 앞에 엎드려 경배하였습니다(계4:10). 그리고 이십사 장로들은 자기의 관을 보좌 앞에 드리며(계4:10), 만물을 지으신 하나님께서 영광과 존귀와 능력을 받으시는 것이 합당함을 찬양했습니다(계4:11). 하나님께서 영광과 존귀와 능력을 받으시는 것이 합당함은 하나님께서 만물을 지으시므로 만물이 주의 뜻대로 있었고 또 지심을 받았기 때문입니다.

계4:10   "이십사 장로들이 보좌에 앉으신 이 앞에 엎드려 세세토록 살아 계시는 이에게 경배하고 자기의 관을 보좌 앞에 드리며 이르되"

계4:11   "우리 주 하나님이여 영광과 존귀와 권능을 받으시는 것이 합당하오니 주께서 만물을 지으신지라 만물이 주의 뜻대로 있었고 또 지으심을 받았나이다"

이십사 장로들이 〈보좌에 앉으신 하나님 앞에 엎드린 것〉은 겸손과 절대 복종을 의미하며, 〈자기의 관을 보좌 앞에 드리는 것〉은 영광과 존귀를 하나님께만 돌리는 것을 의미합니다.

2. 일곱 인으로 봉한 두루마리와 그 인을 떼시는 예수님

사도 요한은 성령에 감동되어 장차 마땅히 일어날 일들의 진원지라 할 수 있는 하늘에 베풀어진 보좌와 장차 마땅히 될 일을 주관하시는 그 보좌 위에 앉으신 하나님을 보았습니다. 그리고 이제 사도 요한은 보좌에 앉으신 성부 하나님의 오른손에 장차 될 일을 기록한 일곱 인으로 봉한 두루마리(책)가 있음을 보았고, 그 일곱 인을 떼실 어린 양이신 예수님을 보았습니다.

요한계시록 5장은 장차 마땅히 일어날 일들이 기록된 일곱 인으로 봉한 두루마리(책)와 그 일곱 인을 떼실 어린 양이신 예수 그리스도에 대한 계시를 말씀합니다. 우리는 요한계시록 5장에서 성부 하나님의 비밀한 역사를 아시는 예수 그리스도께서 역사의 주체시오 역사의 최종 완성자이심과 유일한 구원자가 되심을 알 수 있습니다.

1) 보좌에 앉으신 성부 하나님의 오른손에 두루마리(책)가 있었습니다.

사도 요한은 보좌에 앉으신 성부 하나님의 오른손에 두루마리(책)가 있는 것을 보았으며, 그 두루마리(책)는 안팎으로 썼고 일곱 인으로 봉하였습니다(계5:1). 그리고 보좌에 앉으신 성부 하나님의 오른손에 두루마리(책)가 있음을 본 사도 요한은 힘 있는 천사가 큰 음성으로 외치는 것을 보았습니다. 힘 있는 천사는 큰 음성으로 "누가 그 두루마리를 펴며 그 인을 떼기에 합당하냐?"고 외쳤습니다(계5:2). 그런데 이 두루마리(책)를 능히 펴거나 보거나 할 이가 하늘 위에나 땅 위에나 땅 아래에도 없었습니다(계5:3). 사도 요한은 이 두루마리(책)를 펴거나 보거나 하기에 합당한 자가 보이지 아니하므로 크게 울었습니다(계5:4).

계5:1   “내가 보매 보좌에 앉으신 이의 오른손에 두루마리가 있으니 안팎으로 썼고 일곱 인으로 봉하였더라”

계5:2   “또 보매 힘있는 천사가 큰 음성으로 외치기를 누가 그 두루마리를 펴며 그 인을 떼기에 합당하냐 하나”

계5:3   “하늘 위에나 땅 위에나 땅 아래에 능히 그 두루마리를 펴거나 보거나 할 자가 없더라”

계5:4   “그 두루마리를 펴거나 보거나 하기에 합당한 자가 보이지 아니하기로 내가 크게 울었더니”

　하나님의 오른손에 있는 두루마리가 〈안팎으로 썼음〉은 충실함과 온전함을 의미합니다. 이 책은 온전하고 충실한 책입니다. 그리고 〈일곱 인으로 봉하였음〉은 완전하고 절대적으로 비밀에 부쳐져 있음을 의미합니다. 이 책은 온전하게 비밀에 부쳐져 있습니다. 그래서 이 책을 펴거나 보거나 할 이가 하늘 위에도 땅 위에도 땅 아래에도 없었습니다. 곧 사람은 이 비밀의 책을 열 수도 읽을 수도 없었습니다. 사람은 죄악으로 인해 영적 무지와 영적 어두움의 상태에 놓여 버리게 되었기 때문입니다. 그리고 사도 요한이 〈크게 운 것〉은 하나님의 계시에 대한 사모함과 열정으로 크게 울었으며, 그가 하나님의 계시의 비밀을 알 수 없게 될까봐 안타까워서 크게 울었을 것입니다. 왜냐하면 하나님의 사람에게는 하나님의 섭리의 비밀을 알 수 없음은 큰 슬픔이요 비애이기 때문입니다. 우리도 하나님의 말씀에 대한 무지 때문에 눈물을 흘려야 합니다.

2) 예수님이 하나님의 오른손에 있는 두루마리(책)를 취하셨습니다.

하나님의 오른손에 있는 일곱 인으로 봉한 두루마리(책)를 펴거나 보거나 하기에 합당한 자가 보이지 아니하므로 사도 요한이 크게 울 때 이십사 장로 중의 하나가 그에게 "울지 말라"고 말하며, "유대 지 파의 사자 다윗의 뿌리가 이겼으니 그 두루마리(책)와 그 일곱 인을 떼시리라"고 말했습니다(계5:5). 이에 사도 요한이 또 보니 보좌와 네 생물과 장로들 사이에 한 어린 양이 서 있었습니다(계5:6). 그런데 그 어린 양은 일찍이 죽임을 당한 것 같았으며 그에게 일곱 뿔과 일곱 눈 이 있으며, 이 눈들은 온 땅에 보내심을 받은 하나님의 일곱 영이었습 니다(계5:6). 그리고 그 어린 양이 나아와서 보좌에 앉으신 성부 하나 님의 오른손에서 두루마리(책)를 취하셨습니다(계5:7).

계5:5   "장로 중의 한 사람이 내게 말하되 울지 말라 유대 지파의 사자
         다윗의 뿌리가 이겼으니 그 두루마리와 그 일곱 인을 떼시리라
         하더라"
계5:6   "내가 또 보니 보좌와 네 생물과 장로들 사이에 한 어린 양이
         서 있는데 일찍이 죽임을 당한 것 같더라 그에게 일곱 뿔과 일
         곱 눈이 있으니 이 눈들은 온 땅에 보내심을 받은 하나님의 일
         곱 영이더라"
계5:7   "그 어린 양이 나아와서 보좌에 앉으신 이의 오른손에서 두루
         마리를 취하시니라"

예수님을 〈유대 지파의 사자라 함〉은 예수님이 왕이심을 의미하며, 〈다윗의 뿌리라 함〉은 예수님께서 다윗의 후손으로 이 세상에 오신 것을 의미합니다(마1:1). 이 세상에 오신 예수님은 만왕의 왕이시오 만주의 주이시며 사탄을 이기셨습니다. 그리고 예수님을 〈어린 양이라 하심〉은 예수님이 세상 죄를 지고 가는 하나님의 어린 양이시기 때문이며(요1:29), 〈일찍 죽임을 당한 것 같음〉은 예수님이 십자가에 못 박혀 죽임 당하셨음을 의미합니다. 예수님은 만민을 위해 고난과 죽임을 당하셨으며, 그 몸에 죽임을 당한 흔적이 있었습니다. 부활하신 예수님의 손에 못 박힌 자국과 옆구리에 창 자국이 있었습니다(요 20:27). 또 〈예수님이 보좌와 네 생물과 장로들 사이에 서 계심〉은 예수님이 중보자이심을 의미합니다. 그리고 예수님에게 〈일곱 뿔이 있음〉은 예수님은 완전무결한 권세와 능력을 가지셨음을 의미하며, 〈일곱 눈이 있음〉은 예수님이 성령으로 행하심을 의미합니다. 일곱 눈은 온 땅에 보내심을 받은 일곱 영인데 일곱 영은 성령이십니다. 그리고 〈온 땅에 보내심을 입은 하나님의 일곱 영〉은 성령님께서 만물을 감찰하심을 의미합니다. 예수님은 성령으로 충만하셨으며 성령님과 일체가 되시며 성령님은 하나님의 깊은 것까지도 통달하십니다(고전2:10). 그리고 〈예수님이 나아와서 보좌에 앉으신 성부 하나님의 오른손에서 두루마리(책)를 취하심〉은 예수님께서 일곱 인으로 봉한 그 두루마리의 일곱 인을 떼시기 위함이며, 이 후에 일어날 일들을 사도 요한에게 알게 하시기 위함입니다. 이제 예수님의 손에 이 후에 일어날 일들이 기록된 두루마리(책)가 있습니다.

마1:1	"아브라함과 다윗의 자손 예수 그리스도의 세계라"
요1:29	"이튿날 요한이 예수께서 자기에게 나아오심을 보고 이르되 보라 세상 죄를 지고 가는 하나님의 어린 양이로다"
요20:27	"도마에게 이르시되 네 손가락을 이리 내밀어 내 손을 보고 네 손을 내밀어 내 옆구리에 넣어 보라 그리하여 믿음 없는 자가 되지 말고 믿는 자가 되라"
고전2:10	"오직 하나님이 성령으로 이것을 우리에게 보이셨으니 성령은 모든 것 곧 하나님의 깊은 것까지도 통달하시느니라"

3) 네 생물과 이십 사 장로들과 많은 천사와 모든 만물이 하나님과 예수님을 찬양했습니다.

하늘 보좌에 앉으신 성부 하나님의 오른손에서 두루마리(책)를 취하신 어린 양이신 예수님에 대한 찬양이 시작되었습니다. 어린 양이신 예수님에 대한 찬양은 보좌 가까이에 있는 네 생물과 이십 사 장로들로부터 시작되었으며 뭇 천사들이 어린 양이신 예수님을 찬양하고 만물이 성부 하나님과 어린 양이신 예수님을 찬양했습니다.

① 네 생물과 이십 사 장로들이 어린 양이신 예수님을 찬양했습니다.

예수님이 두루마리(책)를 취하시매 네 생물과 이십사 장로들이 어린 양이신 예수님 앞에 엎드려 각각 거문고와 향이 가득한 금 대접을 가졌는데, 이 향은 성도들의 기도들이었습니다(계5:8). 그리고 그들이 새 노래를 노래하였는데 어린 양이신 예수님이 두루마리(책)를 가지시고 그 인봉을 떼기에 합당하시며, 일찍 죽임을 당하사 각 족속과 방언과 백성과 나라 가운데에서 사람들을 피로 사서 하나님께 드리시고(계5:9), 그들로 하나님 앞에서 나라와 제사장들을 삼으셨으니 그들이 땅에서 왕 노릇 하리라고 노래했습니다(계5:10).

계5:8   “그 두루마리를 취하시매 네 생물과 이십사 장로들이 그 어린 양 앞에 엎드려 각각 거문고와 향이 가득한 금 대접을 가졌으니 이 향은 성도들의 기도들이라”

계5:9   “그들이 새 노래를 불러 이르되 두루마리를 가지시고 그 인봉을 떼기에 합당하시도다 일찍이 죽임을 당하사 각 족속과 방언과 백성과 나라 가운데에서 사람들을 피로 사서 하나님께 드리시고”

계5:10   “그들로 우리 하나님 앞에서 나라와 제사장들을 삼으셨으니 그들이 땅에서 왕 노릇 하리로다 하더라”

네 생물과 이십사 장로들이 거문고와 향이 가득한 금 대접을 가졌는데 〈거문고〉는 찬송하는 악기로 찬송을 의미하며, 〈향〉은 기도를 의미하고, 〈향이 금 대접에 가득함〉은 성도들의 기도가 고귀하고 보배로운 것을 의미합니다. 이렇게 성도들의 찬송과 기도는 하나님께 아름다운 것입니다. 아울러 성도들 자신도 찬송하고 기도하는 중에 신령한 기쁨을 얻고 신령한 것을 체험하게 됩니다.

그리고 네 생물과 이십사 장로들이 새 노래를 노래하였는데 〈새 노래〉는 구원을 받은 자가 부르는 노래를 의미합니다. 곧 새 노래는 말로 표현할 수 없는 구원의 감격을 큰 기쁨과 감사로써 부르는 신령한 노래입니다. 또 네 생물과 이십사 장로들이 예수님이 책을 가지시고 그 인봉을 떼기에 합당하심을 노래하였는데 예수님은 사람들을 피로 사서 하나님께 드리셨습니다. 〈사람들을 피로 사서 하나님께 드리시고〉는 노예 시장에서 정당한 대가를 지불하고 노예를 산 것을 의미하는 것으로 어린 양이신 예수님께서 자신의 피를 그 값으로 지불하고 성도들을 하나님의 소유로 사셨다는 의미입니다. 그리고 〈하나님 앞에서 나라와 제사장으로 삼으신 것〉은 성도들로 하나님 나라(천국)를 이루는 하나님의 친 백성이 되게 하신 것과, 성도들로 직접 하나님을 섬길 수 있게 하신 것을 의미합니다. 이렇게 성도들은 하나님께 직접 예배할 수 있고 봉사할 수 있습니다. 그리고 예수님께서 나라와 제사장으로 삼으신 성도들은 땅에서 왕 노릇 할 것입니다. 곧 성도들은 예수 그리스도를 힘입어 세상과 사탄을 이길 것입니다. 이는 참으로 큰 은혜와 특권입니다. 그러므로 이 은혜와 특권을 받은 성도들은 예수님을 찬양하지 않을 수 없습니다.

② 많은 천사가 어린 양이신 예수님을 찬양했습니다.

사도 요한이 네 생물과 이십사 장로들이 새 노래를 부른 것을 보고 들은 후에 또 보고 들으매 보좌와 생물들과 장로들을 둘러선 많은 천사의 음성이 있었는데 그 수가 만만이요 천천이었습니다(계5:11). 많은 천사들이 큰 음성으로 "죽임을 당하신 어린 양이 능력과 부와 지혜와 힘과 존귀와 영광과 찬송을 받으시기에 합당하도다"라고 찬양했습니다(계5:12).

계5:11   "내가 또 보고 들으매 보좌와 생물들과 장로들을 둘러 선 많은 천사의 음성이 있으니 그 수가 만만이요 천천이라"

계5:12   "큰 음성으로 이르되 죽임을 당하신 어린 양은 능력과 부와 지혜
            와 힘과 존귀와 영광과 찬송을 받으시기에 합당하도다 하더라"

 많은 천사가 보좌와 생물과 장로들을 둘러 서 있었는데 그 수가 만
만이요 천천이었습니다. 〈만만이요 천천〉은 무수하게 많은 수를 의미
합니다. 곧 만만은 일억이요 천천은 백만입니다. 많은 천사들은 큰 음
성으로 죽임을 당하신 어린 양이신 예수님께 능력과 부와 지혜와 힘
과 존귀와 영광과 찬송을 돌려드렸습니다. 천사들은 죄인들을 구원하
시기 위하여 죽임을 당하신 예수님을 찬양한 것입니다.

 ③ 만물(모든 피조물)이 성부 하나님과 예수님을 찬양했습니다.
 많은 천사가 예수님을 찬양하는 큰 음성을 들은 사도 요한은 또 만
물이 보좌에 앉으신 성부 하나님과 어린 양이신 예수님을 찬양하는
것을 들었습니다. 사도 요한이 들으니 하늘 위에와 땅 위에와 땅 아래
와 바다 위에와 그 가운데 모든 만물이 "보좌에 앉으신 이와 어린 양
에게 찬송과 존귀와 영광과 능력을 세세토록 돌릴지어다" 하였습니
다(계5:13). 이에 네 생물이 "아멘"하고 장로들은 엎드려 경배하였습
니다(계5:14).

계5:13   "내가 또 들으니 하늘 위에와 땅 위에와 땅 아래와 바다 위에
            와 또 그 가운데 모든 피조물이 이르되 보좌에 앉으신 이와 어
            린 양에게 찬송과 존귀와 영광과 권능을 돌릴지어다 하니"

계5:14   "네 생물이 이르되 아멘 하고 장로들은 엎드려 경배하더라"

만물은 인간의 죄로 인하여 허무한데 굴복하게 되었습니다. 따라서 만물은 썩어짐의 종노릇으로부터 해방될 날을 탄식하며 고대해 왔습니다(롬8:21-22). 이제 어린 양이 두루마리 책을 취하심으로써 고대하던 해방의 날이 왔습니다. 그래서 만물이 보좌에 앉으신 성부 하나님과 어린 양이신 예수님에게 찬송과 존귀와 영광과 능력을 세세토록 돌려 찬양했습니다. 그리고 만물이 찬송할 때 네 생물은 아멘하고 장로들은 엎드려 경배하였습니다.

이렇게 네 생물과 이십사 장로들과 많은 천사와 만물이 보좌에 앉으신 성부 하나님과 어린 양이신 예수님을 찬양했습니다. 우리도 성부 하나님과 예수님을 찬양해야 합니다.

롬8:21-22   "그 바라는 것은 피조물도 썩어짐의 종 노릇 한 데서 해방되어 하나님의 자녀들의 영광의 자유에 이르는 것이니라 피조물이 다 이제까지 함께 탄식하며 함께 고통을 겪고 있는 것을 우리가 아느니라"

3. 지상에서 일어날 일들

하늘에 베풀어진 보좌에 앉으신 성부 하나님의 오른손에서 일곱 인으로 봉한 두루마리를 취하신 어린 양이신 예수님이 일곱 인을 떼십니다. 첫째 인에서 넷째 인은 예수님의 재림 전에 지상에서 장차 일어날 일들을 말씀합니다. 이는 예수님이 말씀하신 재림의 징조와 같습니다. 첫째 인에서 넷째 인을 어린 양이 떼실 때마다 네 생물이 차례대로 우레 같은 소리로 "오라"고 말하였으며, 첫째 인을 떼실 때는 흰 말, 둘째 인을 떼실 때는 붉은 말, 셋째 인을 떼실 때는 검은 말, 넷째 인을 떼실 때는 청황색 말이 나왔습니다. 흰 말 탄자는 복음의 전파와 승리, 붉은 말 탄자는 전쟁, 검은 말 탄자는 기근, 청황색 말 탄자는 사망(죽음)을 의미합니다. 이는 예수님의 재림의 징조로 땅 끝까지 복음이 전파되며, 전쟁과 기근이 처처에 일어나며 많은 사람이 죽을 것입니다.

　선지자 스가랴도 네 말의 환상을 보았습니다. 선지자 스가랴는 그가 본 여덟 가지 환상 중에 첫째 환상에서 한 사람이 붉은 말를 타고 골짜기 속 화석류나무 사이에 섰고 그 뒤에는 붉은 말과 자줏빛 말과 백마가 있는 것을 보았습니다(슥1:8). 그런데 그 말들은 여호와 하나님께서 땅에 두루 다니라고 보내신 자들이었습니다(슥1:9-10). 또 스가랴 선지자는 여덟째 환상에서 네 병거가 두 구리 산 사이에서 나오는 것을 보았는데, 첫째 병거는 붉은 말들이, 둘째 병거는 검은 말들이, 셋째 병거는 흰 말들이, 넷째 병거는 어룽지고 건장한 말들이 멘 것을 보았습니다(슥6:1-3). 그런데 이것들은 하늘의 네 바람이며 하나님 앞에 서 있다가 나가는 것이었습니다(슥6:4-5). 말들은 하나님께서 땅에 두루 다니라고 보내신 자들이며, 하늘의 네 바람이며 하나님 앞에 서 있다가 나가는 것으로 천사를 말합니다. 하나님은 그의 일을 하실 때 천사를 보내십니다. 장차 마땅히 일어날 일들은 하나님의 통치에 의하여 일어나는 일들입니다.

슥1:8	"내가 밤에 보니 한 사람이 붉은 말을 타고 골짜기 속 화석류나무 사이에 섰고 그 뒤에는 붉은 말과 자줏빛 말과 백마가 있기로"
슥1:9-10	"내가 말하되 내 주여 이들이 무엇이니이까 하니 내게 말하는 천사가 내게 이르되 이들이 무엇인지 내가 네게 보이리라 하니 화석류나무 사이에 선 자가 대답하여 이르되 이는 여호와께서 땅에 두루 다니라고 보내신 자들이니라"
슥6:1-3	"내가 또 눈을 들어 본즉 네 병거가 두 산 사이에서 나오는데 그 산은 구리 산이더라 첫째 병거는 붉은 말들이, 둘째 병거는 검은 말들이, 셋째 병거는 흰 말들이, 넷째 병거는 어룽지고 건장한 말들이 메었는지라"
슥6:4-5	"내가 내게 말하는 천사에게 물어 이르되 내 주여 이것들이 무엇이니이까 하니 천사가 대답하여 이르되 이는 하늘의 네 바람인데 온 세상의 주 앞에 있다가 나가는 것이라 하더라"

1) 첫째 인(흰 말) - 복음 전파와 승리

예수님의 재림 전에 지상에서 장차 일어날 일로 복음 전파와 승리가 있습니다. 사도 요한이 보매 어린 양이 일곱 인 중에 하나를 떼셨습니다. 그 때 사도 요한이 들으니 네 생물 중에 하나가 우레 같은 소리로 "오라" 하였습니다(계6:1). 이에 사도 요한이 보니 흰 말이 있는데 그 탄자가 활을 가졌고 면류관을 받고 나아가서 이기고 또 이기려고 하였습니다(계6:2).

| 계6:1 | "내가 보매 어린 양이 일곱 인 중에 하나를 떼시는데 그 때에 내가 |

들으니 네 생물 중의 하나가 우렛소리 같이 말하되 오라 하기로"

계6:2 "이에 내가 보니 흰 말이 있는데 그 탄자가 활을 가졌고 면류관을 받고 나아가서 이기고 또 이기려고 하더라"

어린 양이 첫째 인을 떼실 때에 〈흰 말이 있는데 그 탄자가 활을 가졌고 면류관을 받고 나아가서 이기고 또 이기려고 한 것〉은 예수님이 재림하시기 전에 복음이 땅 끝까지 전파 될 일을 말씀합니다. 예수님은 천국 복음이 모든 민족에게 증언되기 위하여 온 세상에 전파되리니 그제야 끝이 오리라고 말씀하셨습니다(마24:14). 요한계시록의 계시를 받고 증언한 사도 요한도 하나님의 말씀과 예수님을 증언하였음으로 밧모라 하는 섬에 유배되었는데(계1:9), 그는 많은 백성과 나라와 방언과 임금에게 다시 예언해야 했습니다(계10:11). 그리고 두 증인이 나타나 7년 대환난의 전 삼년 반 동안 굵은 베옷을 입고 예언할 것입니다(계11:3). 이와 같이 천국 복음은 계속하여 전파될 것이며 하나님의 말씀은 매이지 아니합니다.

마24:14 "이 천국 복음이 모든 민족에게 증언되기 위하여 온 세상에 전파되리니 그제야 끝이 오리라"

계1:9 "나 요한은 너희 형제요 예수의 환난과 나라와 참음에 동참하는 자라 하나님의 말씀과 예수를 증언하였음으로 말미암아 밧모라 하는 섬에 있었더니"

계10:11 "그가 내게 말하기를 네가 많은 백성과 나라와 방언과 임금에게 다시 예언하여야 하리라 하더라"

계11:3   "내가 나의 두 증인에게 권세를 주리니 그들이 굵은 베옷을 입
          고 천이백육십 일을 예언하리라"

〈흰 말〉은 성결과 승리를 의미합니다. 복음을 전파하는 자들은 성결
하며 승리할 것입니다. 재림하시는 예수님을 백마 탄 자로 말씀하며(
계19:11), 예수님의 재림 때에 부활하여 공중에서 예수님을 영접하고
재림하시는 예수님과 함께 이 땅으로 내려오는 성도들을 백마 탄 자
로 말씀합니다(계19:14). 그리고 이기는 자는 흰 옷을 입을 것인데(계
3:5), 흰 옷 입은 자들은 어린 양의 피에 그 옷(행실)을 씻어 희게 한
자들입니다(계7:14). 또한 부활한 성도들은 희고 깨끗한 세마포 옷을
입은 자들입니다(계19:14). 그런데 흰말 탄자를 독재자(적그리스도)
로 보는 견해도 있습니다. 이는 일곱 인을 재앙으로 보는 견해입니다.

계19:11   "또 내가 하늘이 열린 것을 보니 보라 백마와 그것을 탄 자가 있으
          니 그 이름은 충신과 진실이라 그가 공의로 심판하며 싸우더라"

계19:14   "하늘에 있는 군대들이 희고 깨끗한 세마포 옷을 입고 백마를
          타고 따르더라"

계3:5   "이기는 자는 이와 같이 흰 옷을 입을 것이요 내가 그 이름을
          생명책에서 결코 지우지 아니하고 그 이름을 내 아버지 앞과
          그의 천사들 앞에서 시인하리라"

계7:14   "내가 말하기를 내 주여 당신이 아시나이다 하니 그가 나에게
          이르되 이는 큰 환난에서 나오는 자들인데 어린 양의 피에 그
          옷을 씻어 희게 하였느니라"

흰 말을 탄자가 활을 가졌는데 〈활〉은 싸우는 도구입니다. 선지자 하박국은 일하시는 하나님을 증언하면서 주께서 말을 타시며 구원의 병거를 모신다고 하며, 주께서 활을 꺼내시고 화살을 바로 쏘셨다고 했습니다(합3:8-9). 그리고 하나님은 유다 족속을 전쟁의 준마와 같게 하시는데 싸우는 활이 그에게서 나와서 원수를 밟을 것이라고 말씀하였습니다(슥10:3-5). 또 활 쏘는 자가 요셉을 학대하며 적개심을 가지고 그를 쏘았으나 요셉은 하나님의 손을 힘입음으로 그의 활은 도리어 굳세며 그의 팔은 힘이 있다고 말씀하였습니다(창49:23-24).

합3:8-9   "여호와여 주께서 말을 타시며 구원의 병거를 모시오니 강들을 분히 여기심이니이까 강들을 노여워하심이니이까 바다를 향하여 성내심이니이까 주께서 활을 꺼내시고 화살을 바로 쏘셨나이다 주께서 강들로 땅을 쪼개셨나이다"

슥10:3-5   "내가 목자들에게 노를 발하며 내가 숫염소들을 벌하리라 만군의 여호와가 그 무리 곧 유다 족속을 돌보아 그들을 전쟁의 준마와 같게 하리니 모퉁잇돌이 그에게서, 말뚝이 그에게서, 싸우는 활이 그에게서, 권세 잡은 자가 다 일제히 그에게서 나와서 싸울 때에 용사 같이 거리의 진흙 중에 원수를 밟을 것이라 여호와가 그들과 함께 한즉 그들이 싸워 말 탄 자들을 부끄럽게 하리라"

창49:23-24 "활쏘는 자가 그를 학대하며 적개심을 가지고 그를 쏘았으나 요셉의 활은 도리어 굳세며 그의 팔은 힘이 있으니 이는 야곱의 전능자 이스라엘의 반석인 목자의 손을 힘입음이라"

흰 말을 탄자가 면류관을 받고 나아가서 이기고 또 이기려고 하였는데 〈면류관〉은 하나님이 이기는 자에게 주시는 상급입니다. 우리는 아무도 우리 면류관을 빼앗지 못하게 해야 합니다(계3:11). 7년 대환난의 전 삼년 반에 두 증인이 일어나 증언하는데 원수를 이기며 권능을 가지고 이적을 행하며 원하는 대로 여러 가지 재앙으로 땅을 칠 것입니다(계11:5-6). 그리고 성도들은 사탄을 이기며(계12:11), 사탄이 세운 짐승과 그의 우상과 그의 이름의 수를 이기고 벗어나 천국에 들어갈 것입니다(계15:2). 또 사탄이 세운 짐승과 세상의 왕들이 재림 하시는 예수님과 싸울 것이며, 예수님이 그들을 이기시고 성도들도 그들을 이길 것입니다(계17:14).

계3:11   "내가 속히 오리니 네가 가진 것을 굳게 잡아 아무도 네 면류관을 빼앗지 못하게 하라"

계11:5-6   "만일 누구든지 그들을 해하고자 하면 그들의 입에서 불이 나와서 그들의 원수를 삼켜 버릴 것이요 누구든지 그들을 해하고자 하면 반드시 그와 같이 죽임을 당하리라 그들이 권능을 가지고 하늘을 닫아 그 예언을 하는 날 동안 비가 오지 못하게 하고 또 권능을 가지고 물을 피로 변하게 하고 아무 때든지 원하는 대로 여러 가지 재앙으로 땅을 치리로다"

계12:11   "또 우리 형제들이 어린 양의 피와 자기들이 증언하는 말씀으로써 그를 이겼으니 그들은 죽기까지 자기들의 생명을 아끼지 아니하였도다"

계15:2   "또 내가 보니 불이 섞인 유리 바다 같은 것이 있고 짐승과 그

의 우상과 그의 이름을 수를 이기고 벗어난 자들이 유리 바다
가에 서서 하나님의 거문고를 가지고"

계17:14   "그들이 어린 양과 더불어 싸우려니와 어린 양은 만주의 주시오
만왕의 왕이시므로 그들을 이기실 터이요 또 그와 함께 있는 자
들 곧 부르심을 받고 택하심을 받은 진실한 자들도 이기리로다"

2) 둘째 인(붉은 말) - 전쟁

예수님의 재림 전에 지상에서 장차 일어날 일로 전쟁이 있습니다.
어린 양이 둘째 인을 떼실 때에 사도 요한이 들으니 둘째 생물이 "오
라"고 말하였습니다(계6:3). 이에 붉은 다른 말이 나왔는데 그 탄자가
허락을 받아 땅에서 화평을 제하여 버리며 서로 죽이게 하고 또 큰 칼
을 받았습니다(계6:4).

계6:3   "둘째 인을 떼실 때에 내가 들으니 둘째 생물이 말하되 오라 하니"
계6:4   "이에 다른 붉은 말이 나오더라 그 탄 자가 허락을 받아 땅에서
화평을 제하여 버리며 서로 죽이게 하고 또 큰 칼을 받았더라"

어린 양이 둘째 인을 떼실 때에 붉은 말이 나오는데 〈그 탄 자가 허
락을 받아 땅에서 화평을 제하여 버리며 서로 죽이게 하고 또 큰 칼을
받은 것〉은 예수님이 재림하시기 전에 전쟁이 일어날 일을 말씀합니
다. 예수님은 재림의 징조로 민족이 민족을, 나라가 나라를 대적하여
일어날 것이라고 말씀하셨습니다(마24:7).

〈붉은 말〉과 〈칼〉은 전쟁을 의미합니다. 붉은 말을 탄자가 〈허락을

받아 화평을 제하여 버리며 서로 죽이게 하는 것〉은 전쟁을 의미하며, 붉은 말 탄자가 〈큰 칼을 받은 것〉도 전쟁을 의미합니다. 그리고 붉은 말을 탄자가 〈허락을 받은 것〉은 하나님의 허락을 받은 것입니다.

화살과 방패와 칼은 전쟁의 도구들입니다(시76:3). 그리고 칼 곧 전쟁과 기근과 전염병은 하나님이 내리시는 형벌입니다(렘44:13). 또한 전쟁은 하나님이 치시는 것입니다(슥14:3). 여섯째 나팔 재앙으로 유브라데 전쟁이 있을 것입니다. 이 전쟁에는 이만 만(이 억)의 마병대가 동원되며 사람 삼분의 일이 죽임을 당할 것입니다(계9:14-16). 그리고 예수님이 지상으로 재림하실 때 세계를 지배하는 짐승과 땅의 임금들과 그들의 군대들이 모여 재림하시는 예수님과 그의 군대와 더불어 전쟁을 일으킬 것이며, 짐승과 거짓 선지자가 함께 잡혀 이 둘이 산 채로 유황불 못에 던져지고 그 나머지는 죽을 것입니다(계19:19-21).

마24:7   "민족이 민족을, 나라가 나라를 대적하여 일어나겠고 곳곳에 기근과 지진이 있으리니"

시76:3   "거기에서 그가 화살과 방패와 칼과 전쟁을 없이하셨도다"

렘44:13   "내가 예루살렘을 벌한 것 같이 애굽 땅에 사는 자들을 칼과 기근과 전염병으로 벌하리니"

슥14:3   "그 때에 여호와께서 나가사 그 이방 나라들을 치시되 이왕의 전쟁의 날에 싸운 것 같이 하시리라"

계9:14-16   "나팔 가진 여섯째 천사에게 말하기를 큰 강 유브라데에 결박한 네 천사를 놓아 주라 하매 네 천사가 놓였으니 그들은 그 년 월 일 시에 이르러 사람 삼분의 일을 죽이기로 준비된 자들이니라 마병대의 수는 이만 만이니 내가 그들의 수를 들었노라"

계19:19-21 "또 내가 보매 그 짐승과 땅의 임금들과 그들의 군대들이 모여
그 말 탄 자와 그의 군대와 더불어 전쟁을 일으키다가 짐승이
잡히고 그 앞에서 표적을 행하던 거짓 선지자도 함께 잡혔으니
이는 짐승의 표를 받고 그의 우상에게 경배하던 자들을 표적으
로 미혹하던 자라 이 둘이 산 채로 유황불 붙는 못에 던져지고
그 나머지는 말 탄 자의 입으로부터 나오는 검에 죽으매 모든
새가 그들의 살로 배불리더라"

3) 셋째 인(검은 말) - 기근

예수님의 재림 전에 지상에서 장차 일어날 일로 기근이 있습니다. 어
린 양이 셋째 인을 떼실 때에 사도 요한이 들으니 셋째 생물이 "오라"
고 말하였습니다. 이에 사도 요한이 보니 검은 말이 나오는데 그 탄자
가 손에 저울을 가졌습니다. 그리고 사도 요한이 네 생물 사이로부터 나
는 듯한 음성을 들으니 "한 데나리온에 밀 한 되요 한 데나리온에 보리
석 되로다 또 감람유와 포도주는 해치지 말라" 하였습니다(계6:5-6).

계6:5-6 "셋째 인을 떼실 때에 내가 들으니 셋째 생물이 말하되 오라 하
기로 내가 보니 검은 말이 나오는데 그 탄 자가 손에 저울을 가
졌더라 내가 네 생물 사이로부터 나는 듯한 음성을 들으니 이
르되 한 데나리온에 밀 한 되요 한 데나리온에 보리 석 되로다
또 감람유와 포도주는 해치지 말라 하더라"

어린 양이 셋째 인을 떼실 때에 검은 말이 나오는데 〈그 탄 자가 손에 저울을 가진 것〉은 예수님이 재림하시기 전에 기근이 있을 일을 말씀합니다. 예수님은 재림의 징조로 곳곳에 기근이 있으리라고 말씀하셨습니다(마24:7).

〈검은 말〉은 기근을 의미합니다. 그리고 검은 말을 탄자가 〈손에 저울을 가졌음〉은 극심한 기근을 의미합니다. 식량을 저울에 달아서 먹는 경우는 식량이 매우 부족한 경우입니다. 또한 〈한 데나리온에 밀한 되요 한 데나리온에 보리 석 되로다〉 함도 극심한 기근을 의미합니다. 한 데나리온은 그 당시 성인 남자의 하루 품삯이었고, 밀 한 되는 성인 남자의 하루 식량이었다고 합니다. 한 데나리온에 밀 한 되인 것은 평상시 물가의 8-12배로 비싼 것이라고 합니다. 그리고 〈감람유와 포도주는 해치지 말라〉 함은 기근이 극심해도 최소한의 기본적인 식량은 남아 있게 될 것을 의미합니다. 당시에 감람유와 포도주는 생활필수품이었다고 합니다. 그런데 감람유와 포도주를 성령 받은 참 성도로 보는 견해도 있습니다.

마24:7　　　"민족이 민족을, 나라가 나라를 대적하여 일어나겠고 곳곳에 기근과 지진이 있으리니"

4) 넷째 인(청황색 말) - 죽음(사망)

예수님의 재림 전에 지상에서 장차 일어날 일로 죽음(사망)이 있습니다. 어린 양이 넷째 인을 떼실 때에 사도 요한이 넷째 생물의 음성을 들으니 "오라"고 하였습니다(계6:7). 이에 사도 요한이 보니 청황색 말이 나오는데 그 탄자의 이름은 사망이며 음부가 그 뒤를 따랐습니다. 그리고 그들이 땅 사분의 일의 권세를 받아 검과 흉년과 사망과 땅의 짐승들로써 죽였습니다(계6:8).

계6:7　　　 "넷째 인을 떼실 때에 내가 넷째 생물의 음성을 들으니 말하되 오라 하기로"

계6:8　　　 "내가 보매 청황색 말이 나오는데 그 탄 자의 이름은 사망이니 음부의 권세가 그 뒤를 따르더라 그들이 땅 사분의 일의 권세를 얻어 검과 흉년과 사망과 땅의 짐승들로써 죽이더라"

어린 양이 넷째 인을 떼실 때에 청황색 말이 나오는데 〈그 탄자의 이름이 사망임〉은 예수님이 재림하시기 전에 있을 많은 사람들이 죽는 일을 말씀합니다.

〈청황색 말〉은 사망을 의미합니다. 청황색 말을 탄자의 이름은 사망입니다. 그리고 〈음부가 그 뒤를 따름〉은 불신자들이 죽은 후에는 음부에 들어감을 의미합니다. 사망과 음부가 땅 사분의 일의 권세를 받아 전쟁(검)과 기근(흉년)과 사망과 독재자들(땅의 짐승들)로 인해 사람들이 죽게 됩니다. 지금도 전쟁과 기근과 독재자들로 인하여 많은 사람들이 죽어가고 있습니다.

셋째 나팔 재앙으로 물의 삼분의 일이 쓴 물이 되므로 많은 사람이 죽습니다(계8:10-11). 그리고 여섯째 나팔 재앙으로 유브라데 전쟁에서 사람 삼분의 일이 죽임을 당합니다(계9:18).

계8:10-11   "셋째 천사가 나팔을 부니 횃불 같이 타는 큰 별이 하늘에서 떨어져 강들의 삼분의 일과 여러 물샘에 떨어지니 이 별 이름은 쓴 쑥이라 물의 삼분의 일이 쓴 쑥이 되매 그 물이 쓴물이 되므로 많은 사람이 죽더라"

계9:18   "이 세 재앙 곧 자기들의 입에서 나오는 불과 연기와 유황으로 말미암아 사람 삼분의 일이 죽임을 당하니라"

4. 천국(낙원)에서 있을 일

첫째 인에서 넷째 인은 예수님의 재림 전에 장차 지상에서 일어날 일들을 말씀합니다. 그리고 다섯째 인은 예수님의 재림 전에 천국(낙원)에서 있을 일을 말씀합니다.

1) 순교자들의 영혼들이 제단 아래에 있었습니다.

어린 양이 다섯째 인을 떼실 때에 사도 요한이 보니 하나님의 말씀과 그들이 가진 증거를 인하여 죽임을 당한 영혼들이 제단 아래에 있었습니다(계6:9).

계6:9   "다섯째 인을 떼실 때에 내가 보니 하나님의 말씀과 그들이 가진 증거로 말미암아 죽임을 당한 영혼들이 제단 아래에 있어"

〈죽임을 당한 영혼들〉은 순교자들입니다. 순교자들은 하나님의 말

씀과 그들이 가진 증거로 말미암아 죽임을 당하였습니다. 곧 그들은
하나님의 말씀과 예수님을 증언하다가 죽임을 당하였습니다. 사도 요
한도 하나님의 말씀과 예수님을 증언하였음으로 말미암아 밧모라 하
는 섬에 유배되었습니다(계1:9). 죽임을 당한 영혼들이 〈제단 아래에
있음〉은 순교자들이 그들의 몸을 하나님께 거룩한 제물로 드림으로
천국의 제단에 순교의 피를 뿌렸다는 의미이며, 그 영혼들이 천국(낙
원)에 있음을 말씀합니다.

계1:9   "나 요한은 너희 형제요 예수의 환난과 나라와 참음에 동참하
             는 자라 하나님의 말씀과 예수를 증언하였음으로 말미암아 밧
             모라 하는 섬에 있었더니"

2) 순교자들은 하나님께 땅에 거하는 자들을 심판하시기를 간구했습니다.
   제단 아래에 있는 죽임을 당한 영혼들이 큰 소리로 불러 이르되 "거룩
하고 참되신 대주재여 땅에 거하는 자들을 심판하여 우리 피를 갚아 주
지 아니하시기를 어느 때까지 하시려 하나이까?" 하였습니다(계6:10).

계6:10   "큰 소리로 불러 이르되 거룩하고 참되신 대주재여 땅에 거하
             는 자들을 심판하여 우리 피를 갚아 주지 아니하시기를 어느
             때까지 하시려 하나이까 하니"

〈거룩하고 참되신 대 주재〉는 하나님이십니다. 하나님은 거룩하시
고 참되신(진실하신) 대 주재(主宰: 절대 권세를 지닌 통치자)이십니

다. 곧 하나님은 주권자이시며 만왕의 왕이시오 만주의 주이십니다(딤전6:15). 순교자들이 대 주재이신 하나님께 〈땅에 거하는 자들을 심판하여 우리 피를 신원하여 주시기를 간구함〉은 하나님의 공의가 이루어지기를 간구하는 것이며, 그들의 대적들에 대한 감정적 보복을 바라는 것이 아닙니다. 곧 순교자들의 간구는 그들의 대적이 하나님과 복음의 원수라는 것이며, 원수 갚는 것을 하나님의 진노하심에 맡기는 것입니다(롬12:19).

딤전6:15   "기약이 이르면 하나님이 그의 나타나심을 보이시리니 하나님은 복되시고 유일하신 주권자이시며 만왕의 왕이시며 만주의 주시요"

롬12:19   "내 사랑하는 자들아 너희가 친히 원수를 갚지 말고 하나님의 진노하심에 맡기라 기록되었으되 원수 갚는 것이 내게 있으니 내가 갚으리라고 주께서 말씀하시니라"

3) 하나님은 순교자들에게 잠시 동안 쉬라고 명하셨습니다.

하나님은 땅에 거하는 자들을 심판해 주시기를 간구하는 순교자들에게 각각 흰 두루마기를 주시며 "아직 잠시 동안 쉬되 그들의 동무 종들과 형제들도 자기처럼 죽임을 당하여 그 수가 차기까지 하라"고 말씀하셨습니다(계6:11).

계6:11   "각각 그들에게 흰 마루마기를 주시며 이르시되 아직 잠시 동안 쉬되 그들의 동무 종들과 형제들도 자기처럼 죽임을 당하여 그 수가 차기까지 하라 하시더라"

하나님은 순교자들에게 흰 두루마기를 주셨습니다. 〈흰 두루마기〉는 성결한 옳은 행실을 의미하며, 장차 어린 양의 혼인잔치에 참여할 신부되는 성도들의 예복입니다(계19:7-8). 순교자들은 어린 양의 혼인잔치에 참여할 것입니다. 그리고 하나님께서는 순교자들에게 그들의 수가 차기까지 잠시 동안 쉬라고 하셨습니다. 하나님께서 정하신 순교자의 수가 있으며, 순교자의 수가 차는 기한이 있습니다. 하나님이 정하신 그 기한이 이르기까지 순교자들은 쉬고 있습니다. 하나님께서는 순교자들의 피를 셋째 대접 재앙에서 갚아 주십니다. 하나님은 성도들과 선지자들의 피를 흘린 자들로 피를 마시게 하십니다(계16:4-6). 또한 하나님은 선지자들과 성도들의 피가 그 성 중에서 발견된 바벨론을 멸망시키십니다(계18:2, 24).

계19:7-8   "우리가 즐거워하고 크게 기뻐하며 그에게 영광을 돌리세 어린 양의 혼인 기약이 이르렀고 그의 아내가 자신을 준비하였으므로 그에게 빛나고 깨끗한 세마포 옷을 입도록 허락하셨으니 이 세마포 옷은 성도들의 옳은 행실이로다 하더라"

계16:4-6   "셋째 천사가 그 대접을 강과 물 근원에 쏟으매 피가 되더라 내가 들으니 물을 차지한 천사가 이르되 전에도 계셨고 지금도 계신 거룩하신 이여 이렇게 심판하시니 의로우시도다 그들이 성도들과 선지자들의 피를 흘렸으므로 그들에게 피를 마시게 하신 것이 합당하니이다 하더라"

계18:2   "힘찬 음성으로 외쳐 이르되 무너졌도다 무너졌도다 큰 성 바
          벨론이여 귀신의 처소와 각종 더러운 영이 모이는 곳과 각종
          더럽고 가증한 새들이 모이는 곳이 되었도다

계18:24   "선지자들과 성도들과 및 땅 위에서 죽임을 당한 모든 자의 피
          가 그 성 중에서 발견되었느니라 하더라"

천국에서 장차 있을 일로 만민 중에서 아무도 능히 셀 수 없는 큰 무
리가 나와 흰 옷을 입고 손에 종려 가지를 들고 성부 하나님의 보좌 앞
과 어린 양이신 예수님 앞에 서서 구원하심이 보좌에 앉으신 하나님과
어린 양에게 있음을 찬양할 것입니다(계7:9-10). 그리고 성령의 인침
을 받고 대환난 중에서도 믿음을 지킨 십사만 사천이 하나님 보좌 앞
과 네 생물과 장로들 앞에서 새 노래를 부를 것입니다(계14:1, 3-5).

계7:9-10   "이 일 후에 내가 보니 각 나라와 족속과 백성과 방언에서 아무도
           능히 셀 수 없는 큰 무리가 나와 흰 옷을 입고 손에 종려 가지를
           들고 보좌 앞과 어린 양 앞에 서서 큰 소리로 외쳐 이르되 구원하
           심이 보좌에 앉으신 우리 하나님과 어린 양에게 있도다 하니"

계14:1   "또 내가 보니 보라 어린 양이 시온 산에 섰고 그와 함께 십사
           만 사천이 서 있는데 그들의 이마에는 어린 양의 이름과 그 아
           버지의 이름을 쓴 것이 있더라"

계14:3-5   "그들이 보좌 앞과 네 생물과 장로들 앞에서 새 노래를 부르니
           땅에서 속량함을 받은 십사만 사천 밖에는 능히 이 노래를 배울
           자가 없더라 이 사람들은 여자와 더불어 더럽히지 아니하고 순

결한 자라 어린 양이 어디로 인도하든지 따라가는 자며 사람 가운데에서 속량함을 받아 처음 익은 열매로 하나님과 어린 양에게 속한 자들이니 그 입에 거짓말이 없고 흠이 없는 자들이더라"

5. 예수님의 재림의 날에 일어날 일들

첫째 인에서 여섯째 인까지는 예수님의 재림 전에 장차 일어날 일들을 말씀합니다. 첫째 인에서 넷째 인은 장차 지상에서 일어날 일들을 말씀하며, 다섯째 인은 천국(낙원)에서 있을 일을 말씀합니다. 그리고 여섯째 인은 예수님의 재림의 날 곧 진노의 큰 날에 일어날 일들을 말씀합니다. 예수님이 재림하시는 날을 주의 날(벧후3:10), 하나님의 날(벧후3:12). 진노의 큰 날(계6:17), 심판과 멸망의 날(벧후3:7), 구원의 날(엡4:30)이라고도 합니다. 예수님이 재림하심은 불신자들을 심판하시고(롬2:16, 약5:9), 성도들을 천국에 들어가는 구원에 이르게 하려고 오실 것입니다(히9:28). 그래서 예수님의 재림의 날이 불신자들에게는 심판과 멸망의 날이요 성도들에게는 구원의 날입니다.

벧후3:10　　"그러나 주의 날이 도둑 같이 오리니 그 날에는 하늘이 큰 소리로 떠나가고 물질이 뜨거운 불에 풀어지고 땅과 그 중에 있는 모든 일이 드러나리로다"

벧후3:12　　"하나님의 날이 임하기를 바라보고 간절히 사모하라 그 날에 하늘이 불에 타서 풀어지고 물질이 뜨거운 불에 녹아지려니와"

계6:17	"그들의 진노의 큰 날이 이르렀으니 누가 능히 서리요 하더라"
벧후3:7	"이제 하늘과 땅은 그 동일한 말씀으로 불사르기 위하여 보호하신 바 되어 경건하지 아니한 사람들의 심판과 멸망의 날까지 보존하여 두신 것이라"
엡4:30	"하나님의 성령을 근심하게 하지 말라 그 안에서 너희가 구원의 날까지 인치심을 받았느니라"
롬2:16	"곧 나의 복음에 이른 바와 같이 하나님이 예수 그리스도로 말미암아 사람들의 은밀한 것을 심판하시는 그 날이라"
약5:9	"형제들아 서로 원망하지 말라 그리하여야 심판을 면하리라 보라 심판주가 문 밖에 서 계시니라"
히9:28	"이와 같이 그리스도도 많은 사람의 죄를 담당하시려고 단번에 드리신 바 되셨고 구원에 이르게 하기 위하여 죄와 상관 없이 자기를 바라는 자들에게 두 번째 나타나시리라"

1) 땅과 바다와 우주 천체에 대격변이 일어날 것입니다.

사도 요한이 보니 어린 양이 여섯째 인을 떼실 때에 큰 지진이 나며 해가 검은 털로 짠 상복 같이 검어지고 달은 온통 피 같이 되며 하늘의 별들이 무화과나무가 대풍에 흔들려 설익은 열매가 떨어지는 것 같이 땅에 떨어졌습니다(계6:12-13). 또한 하늘은 두루마리가 말리는 것 같이 떠나가고 각 산과 섬이 제 자리에서 옮겨졌습니다(계6:14).

계6:12-13	"내가 보니 여섯째 인을 떼실 때에 큰 지진이 나며 해가 검은 털로 짠 상복 같이 검어지고 달은 온통 피 같이 되며 하늘의 별

들이 무화과나무가 대풍에 흔들려 설익은 열매가 떨어지는 것 같이 땅에 떨어지며"

계6:14   "하늘은 두루마리가 말리는 것 같이 떠나가고 각 산과 섬이 제 자리에서 옮겨지매"

예수님의 재림의 날(진노의 큰 날)에 지진으로 인하여 땅과 바다에 대격변이 있을 것입니다. 사도 요한이 보니 어린 양이 여섯째 인을 떼실 때에 땅에서는 큰 지진이 나며 각 산이 제자리에서 옮겨지며, 바다에서는 각 섬이 제자리에서 옮겨졌습니다. 예수님의 재림의 징조로 곳곳에 지진이 있을 것입니다(마24:7). 대환난의 때에 증언한 두 증인이 죽임을 당하고 부활하여 하늘로 올라갈 때 큰 지진이 나서 성 십분의 일이 무너지고 지진에 죽은 사람이 칠천입니다(계11:11-13). 그리고 대환난 후에 하나님이 내리시는 일곱째 대접 재앙에서 큰 지진이 있어 큰 성이 세 갈래로 갈라지고 만국의 성들도 무너지며 각 섬도 없어지고 산악도 간 데 없어질 것입니다(계16:17-20).

마24:7   "민족이 민족을, 나라가 나라를 대적하여 일어나겠고 곳곳에 기근과 지진이 있으리니"

계11:11-13 "삼 일 반 후에 하나님께로부터 생기가 그들 속에 들어가매 그들이 발로 일어서니 구경하는 자들이 크게 두려워하더라 하늘로부터 큰 음성이 있어 이리로 올라오라 함을 듣고 구름을 타고 하늘로 올라가니 그들의 원수들도 구경하더라 그 때에 큰 지진이 나서 성 십분의 일이 무너지고 지진에 죽은 사람이 칠천이라 그 남은 자들이 두려워하여 영광을 하늘의 하나님께 돌리더라"
계16:17-20 "일곱째 천사가 그 대접을 공중에 쏟으매 큰 음성이 성전에서 보좌로부터 나서 이르되 되었다 하시니 번개와 음성들과 우렛소리가 있고 또 큰 지진이 있어 얼마나 큰 지 사람이 땅에 있어 온 이래로 이같이 큰 지진이 없었더라 큰 성이 세 갈래로 갈라지고 만국의 성들도 무너지니 큰 성 바벨론이 하나님 앞에 기억하신 바 되어 그의 맹렬한 진노의 포도주 잔을 받으매 각 섬도 없어지고 산악도 간 데 없더라"

예수님의 재림의 날(진노의 큰 날)에 우주 천체에 대격변이 있을 것입니다. 사도 요한이 보니 어린 양이 여섯째 인을 떼실 때에 해가 검은 털로 짠 상복 같이 검어지고, 달은 온통 피 같이 되며, 하늘의 별들이 무화과나무가 대풍에 흔들려 설익은 열매가 떨어지는 것 같이 땅에 떨어졌습니다. 그리고 하늘은 두루마리가 말리는 것 같이 떠나갔습니다. 여호와의 날이 이르면 그 앞에서 땅이 진동하며 하늘이 떨며 해와 달이 캄캄하며 별들이 빛을 거둡니다(욜2:10-11). 곧 환난 후 예수님의 재림의 날에는 즉시 해가 어두워지며 달이 빛을 내지 아니하며 별들이 하늘에서 떨어지며 하늘의 권능들이 흔들릴 것입니다(마24:29-30). 또한 하늘의 만상(일월성신)이 사라지고 하늘들이 두루마리 같이 말리되 그 만상의 쇠잔함이 포도나무 잎이 마름 같고 무화과나무 잎이 마름 같을 것입니다(사34:4). 넷째 나팔 재앙에서는 해 삼분의 일과 달 삼분의 일과 별들의 삼분의 일이 타격을 받아 그 삼분의 일이 어두워지므로 낮 삼분의 일은 비추임이 없고 밤도 그러할 것입니다(계8:12). 결국에는 처음 하늘과 처음 땅과 처음 바다는 없어지고 다시 있지 않을 것입니다(계21:1).

욜2:10-11 "그 앞에서 땅이 진동하며 하늘이 떨며 해와 달이 캄캄하며 별들이 빛을 거두도다 여호와께서 그의 군대 앞에서 소리를 지르시고 그의 진영은 심히 크고 그의 명령을 행하는 자는 강하니 여호와의 날이 심히 두렵도다 당할 자가 누구이랴"

마24:29-30 "그 날 환난 후에 즉시 해가 어두워지며 달이 빛을 내지 아니하며 별들이 하늘에서 떨어지며 하늘의 권능들이 흔들리리라 그 때에 인자의 징조가 하늘에서 보이겠고 그 때에 땅의 모든 족속들이 통곡하며 그들이 인자가 구름을 타고 능력과 큰 영광으로 오는 것을 보리라"

사34:4 "하늘의 만상이 사라지고 하늘들이 두루마리 같이 말리되 그 만상의 쇠잔함이 포도나무 잎이 마름 같고 무화과나무 잎이 마름 같으리라"

계8:12 "넷째 천사가 나팔을 부니 해 삼분의 일과 달 삼분의 일과 별들의 삼분의 일이 타격을 받아 그 삼분의 일이 어두워지니 낮 삼분의 일은 비추임이 없고 밤도 그러하더라"

계21:1 "또 내가 새 하늘과 새 땅을 보니 처음 하늘과 처음 땅이 없어졌고 바다도 다시 있지 않더라"

땅과 바다와 우주 천체에 대격변이 일어나는 것을 사회적 대혼란을 상징하는 것으로 보는 견해도 있습니다. 이들은 해와 달과 별들을 국가와 사회의 지도자들로 봅니다. 땅과 바다와 우주 천체에 대격변이 있을 때에는 사회적, 정치적, 경제적으로도 혼란과 대격변이 있을 것입니다.

2) 사람들은 성부 하나님과 예수님의 진노를 두려워할 것입니다.

사도 요한이 보니 어린 양이 여섯째 인을 떼실 때에 큰 지진이 나며 해가 검은 털로 짠 상복 같이 검어지고, 달은 온통 피 같이 되며, 하늘의 별들이 무화과나무가 대풍에 흔들려 설익은 열매가 떨어지는 것 같이 땅에 떨어지며 하늘은 두루마리가 말리는 것 같이 떠나가고 각 산과 섬이 제자리에서 옮기우매 땅의 임금들과 왕족들과 장군들과 부자들과 강한 자들과 각 종과 자유인이 굴과 산들의 바위틈에 숨었습니다(계6:15). 그리고 그들이 산들과 바위에게 말하되 "우리 위에 떨어져 보좌에 앉으신 이의 얼굴에서와 그 어린 양의 진노에서 우리를 가리라" 하며(계6:16), "진노의 큰 날이 이르렀으니 누가 능히 서리요" 하였습니다(계6:17).

계6:15	"땅의 임금들과 왕족들과 장군들과 부자들과 강한 자들과 모든 종과 자유인이 굴과 산들의 바위 틈에 숨어"
계6:16	"산들과 바위에게 말하되 우리 위에 떨어져 보좌에 앉으신 이의 얼굴에서와 그 어린 양의 진노에서 우리를 가리라"
계6:17	"그들의 진노의 큰 날이 이르렀으니 누가 능히 서리요 하더라"

〈땅의 임금들과 왕족들과 장군들과 부자들과 강한 자들과 각 종과 자유인〉은 땅에 거하는 모든 사람을 의미합니다. 그들이 〈굴과 산들

의 바위틈에 숨음〉은 하나님의 진노로 내리시는 재앙을 받은 불신자들이 두려워함을 의미합니다. 그리고 그들이 〈산들과 바위에게 말하되 우리 위에 떨어져 보좌에 앉으신 이의 얼굴에서와 그 어린 양의 진노에서 우리를 가리라 함〉은 하나님과 어린 양이신 예수님의 진노를 당하기보다는 산들과 바위가 그들 위에 떨어지는 것이 더 나음을 의미합니다. 또한 〈그들의 진노의 큰 날이 이르렀으니 누가 능히 서리요 함〉은 하나님과 예수님의 진노 앞에 설 수 있는 자가 아무도 없음을 의미합니다. 하나님과 예수님의 진노는 불신자들과 배신자들과 거역한 자들을 향한 것입니다. 그래서 예수님이 재림하신 날에 땅의 모든 족속들이 통곡할 것입니다(마24:29-30). 그러나 예수 그리스도의 피를 인하여 의롭다 하심을 얻은 자들은 예수 그리스도로 말미암아 하나님의 진노하심에서 구원을 얻을 것입니다(롬5:9).

마24:29-30 "그 날 환난 후에 즉시 해가 어두워지며 달이 빛을 내지 아니하며 별들이 하늘에서 떨어지며 하늘의 권능들이 흔들리리라 그 때에 인자의 징조가 하늘에서 보이겠고 그 때에 땅의 모든 족속들이 통곡하며 그들이 인자가 구름을 타고 능력과 큰 영광으로 오는 것을 보리라"

롬5:9 "그러면 이제 우리가 그의 피로 말미암아 의롭다 하심을 받았으니 더욱 그로 말미암아 진노하심에서 구원을 받을 것이니"

그러면 하나님의 진노는 누구에게 임할까요? 하나님의 진노는 예수 그리스도를 믿지 않고 순종하지 아니하는 자들에게 임하며(요3:36,

엡5:6-7), 불의로 진리를 막는 사람들에게 임하고(롬1:18), 고집과 회개하지 아니한 마음을 가진 자들에게 임하며(롬2:5), 육체의 욕심대로 사는 자들에게 임합니다(골3:5-6).

요3:36	"아들을 믿는 자에게는 영생이 있고 아들에게 순종하지 아니하는 자는 영생을 보지 못하고 도리어 하나님의 진노가 그 위에 머물러 있느니라"
엡5:6	"누구든지 헛된 말로 너희를 속이지 못하게 하라 이로 말미암아 하나님의 진노가 불순종의 아들들에게 임하나니 그러므로 그들과 함께 하는 자가 되지 말라"
롬1:18	"하나님의 진노가 불의로 진리를 막는 사람들의 모든 경건하지 않음과 불의에 대하여 하늘로부터 나타나나니"
롬2:5	"다만 네 고집과 회개하지 아니한 마음을 따라 진노의 날 곧 하나님의 의로우신 심판이 나타나는 그 날에 임할 진노를 네게 쌓는도다"
골3:5-6	"그러므로 땅에 있는 지체를 죽이라 곧 음란과 부정과 사욕과 악한 정욕과 탐심이니 탐심은 우상 숭배니라 이것들로 말미암아 하나님의 진노가 임하느니라"

사도 요한은 예수님이 명하신 대로 장차 될 일을 기록하였습니다. 사도 요한은 장차 될 일을 기록하기 전에 장차 될 일을 주관하시는 하나님의 보좌를 보았습니다. 사도 요한이 보니 하늘에 열린 문이 있었고 나팔 같은 음성이 말하되 "이리로 올라오라 이 후에 될 일을 내가

네게 보이리라" 하였습니다. 그래서 사도 요한은 하늘 보좌와 그 보좌에 앉으신 성부 하나님을 보았습니다. 그리고 사도 요한은 성부 하나님의 보좌에 둘려 이십사 보좌들이 있고 그 보좌 위에 이십사 장로들이 앉아 있는 것을 보았고, 보좌 가운데와 보좌 주위에 네 생물이 있는 것을 보았으며, 이십사 장로들이 보좌에 앉으신 하나님 아버지께 경배하는 것을 보았습니다.

그리고 사도 요한은 보좌에 앉으신 성부 하나님의 오른손에 일곱 인으로 봉한 두루마리(책)가 있음을 보았습니다. 그런데 이 두루마리(책)를 능히 펴거나 보거나 할 이가 없었습니다. 오직 어린 양이신 예수님이 그 두루마리(책)와 그 일곱 인을 떼실 수 있으셨습니다. 그래서 예수님께서 나아와 보좌에 앉으신 성부 하나님의 오른손에서 두루마리(책)를 취하셨습니다. 이에 네 생물과 이십사 장로들이 예수님을 찬양했으며, 많은 천사가 예수님을 찬양했고, 만물이 보좌에 앉으신 성부 하나님과 어린 양이신 예수님을 찬양했습니다.

장차 될 일을 주관하시는 분은 하나님이시며, 장차 될 일을 계시하시는 분은 예수님이십니다. 또 장차 될 일을 통하여 영광과 찬양을 받으실 분은 성부 하나님과 예수님이십니다. 그러므로 장차 될 일은 우리에게 두려운 일이 아닙니다. 장차 될 일은 우리가 성부 하나님과 예수님에게 영광과 찬송을 돌려 드릴 일입니다.

사도 요한은 두루마리를 취하신 어린 양이신 예수님께서 일곱 인을 떼시는 것을 보았습니다. 사도 요한은 예수님이 첫째 인에서 넷째 인을 떼실 때에 예수님의 재림 전에 지상에서 일어날 일들로 복음 전파와 전쟁과 기근과 사망이 있을 것을 보았습니다. 그리고 사도 요한은 예수님이 다섯째 인을 떼실 때에 천국(낙원)에서 있을 일로 순교자의 영혼들이 제단 아래에 있어 하나님께 땅에 거하는 자들을 심판하여 자기들의 피를 갚아 주시기를 간구하며, 이에 하나님께서 순교자의 영혼들에게 그들의 종무 종들과 형제들도 그들처럼 순교를 당하여 그 수가 차기까지 잠시 동안 쉬라고 말씀하심을 보았습니다. 또 사도 요한은 예수님이 여섯째 인을 떼실 때에 예수님의 재림의 날에 일어날 일들로 땅과 바다와 우주 천체에 대격변이 일어날 것과 사람들이 성부 하나님과 예수님의 진노를 두려워하는 것을 보았습니다. 예수님의 재림의 날은 성도들에게는 구원의 날이요 불신자들에게는 심판과 멸망의 날입니다. 할렐루야! 아멘.

4장

성도들의 구원과 일곱 나팔 재앙

4장
성도들의 구원과
일곱 나팔 재앙

　예수님의 재림의 날은 불신자들에게는 진노의 큰 날입니다. 예수님이 재림하시는 날에 하나님의 진노가 임할 것이며, 하나님의 진노는 재앙으로 임합니다. 하나님이 진노하심으로 내리는 재앙은 일곱 나팔 재앙과 일곱 대접 재앙이 있습니다. 일곱 나팔 재앙은 땅과 바다와 강들과 천체의 삼분의 일에 내리며, 사람 삼분의 일이 죽임을 당하는 재앙으로 7년 대환난 전에 임하는 재앙입니다. 그리고 일곱 대접 재앙은 땅과 바다와 강들의 전체에 내리는 재앙으로 7년 대환난 후에 내리는 재앙입니다.

　하나님의 진노가 임한 자에게 재앙이 임합니다. 재앙은 죄인을 따릅니다(잠13:21). 그래서 악을 뿌리는 자는 재앙을 거둡니다(잠22:8). 그리고 악인은 재앙에 빠지고 재앙으로 인하여 엎드러집니다(잠17:20, 잠24:16). 또한 강포한 자에게는 재앙이 따라서 패망하게 합니다(시140:11). 사람들은 하나님 목전에 악을 행하여 하나님을 격노하게 하므로 재앙을 당합니다(신31:29). 그러므로 우리는 세상 사람들의 죄에 참여하지 말고 그들이 받을 재앙을 받지 말아야 합니다(계18:4).

잠13:21   "재앙은 죄인을 따르고 선한 보응은 의인에게 이르느니라"

잠22:8   "악을 뿌리는 자는 재앙을 거두리니 그 분노의 기세가 쇠하리라"

잠17:20   "마음이 굽은 자는 복을 얻지 못하고 혀가 패역한 자는 재앙에
         빠지느니라"

잠24:16   "대저 의인은 일곱 번 넘어질지라도 다시 일어나려니와 악인은
         재앙으로 말미암아 엎드러지느니라"

시140:11 "악담하는 자는 세상에서 굳게 서지 못하며 포악한 자는 재앙
         이 따라서 패망하게 하리이다"

신31:29   "내가 알거니와 내가 죽은 후에 너희가 스스로 부패하여 내가
         너희에게 명령한 길을 떠나 여호와의 목전에 악을 행하여 너희
         의 손으로 하는 일로 그를 격노하게 하므로 너희가 후일에 재
         앙을 당하리라 하니라"

계18:4   "또 내가 들으니 하늘로부터 다른 음성이 나서 이르되 내 백성
         아, 거기서 나와 그의 죄에 참여하지 말고 그가 받을 재앙들을
         받지 말라"

　하나님은 이스라엘 자손을 애굽에서 인도하여 내실 때 애굽에 열 가
지 큰 재앙을 내리셨습니다. 하나님은 애굽에 내린 큰 재앙으로 이스
라엘 자손을 속량하셨고(출6:6-7), 이스라엘 자손을 애굽에서 인도하
여 내셨습니다(출7:4). 또한 하나님은 애굽에 재앙을 내려 온 천하에
하나님과 같은 자가 없음을 알게 하셨습니다(출9:14). 그러므로 하나
님께서 세상에 내리시는 재앙이 성도들에게는 형벌이 아닙니다. 재앙
은 하나님께서 성도들을 속량하시고 인도하심이 되며, 하나님 자신을

알게 하심이 됩니다.

출6:6-7　　"그러므로 이스라엘 자손에게 말하기를 나는 여호와라 내가 애굽 사람의 무거운 짐 밑에서 너희를 빼내며 그들의 노역에서 너희를 건지며 편 팔과 여러 큰 심판들로써 너희를 속량하여 너희를 내 백성으로 삼고 나는 너희의 하나님이 되리니 나는 애굽 사람의 무거운 짐 밑에서 너희를 빼낸 너희의 하나님 여호와인 줄 너희가 알리라"

출7:4　　　"바로가 너희 말을 듣지 아니할터인즉 내가 내 손을 애굽에 뻗쳐 여러 큰 심판을 내리고 내 군대, 내 백성 이스라엘 자손을 그 땅에서 인도하여 낼지라"

출9:14　　"내가 이번에는 모든 재앙을 너와 네 신하와 네 백성에게 내려 온 천하에 나와 같은 자가 없음을 네가 알게 하리라"

　예수님의 재림의 날에는 땅과 바다와 우주 천체에 대격변이 일어날 것입니다. 그리고 사람들은 성부 하나님과 어린양이신 예수님의 진노를 두려워할 것입니다. 곧 진노의 큰 날에 아무도 능히 설 수가 없을 것입니다. 그러나 성도들은 예수 그리스도로 말미암아 하나님의 진노하심에서 구원을 받을 것입니다. 그래서 예수님은 사도 요한에게 하나님의 진노하심에서 구원 받을 자들을 보여주시고, 또 일곱 나팔 재앙을 보여주셨습니다. 예수님은 일곱 나팔 재앙을 보여주시기 전에 먼저 구원 받을 자들을 보여주신 것입니다.

　요한계시록 7장은 하나님의 진노하심에서 구원 받을 자들 곧 이스라엘 자손의 각 지파 중에서 하나님의 인침을 받은 십사만 사천 명과 각 나라와 족속과 백성과 방언, 곧 세계 만민 중에서 나온 아무도 셀 수 없는 흰옷 입은 큰 무리에 대하여 말씀합니다.

요한계시록 8장 1-5절은 어린양이신 예수님이 일곱째 인을 떼시는 일을 말씀하고, 6-12절은 첫째 나팔에서 넷째 나팔 재앙을 말씀하며, 13절은 세 가지 화에 대하여 말씀합니다.

요한계시록 9장은 세 가지 화 중 첫째 화인 다섯째 나팔 재앙과 둘째 화인 여섯째 나팔 재앙에 대하여 말씀합니다.

1. 인침을 받은 십사만 사천과 흰옷 입은 큰 무리

요한계시록 7장은 예수님의 재림의 날 곧 진노의 큰 날에 하나님의 진노하심에서 구원 받을 자들을 말씀합니다. 하나님의 진노하심에서 구원 받을 자들은 이스라엘 자손의 각 지파 중에서 인침을 받은 십사만 사천 명(계7:1-8)과 각 나라와 족속과 백성과 방언에서 나온 아무도 능히 셀 수 없는 흰옷 입은 큰 무리(계7:9-17)입니다.

하나님은 이스라엘의 구원과 이방인의 구원을 말씀하셨습니다. 하나님의 신비는 이방인의 충만한 수가 들어오기까지 이스라엘의 더러는 우둔하게 되는 것입니다(롬11:25). 곧 이스라엘은 믿지 아니하므로 꺾이고 이방인은 믿으므로 섰습니다(롬11:20). 그래서 이방인의 충만한 수가 구원을 받습니다. 구원 받은 이방인의 충만한 수가 곧 아무도 능히 셀 수 없는 흰옷 입은 큰 무리입니다(계7:9). 그들은 어린 양의 피에 그 옷을 씻어 희게 하였으며(계7:14), 그들은 일반으로 받은 구원을 받은 자들입니다(유1:3).

롬11:25	"형제들아 너희가 스스로 지혜 있다 하면서 이 신비를 너희가 모르기를 내가 원하지 아니하노니 이 신비는 이방인의 충만한 수가 들어오기까지 이스라엘의 더러는 우둔하게 된 것이라"
롬11:20	"옳도다 그들은 믿지 아니하므로 꺾이고 너는 믿으므로 섰느니라 높은 마음을 품지 말고 도리어 두려워하라"
계7:9	"이 일 후에 내가 보니 각 나라와 족속과 백성과 방언에서 아무도 능히 셀 수 없는 큰 무리가 나와 흰옷을 입고 손에 종려 가지를 들고 보좌 앞과 어린 양 앞에 서서"
계7:14	"내가 말하기를 내 주여 당신이 아시나이다 하니 그가 나에게 이르되 이는 큰 환난에서 나오는 자들인데 어린 양의 피에 그 옷을 씻어 희게 하였느니라"
유1:3	"사랑하는 자들아 우리가 일반으로 받은 구원에 관하여 내가 너희에게 편지하려는 생각이 간절하던 차에 성도에게 단번에 주신 믿음의 도를 위하여 힘써 싸우라는 편지로 너희를 권하여야 할 필요를 느꼈노니"

이방인의 충만한 수가 구원을 받으면 이스라엘 자손들이 하나님의 긍휼을 얻게 되며(롬11:31), 예수 그리스도를 믿게 될 것입니다(롬11:23). 그런데 이스라엘 자손들의 수가 비록 바다의 모래 같이 많을지라도 남은 자만 구원을 받습니다(롬9:27-28). 그리고 이스라엘의

남은 자가 곧 이스라엘의 자손의 각 지파 중에서 인침을 받은 십사만 사천입니다(계7:4). 이 사람들은 7년 대환난이 오기 전에 하나님의 인침을 받으며 7년 대환난의 때에 예수님을 믿는 믿음을 지키고, 7년 대환난 후에 예수님과 함께 하늘의 시온산에 서게 됩니다(계14:1). 이 사람들은 믿음의 도를 위하여 힘써 싸운 자들이며(유1:3), 순결한 자며, 예수님이 어디로 인도하든지 따라가는 자며, 하나님과 어린 양에게 속한 자며, 그 입에 거짓말이 없고, 흠이 없는 자들입니다(계14:4-5).

롬11:31   "이와 같이 이 사람들이 순종하지 아니하니 이는 너희에게 베푸시는 긍휼로 이제 그들도 긍휼을 얻게 하려 하심이라"

롬11:23   "그들도 믿지 아니하는 데 머무르지 아니하면 접붙임을 받으리니 이는 그들을 접붙이실 능력이 하나님께 있음이라"

롬9:27-28   "또 이사야가 이스라엘에 관하여 외치되 이스라엘 자손들의 수가 바다의 모래 같을지라도 남은 자만 구원을 받으리니 주께서 땅 위에서 그 말씀을 이루고 속히 시행하시리라 하셨느니라"

계7:4   "내가 인침을 받은 자의 수를 들으니 이스라엘 자손의 각 지파 중에서 인침을 받은 자들이 십사만 사천이니"

계14:1   "또 내가 보니 보라 어린 양이 시온 산에 섰고 그와 함께 십사만 사천이 서 있는데 그들의 이마에는 어린 양의 이름과 그 아버지의 이름을 쓴 것이 있더라"

유1:3   "사랑하는 자들아 우리가 일반으로 받은 구원에 관하여 내가 너희에게 편지하려는 생각이 간절하던 차에 성도에게 단번에 주신 믿음의 도를 위하여 힘써 싸우라는 편지로 너희를 권하여야 할 필요를 느꼈노니"

계14:4-5　　"이 사람들은 여자와 더불어 더럽히지 아니하고 순결한 자라 어린 양이 어디로 인도하든지 따라가는 자며 사람 가운데에서 속량함을 받아 처음 익은 열매로 하나님과 어린 양에게 속한 자들이니 그 입에 거짓말이 없고 흠이 없는 자들이더라"

1) 하나님의 인침을 받은 십사만 사천

예수님의 재림의 날에는 하나님과 어린 양이신 예수님의 진노하심으로 말미암아 재앙들이 임하게 될 것입니다. 그리고 이 진노의 큰 날에는 아무도 능히 설 수 없을 것입니다. 그런데 이 진노의 큰 날에도 능히 설 수 있는 자들이 있습니다. 그들은 이스라엘 지파의 각 자손 중에서 하나님의 인침을 받은 십사만 사천입니다.

① 하나님은 그 종들을 위하여 환난을 연기시키셨습니다.

어린양이신 예수님이 첫째 인에서 여섯째 인을 떼시는 일 후에 사도 요한은 네 천사가 땅 네 모퉁이에 선 것을 보았습니다. 그 네 천사는 땅의 사방의 바람을 붙잡아 바람으로 하여금 땅에나 바다에나 각종 나무에 불지 못하게 하였습니다(계7:1). 사도 요한이 또 보니 다른 천사가 살아 계신 하나님의 인을 가지고 해 돋는 데로부터 올라와서 땅과 바다를 해롭게 할 권세를 받은 네 천사를 향하여 큰 소리로 외쳐 이르되 "우리가 우리 하나님의 종들의 이마에 인치기까지 땅이나 바다나 나무들을 해하지 말라" 하였습니다(계7:2-3).

계7:1   "이 일 후에 내가 네 천사가 땅 네 모퉁이에 선 것을 보니 땅의
           사방의 바람을 붙잡아 바람으로 하여금 땅에나 바다에나 각종
           나무에 불지 못하게 하더라"

계7:2-3   "또 보매 다른 천사가 살아 계신 하나님의 인을 가지고 해 돋는 데
           로부터 올라와서 땅과 바다를 해롭게 할 권세를 받은 네 천사를
           향하여 큰 소리로 외쳐 이르되 우리가 우리 하나님의 종들의 이마
           에 인치기까지 땅이나 바다나 나무들을 해하지 말라 하더라"

　〈땅 네 모퉁이에 선 네 천사〉는 땅과 바다를 해롭게 할 네 천사 곧 재
앙을 내리는 천사입니다. 〈땅의 네 모퉁이〉는 땅(지구) 전체를 가리키
며, 〈땅의 사방의 바람〉은 땅에 내리는 환난(박해와 재앙)을 의미합니
다. 그리고 네 천사가 〈땅의 사방의 바람을 붙잡아 불지 못하게 함〉은
땅에 내리는 환난을 연기시키고 있는 것입니다. 또 다른 천사가 네 천
사에게 〈우리 하나님의 종들의 이마에 인치기까지 땅이나 바다나 나무
들을 해하지 말라〉고 함도 성도들을 위해 환난을 연기시키는 것을 의
미하며, 환난을 연기시키는 것은 성도들에게 인치시기 위한 시간을 갖
고자 함입니다. 하나님은 그 택하신 자들을 위하여 환난의 날들을 감
하십니다(마24:22). 하나님께서 소돔과 고모라 성을 유황불로 심판하
실 때에도 롯의 가족을 대피시키신 후에 하늘에서 불을 내리셨습니다.

마24:22   "그 날들을 감하지 아니하면 모든 육체가 구원을 얻지 못할 것
           이나 그러나 택하신 자들을 위하여 그 날들을 감하시리라"

② 하나님께서 그 종들의 이마에 인을 치셨습니다.

살아계신 하나님의 인을 가지고 해 돋는 데로부터 올라온 천사가 하나님의 종들의 이마에 인을 쳤으며, 사도 요한이 인침을 받은 자의 수를 들으니 이스라엘 자손의 각 지파 중에서 인침을 받은 자들이 십사만 사천이었습니다(계7:4). 인침을 받은 십사만 사천은 유다 지파 중에 일만 이천이요 르우벤 지파 중에 일만 이천이요 갓 지파 중에 일만 이천이요 아셀 지파 중에 일만 이천이요 납달리 지파 중에 일만 이천이요 므낫세 지파 중에 일만 이천이요 시므온 지파 중에 일만 이천이요 레위 지파 중에 일만 이천이요 잇사갈 지파 중에 일만 이천이요 스불론 지파 중에 일만 이천이요 요셉 지파 중에 일만 이천이요 베냐민 지파 중에 일만 이천이었습니다(계7:5-8).

계7:4 “내가 인침을 받은 자의 수를 들으니 이스라엘 자손의 각 지파 중에서 인침을 받은 자들이 십사만 사천이니”

계7:5-8 “유다 지파 중에 인침을 받은 자가 일만 이천이요 르우벤 지파 중에 일만 이천이요 갓 지파 중에 일만 이천이요 아셀 지파 중에 일만 이천이요 납달리 지파 중에 일만 이천이요 므낫세 지파 중에 일만 이천이요 시므온 지파 중에 일만 이천이요 레위 지파 중에 일만 이천이요 잇사갈 지파 중에 일만 이천이요 스불론 지파 중에 일만 이천이요 요셉 지파 중에 일만 이천이요 베냐민 지파 중에 인침을 받은 자가 일만 이천이라”

하나님의 종들의 이마에 인친 〈인〉은 소유권이나 보호, 보증이나 권리를 주장하는 것으로 문서나 소유물이나 노예에게 찍는 도장입니다. 그러므로 하나님의 인으로 〈인침을 받음〉은 하나님의 소유가 됨과 하나님의 보호를 받게 됨을 의미합니다. 하나님은 인침을 받은 자들을 환난(박해와 재앙)에서 보호하십니다(계9:4).

예수님은 하나님의 인 치신 자입니다(요6:27). 그리고 우리도 하나님의 인 치심을 받은 자들입니다. 하나님은 우리에게 인치시고 보증으로 성령을 우리 마음에 주셨습니다(고후1:22). 곧 우리는 그리스도 예수 안에서 구원의 복음을 듣고 그리스도 안에서 믿어 약속의 성령으로 인 치심을 받았으며(엡1:13), 성령 안에서 구원의 날까지 인 치심을 받았습니다(엡4:30).

계9:4   "그들에게 이르되 땅의 풀이나 푸른 것이나 각종 수목은 해하지 말고 오직 이마에 하나님의 인침을 받지 아니한 사람들만 해하라 하시더라"

요6:27   "썩을 양식을 위하여 일하지 말고 영생하도록 있는 양식을 위하여 하라 이 양식은 인자가 너희에게 주리니 인자는 아버지 하나님께서 인치신 자니라"

고후1:22   "그가 또한 우리에게 인치시고 보증으로 우리 마음에 성령을 주셨느니라"

엡1:13   "그 안에서 너희도 진리의 말씀 곧 너희의 구원의 복음을 듣고 그 안에서 또한 믿어 약속의 성령으로 인치심을 받았으니"

엡4:30   "하나님의 성령을 근심하게 하지 말라 그 안에서 너희가 구원의 날까지 인치심을 받았느니라"

인침을 받은 〈십사만 사천〉은 이스라엘 자손의 각 지파 중에서 일만 이천씩 인침을 받은 자들로 이스라엘 자손 중에서 남은 자 곧 택함 받은 자들입니다. 십사만 사천은 하나님의 택함 받은 수로 하나님만 아시는 수일 것입니다. 그런데 인침을 받은 십사만 사천을 구원 받은 모든 성도들을 상징하는 수로 보는 견해도 있습니다.

성경에는 이스라엘 자손 열 두 지파의 이름이 나옵니다. 그런데 야곱의 열 두 아들의 열 두 지파의 이름과 가나안 땅을 분배 받은 열 두 지파의 이름과 하나님의 인침을 받은 열 두 지파의 이름이 차이가 있습니다. 야곱의 열 두 아들 곧 열 두 지파의 이름은 르우벤, 시므온, 레위, 유다, 단, 납달리, 갓, 아셀, 잇사갈, 스불론, 요셉, 베냐민입니다. 그런데 가나안 땅을 분배 받은 이스라엘 열 두 지파 이름은 르우벤, 시므온, 유다, 단, 납달리, 갓, 아셀, 잇사갈, 스불론, 므낫세, 에브라임, 베냐민입니다. 가나안 땅을 분배 받은 열 두 지파 이름은 야곱의 열 두 아들인 열 두 지파에서 레위와 요셉이 빠지고 요셉의 두 아들인 므낫세와 에브라임이 들어갔습니다. 곧 레위지파는 제사장 지파로 가나안 땅을 분배받지 못하였으며, 요셉 지파 대신에 그의 두 아들 므낫세와 에브라임 지파가 가나안 땅을 분배 받았습니다. 그리고 하나님의 인침을 받은 이스라엘의 열 두 지파의 이름은 유다, 르우벤, 갓, 아셀, 납달리, 므낫세, 시므온, 레위, 잇사갈, 스불론, 요셉, 베냐민입니다. 하나님의 인침을 받은 이스라엘 열 두 지파의 이름은 가나안 땅을 분배 받은 열 두 지파에서 유다 지파가 맨 먼저 나오고, 단 지파와 요셉의 차자 에브라임 지파가 빠졌으며, 가나안 땅을 분배 받은 열 두 지파에서 빠졌던 레위 지파와 요셉 지파가 들어갔습니다. 하나님의 인침을 받은 열 두 지파의 이름에서 유다 지파가 맨 먼저 나온 것은 예수 그리스도께서 나신 지파이기 때문일 것입니다(히7:14). 그리고 단 지파가 빠진 것은 우상숭배한 지파이기 때문이며(삿18:30-31), 에브라임 지파가 빠진 것은 교만한 지파이기 때문일 것입니다(삿8:1, 신33:17). 우상숭배자와 교만한 자는 성령으로 인 치심을 받지 못합니다.

히7:14   "우리 주께서는 유다로부터 나신 것이 분명하도다 이 지파에는 모세가 제사장들에 관하여 말한 것이 하나도 없고"

삿18:30-31 "단 자손이 자기들을 위하여 그 새긴 신상을 세웠고 모세의 손자요 게르솜의 아들인 요나단과 그의 자손은 단 지파의 제사장이 되어 그 땅 백성이 사로잡히는 날까지 이르렀더라 하나님의 집이 실로에 있을 동안 미가가 만든 바 새긴 신상이 단 자손에게 있었더라"

삿8:1   "에브라임 사람들이 기드온에게 이르되 네가 미디안과 싸우러 갈 때에 우리를 부르지 아니하였으니 우리를 이같이 대접함은 어찌 됨이냐 하고 그와 크게 다투는지라"

신33:17   "그는 첫 송아지 같이 위엄이 있으니 그 뿔이 들소의 뿔 같도다 이것으로 민족들을 받아 땅 끝까지 이르리니 곧 에브라임의 자손은 만만이요 므낫세의 자손은 천천이리로다"

2) 흰 옷 입은 큰 무리

이스라엘 자손의 열 두 지파 중에서 십사만 사천 명이 하나님의 인 치심을 받은 일 후에 사도 요한이 보니 아무라도 능히 셀 수 없는 큰 무리가 흰 옷을 입고 손에 종려 가지를 들고 하나님의 보좌 앞과 어린 양이신 예수님 앞에 서서 큰 소리로 찬송을 드리는 것을 보았습니다. 흰 옷 입은 큰 무리는 세계 모든 만민 곧 모든 이방인 중에서 구원 받은 자들입니다.

① 흰 옷 입은 큰 무리는 구원하신 하나님과 예수님을 찬양했습니다.

사도 요한이 보니 각 나라와 족속과 백성과 방언에서 아무도 능히 셀 수 없는 큰 무리가 나와 흰 옷을 입고 손에 종려 가지를 들고 하나님의 보좌 앞과 어린 양이신 예수님 앞에 서 있었습니다(계7:9). 그리고 그들은 큰 소리로 외쳐 이르되 "구원하심이 보좌에 앉으신 우리 하나님과 어린 양에게 있도다" 하였습니다(계7:10). 이에 모든 천사가 보좌와 장로들과 네 생물 주위에 서 있다가 보좌 앞에 엎드려 얼굴을 대고 하나님께 경배하여 이르되 "아멘 찬송과 영광과 지혜와 감사와 존귀와 권능과 힘이 우리 하나님께 세세토록 있을지어다 아멘" 하였습니다(계7:11-12).

계7:9	"이 일 후에 내가 보니 각 나라와 족속과 백성과 방언에서 아무도 능히 셀 수 없는 큰 무리가 나와 흰 옷을 입고 손에 종려 가지를 들고 보좌 앞과 어린 양 앞에 서서"
계7:10	"큰 소리로 외쳐 이르되 구원하심이 보좌에 앉으신 우리 하나님과 어린 양에게 있도다 하니"
계7:11-12	"모든 천사가 보좌와 장로들과 네 생물 주위에 서 있다가 보좌 앞에 엎드려 얼굴을 대고 하나님께 경배하여 이르되 아멘 찬

송과 영광과 지혜와 감사와 존귀와 권능과 힘이 우리 하나님께 세세토록 있을지어다 아멘 하더라"

〈각 나라와 족속과 백성과 방언〉은 세계 모든 만민을 의미하며, 각 나라와 족속과 백성과 방언에서 〈나온 자들〉은 모든 만민 중에서 구원 받은 자들을 의미합니다. 그리고 〈아무도 능히 셀 수 없는 큰 무리〉는 모든 이방인 중에서 구원 받은 모든 자들의 수는 사람은 아무도 알 수 없고 하나님만 아시는 수임을 의미합니다. 또한 〈흰옷〉은 그리스도 예수의 보혈로 죄 씻음을 받고 의롭게 된 성도가 입는 의의 옷을 의미하며, 〈흰 옷을 입은 큰 무리〉는 예수 그리스도를 믿음으로 의롭게 되어 구원 받은 자들입니다. 그리고 그들이 〈손에 종려 가지를 들고 있음〉은 그들의 내면에 깃든 구원의 기쁨과 승리에 대한 감격을 의미하며, 또 영원한 안식에 대한 기쁨과 환희를 의미합니다. 또 그들이 〈보좌 앞과 어린 양 앞에 서 있음〉은 그들이 구원을 받고 천국에 있음을 의미합니다. 흰 옷 입은 큰 무리는 구원하심이 보좌에 앉으신 성부 하나님과 어린 양이신 예수님에게 있다고 큰 소리로 외쳤습니다. 그들은 자신들의 구원에 있어서 모든 공로가 성부 하나님과 어린 양이신 예수님께 있음을 밝히고 있습니다. 그리고 큰 무리가 찬송할 때 모든 천사가 화답하였습니다.

② 흰 옷 입은 큰 무리는 어린 양의 피에 그 옷을 씻어 희게 하였습니다.

이십사 장로 중에 하나가 사도 요한에게 "이 흰 옷 입은 자들이 누구며 또 어디서 왔느냐?"고 물었습니다(계7:13). 이에 사도 요한은 그 장로에게 "내 주여 당신이 아시나이다"라고 말하였으며, 그 장로는 사도 요한에게 "이는 큰 환난에서 나오는 자들인데 어린 양의 피에 그 옷을 씻어 희게 하였느니라"고 말하였습니다(계7:14).

계7:13   "장로 중 하나가 응답하여 나에게 이르되 이 흰 옷 입은 자들이 누구며 또 어디서 왔느냐"

계7:14   "내가 말하기를 내 주여 당신이 아시나이다 하니 그가 나에게 이르되 이는 큰 환난에서 나오는 자들인데 어린 양의 피에 그 옷을 씻어 희게 하였느니라"

〈큰 환난에서 나오는 자들〉은 환난을 이긴 자들을 의미합니다. 흰 옷 입은 큰 무리는 환난이나 박해에도 넘어지지 않은 자들입니다. 우리가 천국에 들어가려면 많은 환난을 겪어야 하며(행14:22), 환난이나 박해를 이겨야 하나님의 자녀로 자랄 수가 있습니다. 환난이나 박해가 일어나는 때에 넘어지는 자는 돌밭에 뿌려진 씨와 같습니다(마13:20-21). 그리고 그들이 〈어린 양의 피에 그 옷을 씻어 희게 하였음〉은 그들이 예수 그리스도의 피로 죄 씻음 받았음을 의미합니다. 〈옷〉은 행실을 의미합니다(계19:8). 죄와 허물로 더러워진 행실을 깨끗하게 하는 것은 예수 그리스도의 피입니다. 예수 그리스도의 피가 우리를 모든 죄에서 깨끗하게 하십니다(요일1:7). 하나님이 주신 구원을 받고 천국에 들어가는 자들은 환난이나 박해를 이기며 예수 그리스도의 피로 죄 사함을 받은 자들입니다.

행14:22	"제자들의 마음을 굳게 하여 이 믿음에 머물러 있으라 권하고 또 우리가 하나님의 나라에 들어가려면 많은 환난을 겪어야 할 것이라 하고"
마13:20-21	"돌밭에 뿌려졌다는 것은 말씀을 듣고 즉시 기쁨으로 받되 그 속에 뿌리가 없어 잠시 견디다가 말씀으로 말미암아 환난이나 박해가 일어날 때에는 곧 넘어지는 자요"
계19:8	"그에게 빛나고 깨끗한 세마포 옷을 입도록 허락하셨으니 이 세마포 옷은 성도들의 옳은 행실이로다"
요일1:7	"그가 빛 가운데 계신 것 같이 우리도 빛 가운데 행하면 우리가 서로 사귐이 있고 그 아들 예수의 피가 우리를 모든 죄에서 깨끗하게 하실 것이요"

③ 흰 옷 입은 큰 무리는 하나님의 성전에서 밤낮 하나님을 섬깁니다.

흰 옷 입은 큰 무리는 어린 양의 피에 그 옷을 씻어 희게 하였음으로 하나님의 보좌 앞에 있으며, 또 하나님의 성전에서 밤낮 하나님을 섬기므로 보좌에 앉으신 하나님이 그들 위에 장막을 치십니다(계7:15). 그래서 흰 옷 입은 큰 무리는 다시는 주리지도 아니하며 목마르지도 아니하고 해나 아무 뜨거운 기운에 상하지도 아니합니다(계7:16). 왜냐하면 보좌 가운데에 계신 어린 양이신 예수님이 그들의 목자가 되셔서 그들을 생명수 샘으로 인도하시고 하나님께서 그들의 눈에서 모든 눈물을 씻어 주시기 때문입니다(계7:17).

계7:15	"그러므로 그들이 하나님의 보좌 앞에 있고 또 그의 성전에서

밤낮 하나님을 섬기매 보좌에 앉으신 이가 그들 위에 장막을 치시리니"

계7:16   "그들이 다시는 주리지도 아니하며 목마르지도 아니하고 해나 아무 뜨거운 기운에 상하지도 아니하리니"

계7:17   "이는 보좌 가운데에 계신 어린 양이 그들의 목자가 되사 생명수 샘으로 인도하시고 하나님께서 그들의 눈에서 모든 눈물을 씻어 주실 것임이라"

흰옷 입은 큰 무리가 〈하나님의 보좌 앞에 있음〉은 그들이 영원토록 하나님과 동거하며 하나님과 신령한 교제를 나눔을 의미합니다. 또 그들이 〈하나님의 성전에서 밤낮 하나님을 섬김〉은 천국은 오직 하나님을 섬기는 나라임을 의미합니다(계22:3-4). 죄 씻음을 받고 구원받은 자들은 천국에서 하나님을 섬기는 것으로 행복할 것입니다. 그러므로 천국은 행복한 나라입니다. 그리고 하나님께서 〈그들 위에 장막을 치심〉은 하나님이 그들과 함께 계심을 의미합니다(계21:3). 그래서 그들은 다시 주리지도 아니하며 목마르지도 아니합니다. 곧 그들은 천국에서 부족함이 없습니다. 또 그들은 해나 아무 뜨거운 기운에 상하지 아니합니다. 곧 그들은 천국에서 아무 고통도 없습니다(계21:4). 그리고 어린 양이신 예수님께서 그들의 목자가 되셔서 생명수 샘으로 인도하십니다. 곧 그들은 천국에서 영원한 안식을 누립니다. 또 하나님께서 그들의 눈에서 모든 눈물을 씻어 주십니다. 곧 천국에서는 그들에게 하나님의 위로하심이 넘칩니다.

계22:3-4	"다시 저주가 없으며 하나님과 그 어린 양의 보좌가 그 가운데에 있으리니 그의 종들이 그를 섬기며 그의 얼굴을 볼 터이요 그의 이름도 그들의 이마에 있으리라"
계21:3	"내가 들으니 보좌에서 큰 음성이 나서 이르되 보라 하나님의 장막이 사람들과 함께 있으매 하나님이 그들과 함께 계시리니 그들은 하나님의 백성이 되고 하나님은 친히 그들과 함께 계셔서"
계21:4	"모든 눈물을 그 눈에서 닦아주시니 다시는 사망이 없고 애통하는 것이나 곡하는 것이나 아픈 것이 다시 있지 아니하리니 처음 것들이 다 지나갔음이러라"

2. 일곱 나팔 재앙을 예비하는 일곱째 인

예수님은 사도 요한에게 예수님의 재림의 날 곧 진노의 큰 날에 능히 설 수 있고 구원 받을 자들을 보여주신 후에 일곱 나팔 재앙이 내리는 것을 보여주시기 위하여 일곱 나팔 재앙을 예비하는 일곱 인으로 봉한 두루마리의 일곱째 인을 떼셨습니다. 요한계시록 8장 1-5절은 어린 양이신 예수님이 일곱째 인을 떼시는 일을 말씀합니다. 예수님께서 일곱째 인을 떼심은 일곱 나팔 재앙의 시작을 알리는 것입니다.

1) 하나님 앞에 일곱 천사가 서 있어 일곱 나팔을 받았습니다.
어린 양이신 예수님이 일곱째 인을 떼실 때에 하늘이 반시간쯤 고

요하였습니다(계8:1). 그리고 사도 요한이 보니 하나님 앞에 일곱 천사가 서 있어 일곱 나팔을 받았습니다(계8:2).

계8:1   "일곱째 인을 떼실 때에 하늘이 반 시간쯤 고요하더니"
계8:2   "내가 보매 하나님 앞에 일곱 천사가 서 있어 일곱 나팔을 받았더라"

예수님이 일곱째 인을 떼실 때에 〈하늘이 반시간쯤 고요함〉은 짧은 시간으로 잠깐 동안 고요함을 의미합니다. 그리고 이 고요함은 앞으로 일어날 일곱 나팔 재앙을 앞둔 긴장상태일 수 있으며, 성도들의 기도가 들려질 수 있도록 하기 위한 고요함일 수 있습니다. 그리고 〈하나님 앞에 서 있는 일곱 천사가 일곱 나팔을 받음〉은 나팔을 불기 위함이며, 일곱 천사가 나팔을 불 때마다 재앙이 내립니다.

2) 다른 천사가 금향로를 가지고 많은 향을 받았으며 향로를 가지고 제단의 불을 담아다가 땅에 쏟았습니다.

일곱 나팔을 받은 일곱 천사가 아닌 다른 천사가 와서 제단 곁에 서서 금향로를 가지고 많은 향을 받았습니다. 이는 모든 성도의 기도와 합하여 보좌 앞 금 제단에 드리고자 함이었습니다(계8:3). 그리고 향연이 성도의 기도와 함께 천사의 손으로부터 하나님 앞으로 올라갔습니다(계8:4). 이에 천사가 향로를 가지고 제단의 불을 담아다가 땅에 쏟으매 우레와 음성과 번개와 지진이 났습니다(계8:5).

계8:3	"또 다른 천사가 와서 제단 곁에 서서 금 향로를 가지고 많은 향을 받았으니 이는 모든 성도의 기도와 합하여 보좌 앞 금 제단에 드리고자 함이라"
계8:4	"향연이 성도의 기도와 함께 천사의 손으로부터 하나님 앞으로 올라가는지라"
계8:5	"천사가 향로를 가지고 제단의 불을 담아다가 땅에 쏟으매 우레와 음성과 번개와 지진이 나더라"

다른 천사가 와서 제단 곁에 서서 금향로를 가지고 많은 향을 받은 〈금향로와 향〉은 성도들의 기도를 의미하며, 〈보좌 앞 금 제단〉은 향단을 의미하며, 〈금향로를 보좌 앞 금 제단에 드림〉과 〈향연이 성도의 기도와 함께 천사의 손으로부터 하나님 앞으로 올라감〉은 성도들의 기도를 하나님께서 열납하심을 의미합니다. 하나님은 성도들의 간절한 기도를 세밀히 듣고 계시며, 모든 성도들의 기도는 하나님 앞으로 올라갑니다. 그리고 〈천사가 향로를 가지고 제단의 불을 담아다가 땅에 쏟음〉은 성도들의 기도에 대한 하나님의 응답을 의미하며, 〈우레와 음성과 번개와 지진이 남〉은 하나님의 응답이 심판으로 나타남을 의미합니다. 〈우레와 음성과 번개와 지진〉은 하나님의 위엄찬 임재와 하나님의 준엄한 심판을 의미합니다.

성도들의 기도는 보배롭고 귀합니다. 성도들의 기도는 천사의 손에 받들려 하나님 앞으로 올라갑니다. 또한 성도들의 기도에 대한 응답으로 말미암아 하나님의 심판이 진행되기도 합니다. 그러므로 우리는 어떠한 경우에도 기도해야 합니다. 성도가 환난을 이기는 것은 기도

하기 때문입니다. 선지자 다니엘은 환난의 때에도 기도했습니다. 다니엘은 바벨론에 있으면서 죽음을 두려워하지 않고 기도했습니다. 그래서 다니엘은 기도하다가 붙잡혀 사자 굴에 들어갔으나 하나님께서 지켜 주셨습니다. 이렇게 기도는 우리에게 매우 중요합니다. 만물의 마지막이 가까이 왔으므로 우리는 정신을 차리고 근신하여 기도해야 합니다(벧전4:7).

벧전4:7　　"만물의 마지막이 가까이 왔으니 그러므로 너희는 정신을 차리고 근신하여 기도하라"

3. 땅과 바다와 강들과 천체 삼분의 일에 내리는 재앙 - 첫째 나팔에서 넷째 나팔까지의 재앙

일곱 나팔을 가진 일곱 천사가 나팔 불기를 준비하였습니다(계8:6). 이제 일곱 나팔 재앙이 내릴 준비가 된 것입니다.

나팔 소리는 매우 중요한 의미를 담고 있습니다. 나팔 소리는 이스라엘 자손의 절기나 축제에 사용된 악기이며, 전쟁을 알리는 일에도 사용되었습니다. 그리고 하나님께서 시내 산에서 이스라엘 자손에게 임하실 때 나팔 소리가 났습니다(출19:18-19). 또한 예수님께서 재림하실 때에도 하나님의 나팔 소리가 날 것이며, 마지막 나팔 소리에 성도들이 부활할 것입니다(살전4:16-17).

계8:6　　　　“일곱 나팔을 가진 일곱 천사가 나팔 불기를 준비하더라”

출19:18-19 “시내 산에 연기가 자욱하니 여호와께서 불 가운데서 거기 강
　　　　　　림하심이라 그 연기가 옹기 가마 연기 같이 떠오르고 온 산이
　　　　　　크게 진동하며 나팔 소리가 점점 커질 때에 모세가 말한즉 하
　　　　　　나님이 음성으로 대답하시더라”

살전4:16-17 “주께서 호령과 천사장의 소리와 하나님의 나팔 소리로 친히
　　　　　　하늘로부터 강림하시리니 그리스도 안에서 죽은 자들이 먼저
　　　　　　일어나고 그 후에 우리 살아 남은 자들도 그들과 함께 구름 속
　　　　　　으로 끌어 올려 공중에서 주를 영접하게 하시리니 그리하여 우
　　　　　　리가 항상 주와 함께 있으리라”

　첫째 나팔 재앙에서 넷째 나팔까지의 재앙은 땅과 바다와 강들과 천
체의 삼분의 일에 내리는 재앙입니다.

1) 땅 삼분의 일에 내리는 재앙(우박과 불의 재앙)- 첫째 나팔 재앙

　나팔을 가지고 나팔 불기를 준비한 첫째 천사가 나팔을 부니 피 섞
인 우박과 불이 나와서 땅에 쏟아지매 땅의 삼분의 일이 타 버리고
수목의 삼분의 일도 타 버리고 각종 푸른 풀도 타버렸습니다(계8:7).

계8:7　　　　“첫째 천사가 나팔을 부니 피 섞인 우박과 불이 나와서 땅에 쏟
　　　　　　아지매 땅의 삼분의 일이 타 버리고 수목의 삼분의 일도 타 버
　　　　　　리고 각종 푸른 풀도 타 버렸더라”

첫째 나팔 재앙은 우박과 화재로 땅 삼분의 일이 타 버리는 재앙입니다. 이 재앙은 하나님께서 애굽에 내리신 열 재앙 가운데 일곱째 재앙과 같습니다. 하나님은 이스라엘 자손을 애굽에서 인도하여 내시기 위하여 우박을 보내시고 불을 내려 땅에 달리게 하셨습니다. 그래서 애굽 땅에 우박이 내림과 불덩이가 우박에 섞여 내림이 심히 맹렬하였습니다(출9:22-26). 하나님은 이스라엘 땅을 치는 곡을 심판하실 때 전염병과 피로 심판하시며 쏟아지는 폭우와 큰 우박덩이와 불과 유황으로 비를 내리듯 하실 것을 말씀하셨습니다(겔38:22).

출9:22-26 "여호와께서 모세에게 이르시되 너는 하늘을 향하여 손을 들어 애굽 전국에 우박이 애굽 땅의 사람과 짐승과 밭의 모든 채소에 내리게 하라 모세가 하늘을 향하여 지팡이를 들매 여호와께서 우렛소리와 우박을 보내시고 불을 내려 땅에 달리게 하시니라 여호와께서 우박을 애굽 땅에 내리시매 우박이 내림과 불덩이가 우박에 섞여 내림이 심히 맹렬하니 나라가 생긴 그 때로부터 애굽 온 땅에는 그와 같은 일이 없었더라 우박이 애굽 온 땅에서 사람과 짐승을 막론하고 밭에 있는 모든 것을 쳤으며 우박이 또 밭의 모든 채소를 치고 들의 모든 나무를 꺾었으되 이스라엘 자손들이 있는 그 곳 고센 땅에는 우박이 없었더라"

겔38:22 "내가 또 전염병과 피로 그를 심판하며 쏟아지는 폭우와 큰 우박덩이와 불과 유황으로 그와 그 모든 무리와 그와 함께 있는 많은 백성에게 비를 내리듯 하리라"

2) 바다의 삼분의 일에 내리는 재앙(피의 재앙)- 둘째 나팔 재앙

나팔을 가지고 나팔 불기를 준비한 둘째 천사가 나팔을 부니 불붙는 큰 산과 같은 것이 바다에 던져지매 바다의 삼분의 일이 피가 되었습니다(계8:8). 그리고 바다 가운데 생명 가진 피조물들의 삼분의 일이 죽고 배들의 삼분의 일이 깨졌습니다(계8:9).

계8:8   "둘째 천사가 나팔을 부니 불 붙는 큰 산과 같은 것이 바다에 던져지매 바다의 삼분의 일이 피가 되고"

계8:9   "바다 가운데 생명 가진 피조물들의 삼분의 일이 죽고 배들의 삼분의 일이 깨지더라"

둘째 나팔 재앙은 바다의 삼분의 일이 피가 되고, 바다 가운데 생명 가진 피조물의 삼분의 일이 죽고, 배들의 삼분의 일이 깨지는 재앙입니다. 이 재앙은 하나님께서 애굽에 내리신 열 재앙 가운데 첫째 재앙과 같습니다. 모세와 아론이 여호와께서 명령하신 대로 행하여 바로와 그의 신하의 목전에서 지팡이를 들어 나일 강을 치니 그 물이 다 피로 변하고 나일 강의 고기가 죽고 그 물에서 악취가 났습니다(출 7:20-21). 바다에 던져진 〈불붙는 큰 산과 같은 것〉은 하나님의 심판을 의미합니다. 하나님께서 에돔을 심판하실 것을 말씀하실 때 에돔의 시내들은 변하여 역청이 되고 그 땅은 불붙는 역청이 되리라고 말씀하셨습니다(사34:8-10).

출7:20-21   "모세와 아론이 여호와께서 명령하신 대로 행하여 바로와 그의 신하의 목전에서 지팡이를 들어 나일 강을 치니 그 물이 다 피로 변하고 나일 강의 고기가 죽고 그 물에서는 악취가 나니 애굽 사람들이 나일 강 물을 마시지 못하며 애굽 온 땅에는 피가 있으나"

사34:8-10 "이것은 여호와께서 보복하시는 날이요 시온의 송사를 위하여 신원하시는 해라 에돔의 시내들은 변하여 역청이 되고 그 티끌은 유황이 되고 그 땅은 불 붙는 역청이 되며 낮에나 밤에나 꺼지지 아니하고 그 연기가 끊임없이 떠오를 것이며 세세에 황무하여 그리로 지날 자가 영영히 없겠고"

3) 강들의 삼분의 일에 내리는 재앙(쑥의 재앙)- 셋째 나팔 재앙

나팔을 가지고 나팔 불기를 준비한 셋째 천사가 나팔을 부니 횃불 같이 타는 큰 별이 하늘에서 떨어져 강들의 삼분의 일과 여러 물샘에 떨어졌습니다(계8:10). 그리고 이 별 이름은 쓴 쑥이며 물의 삼분의 일이 쓴 쑥이 되매 그 물이 쓴 물이 되므로 많은 사람이 죽었습니다(계8:11).

계8:10 "셋째 천사가 나팔을 부니 횃불 같이 타는 큰 별이 하늘에서 떨어져 강들의 삼분의 일과 여러 물샘에 떨어지니"

계8:11 "이 별 이름은 쓴 쑥이라 물의 삼분의 일이 쓴 쑥이 되매 그 물이 쓴 물이 되므로 많은 사람이 죽더라"

셋째 나팔 재앙은 강들과 물샘의 물의 삼분의 일이 쓴 쑥이 되며 그

물이 쓴 물이 되므로 많은 사람이 죽는 재앙입니다. 하늘에서 떨어진 〈횃불 같이 타는 큰 별〉에서 〈횃불〉은 하나님의 임재(창15:17)와 천사의 모양(겔1:13)과 하나님의 심판(슥12:6)을 의미합니다. 그러므로 〈횃불 같이 타는 큰 별〉은 하나님이 세상을 심판하시기 위하여 보내신 사자 곧 천사를 의미합니다. 그리고 하늘에서 떨어진 횃불 같이 타는 큰 별 이름은 〈쓴 쑥〉이며, 물의 삼분의 일이 〈쓴 쑥〉이 되었습니다. 〈쑥〉은 쓴 것을 의미하며(잠5:3-4), 고초를 의미하며(애3:19), 거짓된 가르침을 의미합니다(신29:18-19). 또한 〈쑥〉은 이방신을 섬김에 대한 하나님의 형벌로 고통을 당하는 것이며(렘9:14-15), 사악에 대한 하나님의 형벌로 고통을 당하는 것입니다(렘23:15). 그러므로 셋째 나팔 재앙은 거짓된 교훈을 따르고, 이방신을 섬기며, 사악을 행하는 것 때문에 물들의 삼분의 일이 쑥이 되고 그 물들이 쓰게 됨을 인하여 많은 사람이 죽는 재앙입니다.

창15:17   "해가 져서 어두울 때에 연기 나는 화로가 보이며 타는 횃불이
           쪼갠 고기 사이로 지나더라"

겔1:13   "또 생물들의 모양은 타는 숯불과 횃불 모양 같은데 그 불이 그
           생물 사이에서 오르락내리락 하며 그 불은 광채가 있고 그 가
           운데에서는 번개가 나며"

슥12:6   "그 날에 내가 유다 지도자들을 나무 가운데로 화로 같게 하며
           곡식단 사이에 횃불 같게 하리니 그들이 그 좌우에 에워싼 모
           든 민족들을 불사를 것이요 예루살렘 사람들은 다시 그 본 곳
           예루살렘에 살게 되리라"

잠5:3-4   "대저 음녀의 입술은 꿀을 떨어뜨리며 그의 입은 기름보다 미끄러우나 나중은 쑥 같이 쓰고 두 날 가진 칼 같이 날카로우며"

애3:19   "내 고초와 재난 곧 쑥과 담즙을 기억하소서"

신29:18-19 "너희 중에 남자나 여자나 가족이나 지파나 오늘 그 마음이 우리 하나님 여호와를 떠나서 그 모든 민족의 신들에게 가서 섬길까 염려하며 독초와 쑥의 뿌리가 너희 중에 생겨서 이 저주의 말을 듣고도 심중에 스스로 복을 빌어 이르기를 내가 내 마음이 완악하여 젖은 것과 마른 것이 멸망할지라도 내게는 평안이 있으리라 할까 함이라"

렘9:14-15 "그 마음이 완악함을 따라 그 조상들이 자기에게 가르친 바알들을 따랐음이라 그러므로 만군의 여호와 이스라엘의 하나님께서 이와 같이 말씀하시니라 보라 내가 그들 곧 백성에게 쑥을 먹이며 독한 물을 마시게 하고"

렘23:15   "그러므로 만군의 여호와께서 선지자에 대하여 이와 같이 말씀하시니라 보라 내가 그들에게 쑥을 먹이며 독한 물을 마시게 하리니 이는 사악이 예루살렘 선지자들로부터 나와서 온 땅에 퍼짐이라 하시니라"

　　이때는 사탄의 역사로 사람들이 쑥과 같은 거짓 교훈을 따르며 참선지자(목회자)들을 핍박할 것입니다. 그러므로 우리는 그리스도 교훈 안에 거해야 합니다(요이1:9). 진리를 믿지 않고 불의를 좋아하여 거짓 것을 믿는 자들은 심판을 받게 될 것입니다(살후2:11-12). 재앙과 심판은 사탄이 주관하는 것이 아닙니다. 태초에 이 땅을 창조하신 하나님께서 종말에 이 땅을 심판하실 것입니다. 셋째 대접 재앙에서는 강과 물 근원이 피가 됩니다. 그래서 성도들과 선지자들의 피를 흘리게 한 자들에게 피를 마시게 하며, 이 일은 합당한 일입니다(계 16:4-6).

요이1:9	"지나쳐 그리스도의 교훈 안에 거하지 아니하는 자는 다 하나님을 모시지 못하되 교훈 안에 거하는 그 사람은 아버지와 아들을 모시느니라"
살후2:11-12	"이러므로 하나님이 미혹의 역사를 그들에게 보내사 거짓 것을 믿게 하심은 진리를 믿지 않고 불의를 좋아하는 모든 자들로 하여금 심판을 받게 하려 하심이라"
계16:4-6	"셋째 천사가 그 대접을 강과 물 근원에 쏟으매 피가 되더라 내가 들으니 물을 차지한 천사가 이르되 전에도 계셨고 지금도 계신 거룩하신 이여 이렇게 심판하시니 의로우시도다 그들이 성도들과 선지자들의 피를 흘렸으므로 그들에게 피를 마시게 하신 것이 합당하니이다 하더라"

4) 천체 삼분의 일에 내리는 재앙(흑암의 재앙)- 넷째 나팔 재앙

나팔을 가지고 나팔 불기를 준비한 넷째 천사가 나팔을 부니 해 삼분의 일과 달 삼분의 일과 별들의 삼분의 일이 타격을 받아 그 삼분의 일이 어두워졌습니다. 그래서 낮 삼분의 일과 밤 삼분의 일이 비추임이 없었습니다(계8:12).

계8:12 　　"넷째 천사가 나팔을 부니 해 삼분의 일과 달 삼분의 일과 별 삼분의 일이 타격을 받아 그 삼분의 일이 어두워지니 낮 삼분의 일은 비추임이 없고 밤도 그러하더라"

넷째 나팔 재앙은 해 삼분의 일과 달 삼분의 일과 별 삼분의 일이 타격을 받아 그 삼분의 일이 어두워져서 낮 삼분의 일과 밤 삼분의 일이 비추임이 없는 흑암의 재앙입니다. 흑암의 재앙은 출애굽 당시 애굽 전역에 내려졌던 열 가지 재앙 중 아홉 번째 재앙입니다(출10:21-23). 그리고 예수님이 십자가에 못 박히셨을 때에도 온 땅에 어두움이 임하였습니다(마27:45). 이 흑암의 재앙이 임하는 기간은 얼마일지는 알 수 없습니다. 그런데 해와 달과 별을 세상의 지도자로 보는 견해도 있습니다. 흑암의 재앙이 임할 때에는 영적으로도 어두워지며 지도자들이 지위를 잃으며 빛을 잃게 될 것입니다.

흑암은 죄인들에게는 큰 두려움과 참혹한 죽음을 의미합니다. 곧 흑암은 죄인들에게는 멸망과 심판을 의미합니다. 그러나 성도들에게는 흑암이 고난과 죽음 저 너머에 있는 소망을 보여줍니다. 그러므로 이러한 재앙이 임할 때 우리는 종말이 임박하고 우리의 속량이 가까운 줄 알고 머리를 들어야 합니다(눅21:25-28). 그리고 우리는 모든 재앙과 환난을 바르게 알아야 합니다. 모든 재앙과 환난은 사탄의 세력을 깨뜨리시고 성도들을 구원하시기 위하여 당당하게 진군해 들어오시는 예수 그리스도의 진군 소리와 같습니다. 곧 모든 재앙과 환난은 예수님의 재림을 알리는 나팔소리와 같습니다. 그러므로 재앙과 환난이 일어날 때 우리는 머리를 들고 재림하실 예수님을 기다려야 합니다.

출10:21-23 "여호와께서 모세에게 이르시되 하늘을 향하여 네 손을 내밀어 애굽 땅 위에 흑암이 있게 하라 곧 더듬을 만한 흑암이리라 모세가 하늘을 향하여 손을 내밀매 캄캄한 흑암이 삼 일 동안 애굽 온 땅에 있어서 그 동안은 사람들이 서로 볼 수 없으며 자기 처소에서 일어나는 자가 없으되 온 이스라엘 자손들이 거주하는 곳에는 빛이 있었더라"

마27:45 "제육시로부터 온 땅에 어둠이 임하여 제구시까지 계속되더니"

눅21:25-28 "일월 성신에는 징조가 있겠고 땅에서는 민족들이 바다와 파도의 성난 소리로 인하여 혼란한 중에 곤고하리라 사람들이 세상에 임할 일을 생각하고 무서워하므로 기절하리니 이는 하늘의 권능들이 흔들리겠음이라 그 때에 사람들이 인자가 구름을 타고 능력과 큰 영광으로 오는 것을 보리라 이런 일이 되기를 시작하거든 일어나 머리를 들라 너희 속량이 가까웠느니라 하시더라"

5) 독수리의 화 경고

넷째 나팔 재앙이 임하고 다섯째 나팔 재앙이 임하기 전에 사도 요한이 보고 들으니 공중에 날아가는 독수리가 큰 소리로 "땅에 사는 자들에게 화, 화, 화가 있으리니 이는 세 천사들이 불어야 할 나팔 소리가 남이 있음이라" 하였습니다(계8:13). 네 천사의 나팔 소리로 인하여 네 재앙이 임하였으나 세 천사들이 불어야 할 나팔 소리가 남아 있으므로 땅에 사는 자들에게 화, 화, 화가 있습니다. 이는 앞으로 임할 세 나팔 재앙이 얼마나 처참한가를 경고하는 것입니다. 앞으로 임할 세 나팔 재앙은 지금까지 임했던 네 나팔 재앙보다 크고 훨씬 엄중하고 무섭다는 경고입니다.

계8:13   "내가 또 보고 들으니 공중에 날아가는 독수리가 큰 소리로 이르되 땅에 사는 자들에게 화, 화, 화가 있으리니 이는 세 천사들이 불어야 할 나팔 소리가 남아 있음이로다 하더라"

〈독수리〉는 하나님의 보호하심과 인도하심을 의미하며(출19:4), 재앙을 의미합니다(호8:1). 하나님은 성도들을 보호하시며 인도하시나 불신자들에게는 재앙을 내리실 것입니다. 여기서의 독수리는 독수리의 모양으로 나타난 천사로 볼 수 있으며, 〈땅에 사는 자들〉은 불신자들을 의미합니다.

땅에 사는 자들에게 화가 셋이 있게 되는데 첫째 화는 다섯째 나팔 재앙으로 5개월 황충의 난리입니다. 그리고 둘째 화는 여섯째 나팔 재앙으로 유브라데 전쟁입니다. 또한 셋째 화는 일곱째 나팔이 예고해 주는 일곱 대접 재앙으로 땅 전체에 내리는 재앙입니다. 재앙은 갈수록 무거워집니다. 보다 가벼운 재앙이 세상에 아무런 영향을 주지 못하고 오히려 더욱 악해진다면 보다 무거운 재앙이 임하게 되는 것은 당연합니다. 우리는 이 사실을 깨닫고 가벼운 재앙이 있을 때 교만하지 말고 하나님 앞에서 참으로 회개해야 합니다.

출19:4   "내가 애굽 사람에게 어떻게 행하였음과 내가 어떻게 독수리 날개로 너희를 업어 내게로 인도하였음을 너희가 보았느니라"

호8:1 "나팔을 네 입에 댈지어다 원수가 독수리처럼 여호와의 집에 덮
치리니 이는 그들이 내 언약을 어기며 내 율법을 범함이로다"

4. 황충의 재앙(첫째 화)- 다섯째 나팔 재앙

다섯째 나팔 재앙은 세 가지 큰 화의 첫째 화로 황충의 재앙입니다.
황충은 메뚜기 과에 속한 곤충입니다. 황충은 어마어마한 떼를 지어
다니면서 초목을 갉아먹는 매뚜기의 일종입니다. 그래서 황충이 지
나간 곳은 폐허가 됩니다. 황충은 그 수가 많고(렘46:23), 또 황충(메
뚜기)은 사납습니다(극성스럽습니다)(렘51:27). 그리고 황충은 큰 군
대입니다(욜2:25). 메뚜기와 느치와 황충과 팥중이를 큰 군대로 표현
한 것입니다.

렘46:23 "여호와의 말씀이니라 그들이 황충보다 많아서 셀 수 없으므로
조사할 수 없는 그의 수풀을 찍을 것이요"

렘51:27 "땅에 깃발을 세우며 나라들 가운데에 나팔을 불어서 나라들
을 동원시켜 그를 치며 아라랏과 민니와 아스그나스 나라를 불
러 모아 그를 치며 사무관을 세우고 그를 치되 극성스런 메뚜
기 같이 그 말들을 몰아오게 하라"

욜2:25 "내가 전에 너희에게 보낸 큰 군대 곧 메뚜기와 느치와 황충과
팥중이가 먹은 햇수대로 너희에게 갚아 주리니"

1) 다섯째 천사가 나팔을 불매 하늘에서 땅에 떨어진 별 하나가 무저갱의 열쇠를 받았고 무저갱을 열었습니다.

나팔을 가지고 나팔 불기를 예비한 다섯째 천사가 나팔을 불었습니다. 이때 사도 요한이 보니 하늘에서 땅에 떨어진 별 하나가 있는데 그가 무저갱의 열쇠를 받았습니다(계9:1). 그리고 그가 무저갱을 열었습니다. 그랬더니 그 무저갱의 구멍에서 큰 풀무의 연기 같은 연기가 올라와서 해와 공기가 그 구멍의 연기로 인하여 어두워졌습니다(계9:2).

| 계9:1 | "다섯째 천사가 나팔을 불매 내가 보니 하늘에서 땅에 떨어진 별 하나가 있는데 그가 무저갱의 열쇠를 받았더라" |
| 계9:2 | "그가 무저갱을 여니 그 구멍에서 큰 화덕의 연기 같은 연기가 올라오매 해와 공기가 그 구멍의 연기로 말미암아 어두워지며" |

〈하늘에서 땅에 떨어진 별〉은 타락한 천사를 의미하며, 〈무저갱〉은 "심연"이란 의미로 사탄(마귀)과 귀신들을 가두는 임시처소이기도 합니다. 하나님은 온갖 것을 그 쓰임에 적당하게 지으셨으며 악인도 악한 날에 적당하게 하셨습니다(잠16:4). 하나님은 타락한 천사를 악한 일에 쓰시기도 하십니다. 물론 마귀(사탄)을 잡아 천 년 동안 결박하여 무저갱에 던져 넣어 잠그는 자는 무저갱의 열쇠와 큰 쇠사슬을 그의 손에 가지고 하늘로부터 내려온 천사입니다(계20:1-3). 그래서 〈하늘에서 땅에 떨어진 별〉을 천사라고 주장하는 견해도 있습니다. 하늘에서 땅에 떨어진 별이 무저갱의 열쇠를 받아서 무저갱을 열었습니다. 그가 무저갱의 열쇠를 받은 것은 예수님께 받은 것이며, 이는 황

충의 재앙은 예수님이 내리시는 재앙임을 의미합니다. 사망과 음부의 열쇠를 가지신 분은 예수님이십니다(계1:18). 하늘과 땅의 모든 권세를 가지신 분은 예수님이십니다. 그리고 무저갱에서 올라온 연기가 해와 공기를 어둡게 하였는데, 〈무저갱의 구멍에서 올라온 연기〉는 하나님의 진노의 연기이며(시74:1), 고난의 연기입니다(계14:11). 곧 〈연기〉는 하나님의 진노로 인한 고난과 재앙을 의미합니다. 그리고 하나님께서 종말에 땅에 베푸시는 징조가 피와 불과 연기입니다(행 2:19). 또한 〈해와 공기가 연기로 어두워진 것〉은 세상의 죄가 더 중하여지고 사탄의 권세가 더 커지는 것을 의미합니다. 곧 어둠은 죄와 사탄의 권세를 의미합니다.

황충이의 재앙은 무저갱에서 올라온 연기로 해와 공기가 어두워지고 그 연기 가운데서 황충이 나왔기 때문에 사탄이 세상을 지배한 것 같이 보이지만 사실은 예수님이 재앙을 내리시는 것이며, 예수님이 지배하신 것입니다. 우리는 이 사실을 볼 수 있는 눈이 열려야 합니다.

잠16:4	"여호와께서 온갖 것을 그 쓰임에 적당하게 지으셨나니 악인도 악한 날에 적당하게 하셨느니라"
계20:1-3	"또 내가 보매 천사가 무저갱의 열쇠와 큰 쇠사슬을 그의 손에 가지고 하늘로부터 내려와서 용을 잡으니 곧 옛 뱀이요 마귀요 사탄이라 잡아서 천 년 동안 결박하여 무저갱에 던져 넣어 잠그고 그 위에 인봉하여 천 년이 차도록 다시는 만국을 미혹하지 못하게 하였는데 그 후에는 반드시 잠깐 놓이리라"
계1:18	"곧 살아 있는 자라 내가 전에 죽었었노라 볼지어다 이제 세세

토록 살아 있어 사망과 음부의 열쇠를 가졌노니"

시74:1   "하나님이여 주께서 어찌하여 우리를 영원히 버리시나이까 어
         찌하여 주께서 기르시는 양을 향하여 진노의 연기를 뿜으시나
         이까"

계14:11   "그 고난의 연기가 세세토록 올라가리로다 짐승과 그의 우상
         에게 경배하고 그의 이름 표를 받는 자는 누구든지 밤낮 쉼을
         얻지 못하리라 하더라"

행2:19   "또 내가 위로 하늘에서는 기사를 아래로 땅에서는 징조를 베
         풀리니 곧 피와 불과 연기로다"

2) 무저갱에서 올라온 연기 가운데로부터 황충이 땅위에 나왔습니다.

무저갱의 구멍에서 올라오는 연기 가운데로부터 황충이 땅위에 나
왔습니다. 이 황충은 전갈의 권세와 같은 권세를 받았으며 불신자들
만 해하라는 허락을 받되, 죽이지는 못하고 괴롭게만 하도록 허락을
받았습니다.

① 황충은 땅에 있는 전갈의 권세와 같은 권세를 받았습니다.

무저갱의 구멍에서 올라오는 연기 가운데로부터 땅위에 나온 황충
은 땅에 있는 전갈의 권세와 같은 권세를 받았습니다(계9:3). 황충이
〈전갈의 권세와 같은 권세를 받았음〉은 막강한 권세를 받았음을 의
미합니다. 전갈은 그 꼬리에 강한 독성을 가지고 있어 사람들에게 큰
피해를 줍니다.

계9:3   "또 황충이 연기 가운데로부터 땅 위에 나오매 그들이 땅에 있
        는 전갈의 권세와 같은 권세를 받았더라"

② 황충은 불신자들만 해하라는 허락을 받았습니다.

예수님은 황충들에게 "땅의 풀이나 푸른 것이나 각종 수목은 해하
지 말고 오직 이마에 하나님의 인침을 받지 아니한 사람들만 해하라"
하셨습니다(계9:4). 본래 황충은 땅의 풀이나 푸른 것이나 수목을 해
합니다. 그러나 여기서의 황충은 땅의 풀이나 푸른 것이나 수목을 해
하는 황충이 아닙니다. 이 황충은 사람을 해하되 오직 이마에 하나님
의 인침을 받지 아니한 사람들만 해하는 황충입니다. 〈이마에 하나님
의 인침을 받지 아니한 사람들〉은 불신자들입니다. 황충은 불신자들
만 해할 수 있도록 허락을 받았습니다. 사탄이 그 마음대로 분풀이를
하는 대상은 불신자들입니다(계12:12).

계9:4   "그들에게 이르시되 땅의 풀이나 푸른 것이나 각종 수목은 해
        하지 말고 오직 이마에 하나님의 인침을 받지 아니한 사람들만
        해하라 하시더라"

계12:12 "그러므로 하늘과 그 가운데에 거하는 자들은 즐거워하라 그
        러나 땅과 바다는 화 있을진저 이는 마귀가 자기의 때가 얼마
        남지 않은 줄을 알므로 크게 분내어 너희에게 내려갔음이라"

③ 황충은 죽이지는 못하고 괴롭게만 하도록 허락을 받았습니다.

예수님은 황충에게 불신자들을 죽이지는 못하게 하시고 다섯 달 동

안 괴롭게만 하게 하셨습니다(계9:5). 그래서 황충이 불신자들을 괴롭게 하는데 전갈이 사람을 쏠 때에 괴롭게 함과 같았습니다(계9:5). 그리고 그 날에는 사람들이 죽기를 구하여도 얻지 못하고 죽고 싶으나 죽음이 저희를 피하였습니다(계9:6). 곧 그 날에는 사람들이 죽는 것보다 더 큰 고통을 당하였습니다. 황충이 괴롭게 하는 〈다섯 달〉은 한정된 일정 기간을 의미합니다. 황충이 실제로 활동하는 기간은 다섯 달이라고 합니다. 황충은 4월에서 9월 중에 활동한다고 합니다.

계9:5 "그러나 그들을 죽이지는 못하게 하시고 다섯 달 동안 괴롭게만 하게 하시는데 그 괴롭게 함은 전갈이 사람을 쏠 때에 괴롭게 함과 같더라"

계9:6 "그 날에 사람들이 죽기를 구하여도 죽지 못하고 죽고 싶으나 죽음이 그들을 피하리로다"

3) 황충들의 모양은 전쟁을 위하여 예비한 말들 같았습니다.

무저갱에서 올라온 연기 가운데로부터 땅위에 나와 불신자들을 괴롭게만 하는 황충들의 모양은 전쟁을 위하여 준비한 말들 같고 그 머리에 금 같은 관 비슷한 것을 썼으며 그 얼굴은 사람의 얼굴 같았습니다(계9:7). 또 황충들은 여자의 머리털 같은 머리털이 있고 그 이빨은 사자의 이빨 같았습니다(계9:8). 또 황충들은 철 호심경 같은 호심경이 있고 그 날개들의 소리는 병거와 많은 말들이 전쟁터로 달려 들어가는 소리 같았습니다(계9:9). 또 전갈과 같은 꼬리와 쏘는 살이 있어 그 꼬리에는 다섯 달 동안 사람들을 해하는 권세가 있었습니다(계9:10).

계9:7	"황충들의 모양은 전쟁을 위하여 준비한 말들 같고 그 머리에 금 같은 관 비슷한 것을 썼으며 그 얼굴은 사람의 얼굴 같고"
계9:8	"또 여자의 머리털 같은 머리털이 있고 그 이빨은 사자의 이빨 같으며"
계9:9	"또 철 호심경 같은 호심경이 있고 그 날개들의 소리는 병거와 많은 말들이 전쟁터로 달려 들어가는 소리 같으며"
계9:10	"또 전갈과 같은 꼬리와 쏘는 살이 있어 그 꼬리에는 다섯 달 동안 사람들을 해하는 권세가 있더라"

　황충들의 모양이 〈전쟁을 위하여 준비한 말들 같음〉은 가공할만한 전투력을 가지고 있음을 의미하며, 그 머리에 〈금 같은 관 비슷한 것을 썼음〉은 일시적으로 승리함을 의미하며, 그 얼굴은 〈사람의 얼굴 같음〉은 간교한 지혜와 모략을 가지고 있음을 의미하며, 〈여자의 머리털 같은 머리털이 있음〉은 달콤한 유혹을 함을 의미하며, 그 이빨이 〈사자의 이빨 같음〉은 잔인함을 의미하며, 〈철 호심경 같은 호심경이 있음〉은 막강한 방어력을 가지고 있음을 의미하며, 그 날개들의 소리는 〈병거와 많은 말들이 전쟁터로 달려 들어가는 소리 같음〉은 막강한 공격력을 가지고 있음을 의미하며, 〈전갈과 같은 꼬리와 쏘는 살이 있음〉은 괴롭히는 권세를 가지고 있음을 의미합니다. 황충들은 가공할만한 전투력을 가지고 있어 일시적으로 승리하며, 간교한 지혜와 모략을 가지고 달콤한 유혹을 하며, 잔인하며 막강한 방어력과 공격력을 가지고 불신자들을 괴롭게 합니다.

4) 황충들의 왕은 사탄입니다.

불신자들을 괴롭게 하는 황충들에게 왕이 있습니다. 그 왕은 무저갱의 사자로 히브리어로는 그 이름이 아바돈이요, 헬라어로는 그 이름이 아볼루온입니다(계9:11).

계9:11　　　"그들에게 왕이 있으니 무저갱의 사자라 히브리어로는 그 이름이 아바돈이요 헬라어로는 그 이름이 아볼루온이더라"

무저갱의 사자 곧 아바돈, 아볼루온은 사탄(마귀)입니다. 황충들은 사탄의 수하에 있는 군대입니다. 이 황충들은 땅의 풀이나 수목을 해하는 메뚜기의 일종인 곤충이 아닙니다. 그래서 예수님은 그들에게 "땅의 풀이나 푸른 것이나 각종 수목은 해하지 말라"고 명하셨습니다. 이 황충들은 불신자들을 해하는 사탄에게 속한 악한 군대들입니다. 그리고 황충들의 모양은 전쟁을 위하여 준비한 말들 같았는데 사도 요한 당시의 최정예 부대는 기병대였습니다.

다섯째 나팔 재앙인 황충의 재앙은 사탄에게 속한 악한 군대들이 사람들을 괴롭히는 재앙입니다. 이때는 잠시 동안이지만 사탄에게 속한 악한 군대들이 세계 곳곳에 파견되어 사람들을 괴롭게 하되 죽는 것보다 더 괴롭게 할 것입니다. 예루살렘을 정복한 바벨론 군대도 유다 백성들에게 죽는 것보다 더한 고통을 주었습니다. 또 사도 요한의 때에도 로마 군대들이 곳곳에 파견되어 사람들을 괴롭혔습니다.

5. 유브라데 전쟁의 재앙(둘째 화)- 여섯째 나팔 재앙

첫째 화인 다섯째 나팔 재앙 곧 황충의 5개월 재앙이 지나갔습니다. 그러나 아직도 이후에 화 둘이 이르게 됩니다. 그 둘째 화가 여섯째 나팔 재앙 곧 유브라데 전쟁입니다. 그리고 셋째 화는 일곱 대접 재앙입니다.

1) 여섯째 천사가 나팔을 불매 하나님 앞 금 제단 네 뿔에서 한 음성이 났습니다.

나팔을 가지고 나팔 불기를 준비한 여섯째 천사가 나팔을 불었습니다. 이때 사도 요한이 한 음성을 들었는데 그 음성은 하나님 앞 금 제단 네 뿔에서 났습니다. 그 음성은 나팔 가진 여섯째 천사에게 "큰 강 유브라데에 결박한 네 천사를 놓아 주라"고 말하였습니다(계9:13-14).

계9:13-14 "여섯째 천사가 나팔을 불매 내가 들으니 하나님 앞 금 제단 네 뿔에서 한 음성이 나서 나팔 가진 여섯째 천사에게 말하기를 큰 강 유브라데에 결박한 네 천사를 놓아 주라 하매"

하나님 앞 〈금 제단〉은 금 향단으로 성도들의 기도가 담긴 향로가 놓여 있는 곳입니다. 그리고 금 제단에는 〈네 뿔〉이 있었는데 이는 하나님의 힘과 권능을 의미하며, 금 제단 〈네 뿔에서 난 음성〉은 성도들의 간절한 기도에 응답하시는 하나님(예수님)의 음성입니다. 또 네 천사가 결박된 〈유브라데 강〉은 현재의 이라크 영토 내에 위치한 강으로 성경에서 이스라엘의 국경을 이루는 강입니다(창15:18). 그래서 유브라데 강 주변 국가는 이스라엘의 원수로 여겨졌습니다. 고대에는 앗수르, 바벨론, 페르시아가 있었으며 지금은 시리아, 이라크, 이란이 있습니다. 유브라데 강 주변은 사탄의 권세 아래 놓인 죄악의 땅을 의미합니다.

창15:18 　　"그 날에 여호와께서 아브람과 더불어 언약을 세워 이르시되 내가 이 땅을 애굽 강에서부터 그 큰 강 유브라데까지 네 자손에게 주노니"

2) 큰 강 유브라데에 결박한 네 천사가 놓였습니다.

큰 강 유브라데에 결박한 네 천사가 놓였는데, 큰 강 유브라데에 결박되었다가 놓인 네 천사는 하나님이 정하신 그 년 월 일 시에 사람 삼분의 일을 죽이기로 준비된 자들이었습니다(계9:15). 그리고 사도 요한이 들은 마병대의 수는 이만 만이었습니다(계9:16). 또 사도 요한이 이같은 환상 가운데 마병대 곧 그 말들과 그 위에 탄자들을 보니 불빛과 자줏빛과 유황불 호심경이 있고 또 말들의 머리는 사자 머리 같고 그 입에서는 불과 연기와 유황이 나왔으며(계9:17), 이 세 재앙 곧 자기들의 입에서 나오는 불과 연기와 유황으로 말미암아 사람 삼분의 일이 죽임을 당하였습니다(계9:18). 그런데 이 말들의 힘은 입과 꼬리에 있으며 꼬리는 뱀 같고 또 꼬리에 머리가 있어 이것으로 해하였습니다(계9:19).

계9:15 　　"네 천사가 놓였으니 그들은 그 년 월 일 시에 사람 삼분의 일을 죽이기로 준비된 자들이더라"

계9:16   "마병대의 수는 이만 만이니 내가 그들의 수를 들었노라"

계9:17   "이같은 환상 가운데 그 말들과 그 위에 탄 자들을 보니 불빛
          과 자줏빛과 유황빛 호심경이 있고 또 말들의 머리는 사자 머
          리 같고 그 입에서는 불과 연기와 유황이 나오더라"

계9:18   "이 세 재앙 곧 자기들의 입에서 나오는 불과 연기와 유황으로
          말미암아 사람 삼분의 일이 죽임을 당하니라"

계9:19   "이 말들의 힘은 입과 꼬리에 있으니 꼬리는 뱀 같고 또 꼬리에
          머리가 있어 이것으로 해하더라"

큰 강 유브라데에 결박되었다가 풀려난 네 천사는 사람 삼분의 일
을 죽이기로 준비된 자들이며, 이만 만의 마병대를 동원합니다. 마병
대의 수가 〈이만 만〉인 것은 2억, 곧 많은 수를 의미합니다. 그리고 마
병대의 흉갑이 〈불빛과 자줏빛과 유황빛〉인 것은 무장한 상태이며 막
강한 방어력을 의미합니다. 또 마병대의 머리가 〈사자 머리 같음〉은
무자비한 공격력과 무시무시한 힘을 의미하며, 마병대의 입에서 나오
는 〈불과 연기와 유황〉은 막강한 공격력을 의미하며, 전쟁에서 볼 수
있는 광경입니다. 불과 연기와 유황은 하나님의 심판의 도구이며, 지
옥은 불과 유황으로 타는 못이며 고난의 연기가 세세토록 올라가는
곳입니다(계14:10-11). 그리고 마병대의 말들의 힘이 〈입과 꼬리에
있음〉은 입과 꼬리가 공격력과 권세를 의미합니다. 땅이 그 입을 벌려
고라의 일당을 삼켰고(민26:10), 하나님의 입에서 불이 나와 사르며
그 불에 숯이 핀다고 말씀했습니다(시18:8). 그리고 용(마귀)에게 그

꼬리가 있어 하늘의 별 삼분의 일을 끌어다가 땅에 던지며(계12:4), 황충들도 전갈과 같은 꼬리가 있어 그 꼬리에는 다섯 달 동안 사람들을 해하는 권세가 있더라고 말씀했습니다(계9:10). 또한 거짓말을 가르치는 선지자를 꼬리라고도 합니다(사9:15). 〈꼬리가 뱀 같음〉은 마귀에게 속한 자들임을 의미합니다.

사도 요한이 본 마병대는 오늘날로 보면 각종 현대무기로 무장한 군대를 의미하는 것으로 볼 수 있습니다. 사도 요한이 계시를 받은 그 시대에는 마병대가 최정예부대였습니다. 사도 요한에게 사람들을 괴롭히는 군대는 황충으로 보였고, 전쟁을 하는 군대는 마병대로 보였습니다. 여섯째 나팔 재앙인 유브라데 전쟁은 유브라데 강 지역에 2억의 군대가 동원되어 사람 삼분의 일을 죽이는 전쟁의 재앙입니다. 이 전쟁이 세계3차 대전일 것입니다.

계14:10-11 "그도 하나님의 진노의 포도주를 마시리니 그 진노의 잔에 섞인 것이 없이 부은 포도주라 거룩한 천사들 앞과 어린 양 앞에서 불과 유황으로 고난을 받으리니 그 고난의 연기가 세세토록 올라가리로다 짐승과 그의 우상에게 경배하고 그의 이름 표를 받는 자는 누구든지 밤낮 쉼을 얻지 못하리라 하더라"

민26:10 "땅이 그 입을 벌려서 그 무리와 고라를 삼키매 그들이 죽었고 당시에 불이 이백오십 명을 삼켜 징표가 되게 하였으나"

시18:8 "그의 코에서 연기가 오르고 입에서 불이 나와 사름이여 그 불에 숯이 피었도다"

계12:4 "그 꼬리가 하늘의 별 삼분의 일을 끌어다가 땅에 던지더라 용이 해산하려는 여자 앞에서 그가 해산하면 그 아이를 삼키고자 하더니"

계9:10 "또 전갈과 같은 꼬리와 쏘는 살이 있어 그 꼬리에는 다섯 달 동안 사람들을 해하는 권세가 있더라"

사9:15 "그 머리는 곧 장로와 존귀한 자요 그 꼬리는 곧 거짓말을 가르치는 선지자라"

3) 이 재앙에 죽지 않고 남은 사람들은 회개하지 아니합니다.

사람 삼분의 일이 죽는 유브라데 전쟁의 재앙에 죽지 않고 남은 사람들은 그 손으로 행하는 일을 회개하지 아니하고 오히려 여러 귀신과 또는 보거나 듣거나 다니지 못하는 금, 은, 동과 나무와 돌로 만든 우상에게 절합니다(계9:20). 또 그들은 살인과 복술과 음행과 도둑질을 회개하지 아니합니다(계9:21).

계9:20 "이 재앙에 죽지 않고 남은 사람들은 손으로 행한 일을 회개하지 아니하고 오히려 여러 귀신과 또는 보거나 듣거나 다니거나 하지 못하는 금 , 은, 동과 목석의 우상에게 절하고"

계9:21 "또 그 살인과 복술과 음행과 도둑질을 회개하지 아니하더라"

하나님께서 재앙을 내리시는 뜻은 불신자들을 회개시키려 하심입니다. 그러나 마지막 때에 불신자들은 하나님께 회개하지 아니합니다. 그들은 사람 삼분의 일이 죽는 재앙을 보고도 회개하지 아니합니다. 그래서 불신자들이 망하는 것은 회개하지 아니하기에 망합니다.

그러므로 회개하는 삶을 사는 자들이 복되며 성도들이 추구해야 할 것은 회개하는 삶입니다.

예수님의 재림의 날은 성도들에게 구원의 날이요 불신자들에게는 진노의 큰 날입니다. 예수님의 재림의 날에는 땅과 바다와 우주 천체에 대격변이 일어날 것입니다. 그리고 사람들은 성부 하나님과 어린 양이신 예수님의 진노를 두려워할 것입니다. 곧 하나님의 진노의 큰 날에 아무도 능히 설 수가 없을 것입니다. 그러나 성도들은 예수 그리스도로 말미암아 하나님의 진노하심에서 구원을 받을 것입니다. 그래서 예수님은 사도 요한에게 하나님의 진노하심에서 구원 받을 자들을 보여주시고, 그리고 불신자들에게 내리는 일곱 나팔 재앙을 보여주셨습니다.

하나님의 진노하심에서 구원 받을 자들은 이스라엘 자손의 각 지파 중에서 하나님의 인침을 받은 십사만 사천 명입니다. 이들은 하나님의 종들로 이들에게 인치기까지 하나님은 환난을 연기시키셨습니다. 그리고 하나님은 이스라엘 자손의 각 지파에서 일만 이천씩 십사만 사천 명에게 인을 치셨습니다. 하나님의 인침을 받은 십사만 사천은 이스라엘 자손 중에서 남은 자 곧 택함 받은 자들이며, 십사만 사천은 하나님의 택함 받은 수로 하나님만 아시는 수일 것입니다.

또 하나님의 진노하심에서 구원 받을 자들은 각 나라와 족속과 백성과 방언에서 나온 아무도 능히 셀 수 없는 흰 옷을 입은 큰 무리입니다. 흰 옷 입은 큰 무리는 모든 만민(이방인) 중에서 구원 받은 자들로 큰 환난에서 나오는 자들이며 예수님의 피에 그 옷(행실)을 씻어 희게 한 자들입니다. 이 큰 무리는 구원하신 하나님과 예수님을 찬양하며, 하나님의 성전에서 밤낮 하나님을 섬깁니다.

불신자들에게 하나님의 진노하심으로 7년 대환난 전에 내리는 재앙은 일곱 나팔 재앙입니다. 첫째 나팔 재앙에서 넷째 나팔 재앙은 땅과 바다와 강들과 천체의 삼분의 일에 내리는 재앙입니다. 첫째 나팔 재앙은 우박과 불의 재앙으로 피 섞인 우박과 불이 땅에 쏟아지매 땅의 삼분의 일과 수목의 삼분의 일과 각종 푸른 풀이 타서 사윕니다. 둘째 나팔 재앙은 피의 재앙으로 바다의 삼분의 일이 피가 되고 바다 가운데 생명 가진 피조물의 삼분의 일이 죽고 배들의 삼분의 일이 깨어집니다. 셋째 나팔 재앙은 쑥의 재앙으로 물들의 삼분의 일이 쓴 쑥이 되매 그 물들이 쓰게 됨을 인하여 많은 사람이 죽습니다. 넷째 나팔 재앙은 흑암의 재앙으로 해 삼분의 일과 달 삼분의 일과 별들의 삼분의 일이 어두워져서 낮과 밤의 삼분의 일이 비췸이 없습니다.

그런데 넷째 나팔 재앙까지의 재앙은 아직 남아 있는 재앙에 비교하면 가벼운 재앙입니다. 그래서 공중에 날아가는 독수리가 큰 소리로 "땅에 사는 자들에게 화, 화, 화가 있으리니 이는 세 천사들이 불어야 할 나팔 소리가 남아 있음이로다" 하였습니다.

다섯째 나팔 재앙은 남아 있는 세 화 가운데 첫째 화로 황충의 재앙입니다. 황충이 무저갱에서 올라온 연기 가운데로부터 땅 위에 나왔습니다. 황충은 하나님의 인침을 받지 아니한 사람들 곧 불신자들만 해하는데 죽이지는 못하고 다섯 달 동안 괴롭히기만 합니다. 그런데 황충들의 모양은 전쟁을 위하여 예비한 말들 같고, 황충들의 임금은 사탄입니다. 그러므로 황충들은 사탄에게 속한 악한 군대들로 불신자들을 해합니다.

여섯째 나팔 재앙은 남이 있는 세 화 가운데 둘째 화로 유브라데 전쟁입니다. 큰 강 유브라데에 결박된 네 천사가 놓였는데 네 천사는 그 년 월 일 시에 이르러 사람 삼분의 일을 죽이기로 준비된 자들입니다. 네 천사가 이만 만(2억)의 마병대를 동원하는데 이 마병대로 인하여 사람 삼분의 일이 죽임을 당합니다. 그런데 이 재앙에 죽지 않고 남은 사람들은 그 손으로 행하는 일을 회개하지 아니하고 오히려 여러 귀신과 우상에게 절하며 살인과 복술과 음행과 도둑질을 회개하지 아니합니다. 그래서 그들은 더욱 무거운 재앙들을 받게 되며 지옥에 던져지게 됩니다.

5장

복음전파와 7년 대환난

5장
복음전파와 7년 대환난

하나님은 모든 사람이 구원을 받으며 회개하기에 이르기를 원하십니다. 하나님께서 재앙을 내리시는 뜻도 불신자들을 회개시키려 하심입니다. 그러나 불신자들은 여섯째 나팔 재앙인 유브라데 전쟁으로 많은 사람이 죽는데도 회개하지 아니합니다. 오히려 그들은 성도들을 박해합니다. 왜냐하면 그들은 마귀의 지배를 받기 때문입니다. 그럼에도 하나님은 그의 일꾼(종)들로 복음을 전하게 하십니다. 그래서 그리스도의 증인들은 어떠한 박해에도 굴복하지 아니하고 복음을 증언합니다.

요한계시록 10장은 작은 두루마리(책)에 대한 계시로, 작은 두루마리는 사도 요한이 다시 예언해야 할 말씀이며, 7년 대환난의 전 삼년 반 동안에 두 증인(두 선지자와 두 교회), 곧 그리스도의 증인들이 전하는 말씀입니다.

요한계시록 11장 1-14절은 두 증인에 대한 계시로 참 성도와 참 교회가 7년 대환난의 전 삼년 반 동안 복음을 증언함을 말씀합니다. 참 성도와 참 교회는 대환난 중에도 복음을 증언할 것입니다.

요한계시록 11장 15-19절은 일곱째 나팔 소리에 대한 계시로 7년 대환난 후에 분노하는 불신자들에게 하나님(예수님)의 진노(일곱 대접 재앙)가 내려 그들을 심판하시며, 성도들에게는 상을 주시며, 세상 나라가 하나님과 그리스도의 나라가 되어 주께서 왕 노릇 하실 것을 말씀합니다.

요한계시록 12장은 해를 옷 입은 한 여자와 한 큰 붉은 용에 대한 계시로 7년 대환난의 전 삼년 반 동안 마귀가 교회를 박해하며, 하나님께서 교회를 보호하심을 말씀합니다.

요한계시록 13장은 두 짐승에 대한 계시로 7년 대환난의 후 삼년 반 동안 마귀에게 권세를 받은 짐승(독재자)이 세계를 통치하며 성도들을 박해함을 말씀합니다.

1. 작은 두루마리(책)

요한계시록 10장에 나오는 작은 두루마리(책)에 대한 계시는 둘째 화와 셋째 화 사이에 나오는 계시입니다. 큰 세 가지 화 가운데 첫째 화(황충의 재앙)와 둘째 화(유브라데 전쟁의 재앙)는 지나가고 이제 셋째 화만 남았습니다. 셋째 화는 일곱째 나팔로 예고되어 시작되는 일곱 대접 재앙입니다. 일곱 대접 재앙은 7년 대환난 후에 내리는 재앙입니다. 일곱 나팔 재앙 후에 7년 대환난이 있고, 7년 대환난 후에 일곱 대접의 재앙이 있습니다. 그런데 그리스도의 증인들은 7년 대환난 중에서도 복음을 전합니다. 작은 두루마리(책)의 계시는 사도 요한이 다시 예언해야 할 말씀이요, 7년 대환난의 전 삼년 반 동안에 성령의 인침을 받은 그리스도의 증인들이 전할 말씀입니다.

1) 힘센 다른 천사가 하늘에서 내려왔습니다.

사도 요한이 보니 힘센 다른 천사가 구름을 입고 하늘에서 내려왔습니다. 그런데 그 천사 머리 위에 무지개가 있고 그 얼굴은 해 같고 그 발은 불기둥 같았습니다(계10:1).

계10:1　　　"내가 또 보니 힘 센 다른 천사가 구름을 입고 하늘에서 내려오는데 그 머리 위에 무지개가 있고 그 얼굴은 해 같고 그 발은 불기둥 같으며"

하늘에서 내려온 천사가 〈구름을 입음〉은 하나님의 위엄과 영광을 가졌음을 의미하며, 〈그 얼굴이 해 같음〉은 하나님의 영광이 있음을 의미하며, 〈그 발이 불기둥 같음〉은 하나님의 보호가 있음을 의미합니다. 사도 요한이 본 구름을 입고 하늘에서 내려온 힘 센 천사는 강한 힘을 가지고 하나님에게서 막중한 임무를 부여받은 천사입니다. 그래서 그 모습이 예수님과 방불하였습니다. 이 천사는 하나님께서 중요한 일을 위하여 보내신 천사입니다.

2) 힘 센 천사는 그 손에 펴 놓인 작은 책을 들고 있었습니다.

하늘에서 내려온 힘 센 천사는 그 손에 펴 놓인 작은 두루마리(책)를 들고 그 오른발은 바다를 밟고 왼발은 땅을 밟고 사자가 부르짖는 것 같이 큰 소리로 외쳤으며, 그 천사가 외칠 때에 일곱 우레가 그 소리를 내어 말하였습니다(계10:2-3). 일곱 우레가 말을 할 때에 사도 요한이 기록하려고 하다가 곧 들으니 하늘에서 소리가 나서 말하기를 "일곱 우레가 말한 것을 인봉하고 기록하지 말라" 하였습니다(계10:4). 그리고 사도 요한이 본 하늘에서 내려온 천사가 오른손을 들고 세세토록 살아 계신 창조주 하나님을 가리켜 맹세하여 이르되 "지체하지 아니하리니 일곱째 천사가 소리 내는 날 그의 나팔을 불려고 할 때에 하나님이 그의 종 선지자들에게 전하신 복음과 같이 하나님의 그 비밀이 이루어지리라" 하였습니다(계10:5-7).

계10:2-3   "그 손에는 펴 놓인 작은 두루마리를 들고 그 오른 발은 바다를 밟고 왼 발은 땅을 밟고 사자가 부르짖는 것 같이 큰 소리로 외칠 때에 일곱 우레가 그 소리를 내어 말하더라"

계10:4   "일곱 우레가 말을 할 때에 내가 기록하려고 하다가 곧 들으니 하늘에서 소리가 나서 말하기를 일곱 우레가 말한 것을 인봉하고 기록하지 말라 하더라"

계10:5-7   "내가 본 바 바다와 땅을 밟고 서 있는 천사가 하늘을 향하여 오른손을 들고 세세토록 살아 계신 이 곧 하늘과 그 가운데에 있는 물건이며 땅과 그 가운데에 있는 물건이며 바다와 그 가운데에 있는 물건을 창조하신 이를 가리켜 맹세하여 이르되 지체하지 아니하리니 일곱째 천사가 소리 내는 날 그의 나팔을 불려고 할 때에 하나님이 그의 종 선지자들에게 전하신 복음과 같이 하나님의 그 비밀이 이루어지리라 하더라"

하늘에서 내려온 힘 센 천사의 손에 〈펴 놓인 작은 두루마리〉는 사도 요한이 다시 예언해야 할 하나님의 말씀입니다. 그리고 〈두루마리가 펴져 있음〉은 두루마리에 기록된 내용이 반드시 계시됨을 의미합니다. 또한 힘 센 천사가 〈그 오른발은 바다를 밟고 왼발은 땅을 밟고 있음〉은 바다와 땅이 전 세계를 의미하므로 그 작은 두루마리에 기록된 말씀이 전 세계적으로 영향을 미칠 것을 의미합니다. 곧 그 작은 두루마리에는 전 세계적으로 일어날 일들이 기록되어 있었을 것입니다. 힘 센 천사가 〈사자의 부르짖는 것같이 큰 소리로 외침〉은 하나님의 뜻을 받들려는 간절함을 나타냅니다. 그리고 힘 센 천사가 외칠 때에 〈일곱 우레가 그 소리를 내어 말함〉은 하나님의 계시의 말씀일 것입니다. 또한 사도 요한이 일곱 우레가 말할 때에 기록하려고 할 때에 하늘에서 〈일곱 우레가 말한 것을 인봉하고 기록하지 말라〉는 소리는 주님의 음성입니다. 일곱 우레가 말한 것은 사도 요한 자신만 알았습니다. 하나님은 드러낼 것은 드러내시지만 감출 것은 감추어 두십니다. 사도 바울도 자기만 듣고 기록하지 못한 계시가 있었습니다(고후 12:4, 6). 이렇게 하나님의 진리는 심오한 부분이 남겨져 있습니다. 그리고 우리가 전하는 말씀은 전부가 아닌 일부분입니다.

힘 센 천사가 가리켜 맹세한 〈세세토록 살아 계신 자〉는 성부 하나님이십니다. 하나님은 하늘과 땅과 바다와 그 가운데 있는 물건을 창조하신 창조자이십니다. 하나님은 창조자이시기에 또한 심판자가 되십니다. 힘 센 천사가 세세토록 살아 계신 창조주 하나님을 가리켜 맹세하여 말한 내용은 하나님의 비밀이 지체하지 아니하고 이루리라는 말씀입니다. 일곱째 천사가 그의 나팔을 불게 될 때에 하나님의 비밀이 이루어집니다. 하나님의 비밀이 이루어지되 하나님이 그의 종 선지자들에게 전하신 복음과 같이 이루어집니다. 일곱째 천사가 그의 나팔을 불려고 할 때에 이루어지는 하나님의 비밀은 종말에 이 땅에 성취될 하나님이 작정하신 일로 하나님께서 불신자들을 심판하시고 성도들을 구원하시며, 세상 나라가 하나님과 그리스도의 나라가 되어 그리스도께서 통치하시는 일입니다. 하나님은 거룩한 뜻을 이 땅에 이루시는 일에 그 종들을 쓰십니다. 그리고 〈지체하지 아니하리라〉는 말씀은 일곱째 나팔 소리와 함께 전 세계의 심판의 때가 임박했다는 의미입니다. 곧 여섯째 나팔 재앙으로 많은 사람이 죽어도 불신자들은 회개하지 아니하므로 하나님께서 마지막 재앙을 지체하지 아니하고 내리시겠다는 말씀입니다.

고후12:4   "그가 낙원으로 이끌려 가서 말로 표현할 수 없는 말을 들었으니 사람이 가히 이르지 못할 말이로다"

고후12:6   "내가 만일 자랑하고자 하여도 어리석은 자가 되지 아니할 것은 내가 참말을 함이라 그러나 누가 나를 보는 바와 내게 듣는 바에 지나치게 생각할까 두려워하여 그만 두노라"

　3) 예수님은 사도 요한에게 천사의 손에 펴 놓인 작은 책을 가지라고 명하셨습니다.

　하늘에서 나서 사도 요한에게 들리던 음성이 또 그에게 말하여 이르되 "네가 가서 바다와 땅을 밟고 서 있는 천사의 손에 펴 놓인 두루마리를 가지라"고 하셨습니다(계10:8). 그래서 사도 요한이 천사에게 나아가 두루마리를 달라 한즉 천사가 이르되 "갖다 먹어 버리라 네 배에는 쓰나 네 입에는 꿀 같이 달리라" 하였습니다(계10:9). 이에 사도 요한이 천사의 손에서 작은 두루마리를 갖다 먹어버리니 그 입에는 꿀 같이 다나 먹은 후에 그 배에서는 쓰게 되었습니다(계10:10). 그리고 천사가 사도 요한에게 말하기를 "네가 많은 백성과 나라와 방언과 임금에게 다시 예언하여야 하리라" 하였습니다(계10:11).

계10:8	"하늘에서 나서 내게 들리던 음성이 또 내게 말하여 이르되 네가 가서 바다와 땅을 밟고 서 있는 천사의 손에 펴 놓인 두루마리를 가지라 하기로"
계10:9	"내가 천사에게 나아가 작은 두루마리를 달라 한즉 천사가 이르되 갖다 먹어 버리라 네 배에는 쓰나 네 입에는 달리라 하거늘"
계10:10	"내가 천사의 손에서 작은 두루마리를 갖다 먹어 버리니 내 입에는 꿀 같이 다나 먹은 후에 내 배에서는 쓰게 되더라"
계10:11	"그가 내게 말하기를 네가 많은 백성과 나라와 방언과 임금에게 다시 예언하여야 하리라 하더라"

〈하늘에서 나서 사도 요한에게 들리던 음성〉은 예수님의 음성이며, 또 그에게 〈천사의 손에 펴 놓인 작은 두루마리를 가지라〉고 말씀하심은 하나님의 말씀을 전할 자는 하나님이 주신 말씀을 가져야 함을 의미합니다. 그리고 사도 요한이 예수님의 음성에 순종하여 그 천사에게 작은 두루마리를 달라 한즉 천사가 〈갖다 먹어 버리라〉 함은 하나님의 말씀을 맛보듯이 철저하게 이해하고 깨달으라는 의미입니다.

우리가 하나님의 말씀을 이해하고 깨달을 때 올바르게 전할 수 있습니다. 그러므로 우리가 하나님의 말씀을 전하기 위해서는 그 말씀을 이해하고 깨달아야 하는데 선한 말씀을 맛보듯이 경험해야 합니다. 또한 사도 요한이 〈천사의 손에서 작은 두루마리를 갖다 버림〉은 사도 요한이 천사의 명령에 순종함이며, 주님이 보내신 천사의 명령은 예수님의 명령이므로 예수님의 명령에 순종한 것입니다. 천사가 사도요한에게 두루마리를 준 것이 아닙니다. 사도 요한이 스스로 그 두루마리를 가져다 먹어버렸습니다. 이는 하나님의 말씀을 사모하는 자가 취해야 할 바람직한 자세를 교훈합니다. 주의 말씀을 사모하는 자는 보다 능동적이고 적극적이어야 합니다. 우리는 주의 말씀을 얻고 깨닫기 위해 노력해야 합니다. 그리고 사도 요한이 천사의 손에서 작은 두루마리를 갖다 먹어버리니 〈그 입에는 꿀 같이 다나 먹은 후에 그 배에서는 쓰게 됨〉은 주의 말씀을 받고 깨닫는 것은 즐거움이었으나 그 내용은 아픔이었음을 의미합니다. 왜냐하면 그 두루마리의 내용은 불신자들의 심판도 있었기 때문이며, 그 말씀을 전하는 것도 고통이었기 때문입니다. 또한 천사가 사도 요한에게 〈네가 많은 백성과 나라와 방언과 임금에게 다시 예언하여야 하리라〉 함은 하나님의 말씀을 증언하다가 밧모섬에 유배된 사도 요한이 석방되어 다시 하나님의 말씀을 증언하리라는 의미입니다. 사도 요한은 요한 계시록의 계시를 받고 로마 도미티안 황제가 죽은 후에 석방 되어 다시 복음을 전했다고 합니다. 주의 말씀을 받은 자들은 계속해서 전해야 합니다. 심판의 말씀도 복음이며, 전하기가 괴로워도 전해야 합니다. 하나님은 선지자 에스겔에게도 "너는 이 두루마리를 먹고 가서 이스라엘 족속에게 고하라" 하셨으며, 이에 에스겔이 입을 벌리니 두루마리를 먹이셨고 그것이 입에서 달기가 꿀 같았습니다(겔3:1-3).

겔3:1-3   "또 그가 내게 이르시되 인자야 너는 발견한 것을 먹으라 너는 이 두루마리를 먹고 가서 이스라엘 족속에게 말하라 하시기로 내가 입을 벌리니 그가 그 두루마리를 내게 먹이시며 내게 이르시되 인자야 내가 네게 주는 이 두루마리를 네 배에 넣으며 네 창자에 채우라 하시기에 내가 먹으니 그것이 내 입에서 달기가 꿀 같더라"

2. 두 증인

요한계시록 11장은 둘째 화(유브라데 전쟁)와 셋째 화(일곱 대접의 재앙) 사이에 나오는 계시로 요한계시록 10장의 작은 두루마리(책)의 계시에 이은 두 증인의 계시가 나옵니다. 두 증인의 계시는 참 교회와 참 성도들이 7년 대환난의 때에도 복음을 전할 것을 보여줍니다.

작은 두루마리(책)의 계시에서 작은 두루마리를 가져다 먹어버린 사도 요한은 많은 백성과 나라와 방언과 임금에게 다시 예언하여야 했습니다. 두 증인은 사도 요한이 다시 예언한 것처럼 7년 대환난의 전 삼년 반 동안 예언하는 자들입니다. 로마의 기독교 대 박해 중에서도 사도들이 예언한 것처럼 세상 종말에 있을 7년 대환난의 전 삼년 반 동안에도 두 증인이 예언할 것입니다. 그리고 예언하는 그리스도의 증인들을 통해 복음이 모든 민족에게 증언되기 위하여 온 세상에 전파

되면 세상 끝이 옵니다(마24:14). 그래서 마지막 때 참 교회는 하나님의 말씀을 증언하는 교회입니다. 그리고 마지막 때 참 성도는 하나님의 말씀을 지키는 성도입니다.

 1) 사도 요한에게 하나님의 성전과 제단과 그 안에서 경배하는 자들을 측량하게 했습니다.

 그 손에 펴 놓인 작은 두루마리를 들고 땅과 바다를 밟고 서 있던 천사는 사도 요한에게 지팡이 같은 갈대를 주면서 말하기를 "하나님의 성전과 제단과 그 안에서 경배하는 자들을 측량하라"고 하며(계11:1), "성전 바깥 마당은 측량하지 말고 그냥 두라 이것을 이방인에게 주었은즉 저희가 거룩한 성을 마흔 두 달 동안 짓밟으리라"고 하였습니다(계11:2).

계11:1   "또 내게 지팡이 같은 갈대를 주며 말하기를 일어나서 하나님의 성전과 제단과 그 안에서 경배하는 자들을 측량하되"
계11:2   "성전 바깥 마당은 측량하지 말고 그냥 두라 이것은 이방인에게 주었은즉 그들이 거룩한 성을 마흔 두 달 동안 짓밟으리라"

 사도 요한에게 준 〈지팡이 같은 갈대〉는 일종의 측량 기기이며, 하나님의 권위를 나타냅니다. 그리고 〈하나님의 성전과 제단과 그 안에서 경배하는 자들〉은 신령한 성전 곧 하나님의 교회들과 하나님께 속한 택함 받은 성도들을 의미합니다. 또한 〈하나님의 성전과 제단과 그 안에서 경배하는 자들을 측량하라 하심〉은 하나님께서 그의 소유된 백성 곧 하나님을 진심으로 경배하는 자들을 명확히 구분하고 보존하시려는 의도입니다. 하나님은 그 자녀를 하나도 잃어버리지 아니하십니다. 7년 대환난의 때에 하나님의 자녀들은 오직 하나님만 경배할 것입니다. 그러나 세상 사람들은 마귀를 경배하며, 그가 세운 짐승을 경배할 것입니다. 그리고 〈성전 밖 마당〉은 형식적인 신자들을 의미합니다. 곧 하나님의 말씀대로가 아닌 잘못된 방법으로 그리고 거짓된 마음으로 예배하는 자들입니다. 그리고 〈성전 바깥마당은 측량하지 말라〉고 명한 이유는 성전 바깥마당은 이방인에게 주었기 때문입니다. 성전 바깥마당은 마흔 두 달(삼년 반) 동안 이방인들 곧 불신자들에게 짓밟히게 될 것입니다. 이 마흔 두 달은 7년 대환난의 전 삼 년 반으로 마귀(사탄)가 교회를 박해하는 기간 곧 불신자들이 성도들을 박해하는 기간입니다. 그러나 참 성도들은 하나님께서 보호하십니다. 하나님께서 보호하심은 육신의 죽음을 당하지 않게 하시는 것이 아니며 하나님의 계명을 지키며 예수님을 믿는 믿음을 지키게 하는 것입니다. 7년 대환난의 때에는 참 성도만 하나님을 섬기며 형식적인 신자들은 믿음을 배반할 것입니다. 그래서 멸망의 아들 곧 짐승이 나타나기 전에 먼저 배도하는 일이 있게 됩니다(살후2:3).

성전 측량에 관한 계시는 선지자 에스겔에게도 보였습니다(겔 43:10-11). 성전 측량은 죄악을 보게 하여 회개하게 하고 모든 법도와 모든 규례를 지켜 행하게 하기 위함이었습니다. 우리는 세상의 종말이 가까울수록 회개하고 하나님의 말씀을 지켜야 합니다.

살후2:3　　"누가 어떻게 하여도 너희가 미혹되지 말라 먼저 배교하는 일이 있고 저 불법의 사람 곧 멸망의 아들이 나타나기 전에는 그 날이 이르지 아니하리니"

겔43:10-11 "인자야 너는 이 성전을 이스라엘 족속에게 보여서 그들이 자기의 죄악을 부끄러워하고 그 형상을 측량하게 하라 만일 그들이 자기들이 행한 모든 일을 부끄러워하거든 너는 이 성전의 제도와 구조와 그 출입하는 곳과 그 모든 형상을 보이며 또 그 모든 규례와 그 모든 법도와 그 모든 율례를 알게 하고 그 목전에 그것을 써서 그들로 그 모든 법도와 그 모든 규례를 지켜 행하게 하라"

2) 예수님께서 두 증인에게 권세를 주십니다.

예수님이 그의 두 증인에게 권세를 주시므로 그들이 굵은 베옷을 입고 천 이백육십 일을 예언할 것입니다(계11:3). 그들은 이 땅의 주 앞에 서 있는 두 감람나무와 두 촛대이며(계11:4), 만일 누구든지 그들을 해하고자 하면 그들의 입에서 불이 나와서 그들의 원수를 삼켜 버릴 것이요 누구든지 그들을 해하고자 하면 반드시 그와 같이 죽임을 당할 것입니다(계11:5). 그리고 그들이 권능을 가지고 하늘을 닫아 그 예언을 하는 날 동안 비가 오지 못하게 하고 또 권능을 가지고 물을 피로 변하게 하고 아무 때든지 원하는 대로 여러 가지 재앙으로 땅을 칠 것입니다(계11:6).

계11:3 "내가 나의 두 증인에게 권세를 주리니 그들이 굵은 베옷을 입고 천 이백육십 일을 예언하리라"

계11:4   "그들은 이 땅의 주 앞에 서 있는 두 감람나무와 두 촛대니"

계11:5   "만일 누구든지 그들을 해하고자 하면 그들의 입에서 불이 나
           와서 그들의 원수를 삼켜 버릴 것이요 누구든지 그들을 해하고
           자 하면 반드시 그와 같이 죽임을 당하리라"

계11:6   "그들이 권능을 가지고 하늘을 닫아 그 예언을 하는 날 동안 비
           가 오지 못하게 하고 또 권능을 가지고 물을 피로 변하게 하고
           아무 때든지 원하는 대로 여러 가지 재앙으로 땅을 치리로다"

　이방인들(불신자들)이 거룩한 성을 마흔 두 달 동안 짓밟는 기간에
예수님께 권세를 받은 두 증인이 나타납니다. 이 두 증인은 천 이백
육십 일(마흔 두 달) 동안 예언합니다. 이 기간은 마귀(용)가 교회(여
자)를 핍박하는 요한계시록 12장과 같은 기간으로 7년 대환난의 전
삼년 반입니다. 그리고 두 증인이 입은 〈굵은 베옷〉은 회개할 때 입
는 옷입니다. 두 증인은 세상을 향해 회개의 말씀을 선포합니다. 그러
나 세상 사람들은 회개하지 아니하고 두 증인을 미워합니다. 그런데
도 두 증인은 세상 사람들이 그 죄로 인해 죽어 가는 것을 보고 애통
해 합니다. 선지자 예레미야도 유다가 바벨론에 망하기 전 눈물로 회
개를 촉구했습니다(렘4:8).

렘4:8   "이로 말미암아 너희는 굵은 베를 두르고 애곡하라 이는 여호
           와의 맹렬한 노가 아직 너희에게서 돌이키지 아니하였음이라"

　두 증인은 〈두 감람나무〉인데 이는 기름 부음 받은 자 곧 성령 충만

한 성도들을 의미하며, 또 두 증인은 〈두 촛대〉인데 이는 성령 충만한 교회들을 의미합니다. 그러므로 사도 요한이 본 두 증인 곧 두 감람나무와 두 촛대는 종말에 나타날 두 선지자를 말하며(계11:10), 모든 성령 충만한 교회들과 모든 성령 충만한 성도들을 의미하는 것으로도 볼 수 있습니다. 이방인들이 거룩한 성을 짓밟는 마흔 두 달 곧 7년 대환난의 전 삼년 반 기간에는 성령의 능력으로 충만한 자들만이 예수님의 증인으로 살아갈 수 있을 것입니다. 그러므로 우리는 성령의 능력으로 충만해야 합니다.

선지자 스가랴도 두 감람나무의 계시를 보았는데, 두 감람나무는 기름 부음 받은 자로 온 세상의 주 앞에 서 있는 자였습니다(슥4:11-14). 두 감람나무는 이스라엘 백성의 두 지도자 곧 대제사장 여호수아와 총독 스룹바벨을 가리켰습니다.

계11:10   "이 두 선지자가 땅에 사는 자들을 괴롭게 한 고로 땅에 사는 자들이 그들의 죽음을 즐거워하고 기뻐하여 서로 예물을 보내리라 하더라"

슥4:11-14 "내가 그에게 물어 이르되 등잔대 좌우의 두 감람나무는 무슨 뜻이니이까 하고 다시 그에게 물어 이르되 금 기름을 흘리는 두 금관 옆에 있는 이 감람나무 두 가지는 무슨 뜻이니이까 하니 그가 내게 대답하여 이르되 네가 이것이 무엇인지 알지 못하느냐 하는지라 내가 대답하되 내 주여 알지 못하나이다 하니 이르되 이는 기름 부음 받은 자 둘이니 온 세상의 주 앞에 서 있는 자니라 하더라"

두 증인은 예수님께서 주신 권세를 가지고 아무 때든지 원하는 대로 여러 가지 재앙으로 땅을 칠 것입니다. 그리고 만일 누구든지 두 증인을 해하고자 하면 저희 입에서 불이 나서 그 원수를 소멸할 것이며, 누구든지 두 증인을 해하려 하면 반드시 죽임을 당할 것입니다. 곧 두 증인이 증언할 동안에는 하나님께서 온전히 보호해주십니다. 그리고 두 증인은 주께서 주신 권세를 가지고 증언을 하는 날 동안 하늘을 닫아 비 오지 못하게 할 것입니다. 두 증인이 증언하는 7년 대환난의 전 삼 년 반 동안에는 비가 오지 않을 것입니다. 이는 선지자 엘리야가 행하였던 능력입니다. 선지자 엘리야는 하늘에서 불이 내리게 하였으며, 엘리야를 대적한 바알과 아세라 선지자 팔백 오십 명은 모두 죽임을 당했습니다. 또 엘리야는 그가 기도할 때 비가 오지 않기도 하고 또 비가 오기도 했습니다. 또한 두 증인은 주께서 주신 권세를 가지고 물을 변하여 피 되게 할 것입니다. 이는 모세가 행했던 능력으로 모세가 애굽의 하수를 떠다 부을 때 피가 되었습니다.

3) 짐승이 두 증인을 죽입니다(두 증인의 순교).

두 증인이 그 증언을 마칠 때에 무저갱으로부터 올라오는 짐승이 두 증인과 더불어 전쟁을 일으켜 그들을 이기고 그들을 죽이며(계11:7), 짐승에게 죽임을 당한 두 증인의 시체가 큰 성 길에 있게 되는데 그 성은 영적으로 하면 소돔이라고도 하고 애굽이라고도 하며 곧 그들의 주께서 십자가에 못 박히신 곳입니다(계11:8). 이에 백성들과 족속과 방언과 나라 중에서 사람들이 그 시체를 사흘 반 동안을 보며 무덤에 장사하지 못하게 하고(계11:9), 이 두 선지자가 땅에 사는 자들을 괴

롭게 한 고로 땅에 사는 자들이 그들의 죽음을 즐거워하고 기뻐하여
서로 예물을 보낼 것입니다(계11:10).

계11:7	"그들이 그 증언을 마칠 때에 무저갱으로부터 올라오는 짐승이 그들과 더불어 전쟁을 일으켜 그들을 이기고 그들을 죽일 터인즉"
계11:8	"그들의 시체가 큰 성 길에 있으리니 그 성은 영적으로 하면 소돔이라고도 하고 애굽이라고도 하니 곧 그들의 주께서 십자가에 못 박히신 곳이라"
계11:9	"백성들과 족속과 방언과 나라 중에서 사람들이 그 시체를 사흘 반 동안을 보며 무덤에 장사하지 못하게 하리로다"
계11:10	"이 두 선지자가 땅에 사는 자들을 괴롭게 한 고로 땅에 사는 자들이 그들의 죽음을 즐거워하고 기뻐하여 서로 예물을 보내리라 하더라"

짐승이 올라온 〈무저갱〉은 "바닥이 없는 깊은 곳(심연)"이란 뜻으로
사탄(마귀)과 귀신들을 가두는 곳입니다. 그리고 〈무저갱에서 올라오
는 짐승〉은 사탄(마귀)의 지배를 받는 독재자(적그리스도)입니다. 이
짐승은 요한계시록 13장에 나오는 짐승으로 사탄(마귀)에게 능력과
보좌와 큰 권세를 받고 7년 대환난의 후 삼 년 반 동안 세계를 지배
하는 불법의 사람 곧 멸망의 아들입니다. 이 짐승은 7년 대환난의 전
삼 년 반의 마지막에 나타나 두 증인을 죽이고, 성도들을 박해하는 후
삼 년 반 동안 세계를 통치할 것입니다. 그런데 두 증인은 〈그 증언
을 마칠 때에〉 짐승에게 죽임을 당합니다. 예수님의 증인들은 그 증

언을 마치기까지는 하나님의 보호를 받습니다. 두 증인이 죽임을 당하는 것은 그 증언을 마쳤기 때문입니다. 또 하나님께서 두 증인을 짐승에게 죽임을 당하게 하신 것은 짐승과 그 짐승을 따르는 악한 자들을 심판하시기 위함입니다. 그러므로 성도들은 부당하게 고난을 받아도 그리스도를 생각함으로 기뻐해야 합니다. 그리고 〈영적으로 소돔이라고도 하고 애굽이라고도 하는 주께서 십자가에 못 박힌 곳〉은 소돔과 같이 타락하고 애굽과 같이 성도들을 핍박하며 예루살렘과 같이 믿음이 타락한 성입니다. 그 큰 성은 요한계시록 17-18장에 나오는 바벨론입니다.

세상 사람들이 〈두 증인의 시체를 보며 무덤에 장사하지 못하게 함〉은 두 증인에게 최대의 모욕과 수치를 가하는 행위입니다. 그리고 〈두 선지자가 땅에 사는 자들을 괴롭게 한 것〉은 두 선지자가 세상 사람들에게 예언하는데 세상 사람들이 두 증인의 예언을 매우 거북하고 불편하게 여긴 것입니다. 그래서 세상 사람들은 두 선지자의 죽음을 즐거워하고 기뻐하여 서로 예물을 보냅니다. 멸망할 무리들에게도 기쁨이 있습니다. 그러나 그 기쁨은 사악한 기쁨이요 없어질 순식간의 기쁨입니다. 이 때 세상 사람들에게는 온 세상이 사탄의 세상인양 보일 것입니다.

두 증인이 성령 충만한 모든 교회와 성령 충만한 모든 성도들을 의미한다면 〈짐승이 두 증인을 죽이는 것〉은 짐승이 성도들을 이기며 박해함을 의미하며, 〈사람들이 두 증인의 시체를 사흘 반 동안 무덤에 장사하지 못하게 하고 그들의 죽음을 즐거워하고 기뻐하여 서로 예물을 보내는 것〉은 7년 대환난의 후 삼년 반 동안 짐승의 박해로 성도들이 마치 죽은 자와 같이 되어 불신자들의 구경거리가 되는 것을 의미하는 것으로 볼 수 있습니다. 초대 교회 성도들도 비방과 환난으로써 사람에게 구경거리가 되었고(히10:32-33), 사도 바울도 죽이기로 작정된 자 같이 되어 천사와 사람에게 구경거리가 되었습니다(고전4:9).

히10:32-33 "전날에 너희가 빛을 받은 후에 고난의 큰 싸움을 견디어 낸 것을 생각하라 혹은 비방과 환난으로써 사람에게 구경거리가 되고 혹은 이런 형편에 있는 자들과 사귀는 자가 되었으니"

고전4:9 "내가 생각하건대 하나님이 사도인 우리를 죽이기로 작정된 자 같이 끄트머리에 두셨으매 우리는 세계 곧 천사와 사람에게 구경거리가 되었노라"

4) 두 증인이 살아나서 하늘로 올라갑니다(두 증인의 부활과 승천).

짐승이 두 증인을 죽이고 세상의 불신자들이 두 증인의 시체를 큰 성 길에 두고 보며 장사하지 못하게 하는 삼일 반 후에 하나님께로부터 생기가 그들 속에 들어가매 그들이 발로 일어서니 구경하는 자들이 크게 두려워하였습니다(계11:11). 이 때 하늘로부터 큰 음성이 있어 이리로 올라 함을 그들이 듣고 구름을 타고 하늘로 올라가니 그들의 원수들도 구경하였습니다(계11:12). 그 때에 큰 지진이 나서 성 십분의 일이 무너지고 지진에 죽은 사람이 칠천이며, 그 남은 자들이 두려워하여 영광을 하늘의 하나님께 돌렸습니다(계11:13).

계11:11 "삼 일 반 후에 하나님께로부터 생기가 그들 속에 들어가매 그들이 발로 일어서니 구경하는 자들이 크게 두려워하더라"

계11:12   "하늘로부터 큰 음성이 있어 이리로 올라오라 함을 그들이 듣
고 구름을 타고 하늘로 올라가니 그들의 원수들도 구경하더라"

계11:13   "그 때에 큰 지진이 나서 성 십분의 일이 무너지고 지진에 죽은
사람이 칠천이라 그 남은 자들이 두려워하여 영광을 하늘의 하
나님께 돌리더라"

짐승에게 죽임을 당한 두 증인은 큰 성 길에 있어 사람들이 그 시체
를 보며 삼일 반 동안 장사를 못하게 하였는데 〈삼일 반 후에 하나님
께로부터 생기가 그들 속에 들어가매 그들이 발로 일어선 것〉은 짐승
에게 죽임을 당한 두 선지자가 다시 살아나는 것(부활하는 것)을 의미
합니다. 그리고 〈하늘로부터 큰 음성이 있어 이리로 올라오라 함을 그
들이 듣고 구름을 타고 하늘로 올라간 것〉은 부활한 두 증인이 승천하
는 것을 의미합니다. 짐승에게 죽임을 당한 두 증인 곧 두 선지자는 부
활하여 하늘로 올라오라는 음성을 듣고 구름을 타고 하늘로 올라갔으
며 그들의 원수들도 구경하였으며, 그 때에 큰 지진이 나서 성 십분의
일이 무너지고 지진에 사람 칠천 명이 죽었으며, 그 남은 자들은 두려
워하여 영광을 하늘의 하나님께 돌렸습니다. 그런데 두 증인이 성령
충만한 모든 성도들을 의미한다면 이는 7년 대환난의 후 삼년 반 동
안 박해를 받은 성도들이 7년 대환난 후에 부활하여 승천할 것을 의
미하기도 합니다. 우리는 최후의 승리의 날을 바라보아야 합니다. 우
리는 우리의 부활을 굳게 믿어야 합니다. 그리고 맡은 바 교회와 성도
의 사명을 다해야 합니다.

3. 일곱째 나팔

둘째 화(유브라데 전쟁의 재앙)까지는 지나갔습니다. 그러나 아직 마지막 재앙인 셋째 화(일곱 대접 재앙)가 남아 있습니다. 그리고 이제 셋째 화가 속히 이르게 됩니다(계11:14). 셋째 화는 일곱 대접의 재앙으로 7년 대 환난 후에 내리는 재앙이며 전 세계에 내리는 재앙입니다. 셋째 화는 마지막 화요, 불신자들에 대한 마지막 진노요, 마지막 재앙입니다. 나팔을 가진 일곱째 천사가 나팔을 불매 셋째 화가 이르기 전에 하늘에서 그리스도와 하나님을 찬양하는 광경이 계시됩니다.

계11:14   "둘째 화는 지나갔으나 보라 셋째 화가 속히 이르는도다"

1) 일곱째 천사가 나팔을 불매 하늘에서 큰 음성이 났습니다.
나팔을 가지고 나팔 불기를 준비한 일곱째 천사가 나팔을 불매 하늘에 큰 음성들이 나서 이르되 "세상 나라가 우리 주와 그의 그리스도의 나라가 되어 그가 세세토록 왕 노릇 하시리로다" 하였습니다(계11:15).

계11:15   "일곱째 천사가 나팔을 불매 하늘에 큰 음성들이 나서 이르되
            세상 나라가 우리 주와 그의 그리스도의 나라가 되어 그가 세
            세토록 왕 노릇 하시리로다 하니"

7년 대환난 후에 예수님이 재림하실 것이며, 예수님이 재림하실 때

성도들은 부활하여 구름 속으로 끌어올려져서 예수님을 영접하는 어린양의 혼인잔치에 참여하며, 땅에는 일곱 대접의 재앙이 내려 세상 나라는 망하게 될 것입니다. 그리고 예수님이 성도들과 함께 지상으로 내려오시며, 세계를 통치하던 두 짐승은 붙잡혀 산 채로 유황 불 못에 던져지고, 마귀는 천 년 동안 무저갱에 갇히게 되며, 세상 나라가 그리스도의 나라가 되어 그리스도께서 천 년 동안 왕 노릇 하실 것입니다(지상 천년왕국). 신구약 시대의 모든 하나님의 종들이 선포하고 소망하던 하나님의 나라(그리스도의 왕국)가 마침내 실현되는 것입니다. 인류 역사는 하나님의 나라와 그리스도의 왕국을 향해 나아가고 있습니다. 재앙이나 환난도 하나님의 나라와 그리스도의 왕국을 이루어 가는 과정입니다. 그리고 그 어떤 세력도 이 일을 방해할 수 없습니다. 하나님의 나라와 그리스도의 왕국은 반드시 이루어집니다.

2) 이십사 장로들이 하나님께 경배하여 찬양했습니다.

일곱째 천사가 나팔을 불매 하늘에 큰 음성들이 나서 "세상 나라가 우리 주와 그의 그리스도의 나라가 되어 그가 세세토록 왕 노릇 하시리로다" 하였습니다. 이에 하나님 앞에서 자기 보좌에 앉아 있던 이십사 장로가 엎드려 얼굴을 땅에 대고 하나님께 경배하며(계11:16), "감사하옵나니 옛적에도 계셨고 지금도 계신 주 하나님 곧 전능하신 이여 친히 큰 권능을 잡으시고 왕 노릇 하시도다" 하였습니다(계11:17). 또한 이십사 장로는 "이방들이 분노하매 주의 진노가 내려 죽은 자를 심판하시며 종 선지자들과 성도들과 또 작은 자든지 큰 자든지 주의 이름을 경외하는 자들에게 상 주시며 또 땅을 망하게 하는 자들을 멸망시키실 때로소이다" 하였습니다(계11:18).

계11:16   "하나님 앞에서 자기 보좌에 앉아 있던 이십사 장로가 엎드려
          얼굴을 땅에 대고 하나님께 경배하여"
계11:17   "이르되 감사하옵나니 옛적에도 계셨고 지금도 계신 주 하나님
          곧 전능하신 이여 친히 큰 권능을 잡으시고 왕 노릇 하시도다"
계11:18   "이방들이 분노하매 주의 진노가 내려 죽은 자를 심판하시며
          종 선지자들과 성도들과 또 작은 자든지 큰 자든지 주의 이름
          을 경외하는 자들에게 상 주시며 또 땅을 망하게 하는 자들을
          멸망시키실 때로소이다 하더라"

    이십사 장로는 영원하시고 전능하신 하나님께서 큰 권능을 잡으시
고 왕 노릇 하심과 하나님께서 죽은 자를 심판하시며, 성도들에게 상
주시며, 땅을 망하게 하는 자들을 멸망시키실 때임을 찬양했습니다.
〈옛적에도 계셨고 지금도 계신 주 하나님〉은 하나님의 선재성과 영원
성을 의미하며, 하나님의 주권을 의미합니다. 그리고 〈전능하신 이〉
는 하나님의 무소불위하신 능력을 의미합니다. 하나님은 친히 큰 권
능을 잡으시고 왕 노릇하십니다. 그래서 이십사 장로가 하나님께 경
배하며 찬양했습니다. 또한 〈이방들〉 곧 〈죽은 자들〉은 불신자들을
의미하며 〈땅을 망하게 하는 자들〉은 사탄과 그 추종세력입니다. 일
곱째 천사가 나팔을 불매 분노한 이방들에게 주의 진노가 내려 그들
을 심판하며, 하나님께서 그 종 선지자들과 성도들과 주의 이름을 경
외하는 자들에게 상 주시며 또 땅을 망하게 하는 자들을 멸망시키실

때가 된 것입니다. 그래서 이십 사 장로가 하나님께 경배하며 찬양했습니다. 이방들이 분노한 때는 7년 대환난이며, 하나님이 심판하시고 상 주시며 멸망시키실 때가 된 것입니다. 7년 대환난을 통해 하나님이 심판하시며 상 주실 자들과 멸망시키실 자들이 구별되게 됩니다.

3) 하늘에 있는 하나님의 성전이 열렸습니다.

이십 사 장로들이 하나님께 경배하였으며 이에 하늘에 있는 하나님의 성전이 열리니 성전 안에 하나님의 언약궤가 보이며 또 번개와 음성들과 우레와 지진과 큰 우박이 있었습니다(계11:19).

계11:19 "이에 하늘에 있는 하나님의 성전이 열리니 성전 안에 하나님의 언약궤가 보이며 또 번개와 음성들과 우레와 지진과 큰 우박이 있더라"

하늘에 있는 〈하나님의 성전 안에 하나님의 언약궤가 보임〉은 하나님이 언약을 이루심을 의미합니다. 하나님의 언약은 그 자녀들을 영원한 안식의 처소로 인도하시겠다는 언약입니다. 아울러 하나님을 대적하는 자들은 영원한 형벌을 피할 수 없습니다. 그리고 하늘에 있는 하나님의 성전 안에 있는 〈번개와 음성들과 우레와 지진과 큰 우박〉은 하나님의 심판의 도구들이며, 하나님의 권능과 위엄찬 임재를 의미합니다. 하나님은 심판주이십니다. 성전 안에 있는 번개와 음성들과 우레와 지진과 큰 우박은 요한계시록 16장에 나오는 일곱째 대접 재앙에서 땅에 임하게 되며, 예수님께서 사도 요한에게 7년 대환난 후에 불신자들을 심판하실 재앙을 보여주신 것입니다.

4. 해를 입은 여자와 붉은 용

일곱째 나팔 후에 예수님께서 사도 요한에게 하나님이 상 주실 자들과 멸망시키실 자들을 구별되게 하는 7년 대환난을 보여주셨습니다.

요한계시록 12장에는 해를 입은 한 여자와 한 큰 붉은 용이 나옵니다. 해를 입은 한 여자는 교회를 의미하며, 한 큰 붉은 용은 마귀(사탄)를 의미합니다. 붉은 용이 해를 입은 여자를 박해하는데, 이는 마귀가 교회를 박해하는 것을 의미합니다. 하나님은 거짓으로 하와를 유혹한 옛 뱀 곧 사탄(마귀)에게 "여자와 원수가 되게 하리라"고 말씀하셨습니다(창3:15).

마귀(사탄)가 교회를 박해하는 기간은 천이백육십 일로 요한계시록 11장에 나오는 두 증인이 증언하는 기간과 같은 7년 대환난의 전 삼년 반입니다. 7년 대환난의 전 삼년 반 기간을 요한계시록 11장에서는 두 증인이 증언하는 관점에서 기록하였고, 요한계시록 12장에서는 마귀가 교회를 박해하는 관점에서 기록하였습니다. 마귀가 교회를 박해하지만 예수 그리스도의 증인들은 어떠한 박해에도 굴하지 아니하고 증언합니다(복음을 전합니다).

1) 해를 입은 한 여자가 있었습니다.

사도 요한에게 하늘에 큰 이적이 보였는데 해를 입은 한 여자가 있었으며, 그 발아래에는 달이 있고 그 머리에는 열두 별의 관을 썼습니다(계12:1). 그리고 이 여자가 아이를 배어 해산하게 되매 아파서 애를 쓰며 부르짖었습니다(계12:2).

계12:1   "하늘에 큰 이적이 보이니 해를 입은 한 여자가 있는데 그 발 아래에는 달이 있고 그 머리에는 열두 별의 관을 썼더라"

계12:2   "이 여자가 아이를 배어 해산하게 되매 아파서 애를 쓰며 부르 짖더라"

〈해를 입은 한 여자〉는 예수 그리스도의 신부 되는 교회를 의미하며, 여자가 〈해를 입음〉은 교회가 예수 그리스도의 존귀와 영광을 받고 있음을 의미합니다. 그리고 여자의 〈발 아래에는 달이 있음〉은 교회는 영원히 불변하는 확실한 그리스도의 증인임을 의미하며(시89:37), 여자의 〈머리에 열두 별의 관을 썼음〉은 교회는 하나님의 택하심을 받았으며, 하나님의 사자이며, 승리함을 의미합니다. 곧 교회는 불변하며, 하나님의 택하심을 받았고, 복음을 증언하며, 반드시 승리합니다. 음부의 권세가 교회를 이기지 못합니다(마16:18). 또한 여자가 〈아이를 배어 해산하게 됨〉은 교회가 죄인들을 회개하게 하여 구원을 얻게 하는 것을 의미하며, 여자가 〈아파서 애를 쓰며 부르짖는 것〉은 교회가 죄인들을 회개하게 하는 것은 산고와 같음을 의미합니다. 교회가 사탄 세력의 박해와 미혹에도 믿음을 지키며 사명을 감당하는 것은 산고와 같습니다. 사도 바울도 전도를 위하여 해산하는 수고를 하였습니다(갈4:19).

시89:37	"또 궁창의 확실한 증인인 달 같이 영원히 견고하게 되리라 하셨도다"
마16:18	"또 내가 네게 이르노니 너는 베드로라 내가 이 반석 위에 내 교회를 세우리니 음부의 권세가 이기지 못하리라"
갈4:19	"나의 자녀들아 너희 속에 그리스도의 형상을 이루기까지 다시 너희를 위하여 해산하는 수고를 하노니"

2) 한 큰 붉은 용이 있었습니다.

사도 요한에게 하늘에 또 다른 이적이 보였는데 한 큰 붉은 용이 있어 머리가 일곱이요 뿔이 열이었으며, 그 여러 머리에 일곱 왕관이 있었습니다(계12:3). 그리고 용의 꼬리가 하늘의 별 삼분의 일을 끌어다가 땅에 던졌으며, 용이 해산하려는 여자 앞에서 그가 해산하면 그 아이를 삼키고자 하였습니다(계12:4).

계12:3	"하늘에 또 다른 이적이 보이니 보라 한 큰 붉은 용이 있어 머리가 일곱이요 뿔이 열이라 그 여러 머리에 일곱 왕관이 있는데"
계12:4	"그 꼬리가 하늘의 별 삼분의 일을 끌어다가 땅에 던지더라 용이 해산하려는 여자 앞에서 그가 해산하면 그 아이를 삼키고자 하더니"

〈한 큰 붉은 용〉은 사탄 곧 마귀이며, 용이 〈크고 붉은 것〉은 강력한 힘을 가진 잔인한 자임을 의미합니다. 그리고 용이 〈머리가 일곱이

요 뿔이 열임〉은 강력한 권세와 힘을 가진 임금임을 의미하며, 〈여러 머리에 일곱 왕관이 있음〉은 승리를 의미합니다. 마귀는 이 세상 임금이며, 세상적인 힘과 능력을 가지고 교회와 성도들을 핍박하여 승리하는 것처럼 보일 것입니다. 그러나 마귀의 승리는 거짓된 승리입니다. 또한 〈용의 꼬리가 하늘 별 삼분의 일을 끌어다가 땅에 던짐〉은 마귀(사탄)가 천사들의 일부(삼분의 일)를 거짓말로 미혹하여 타락시켜 자기 수하에 둔 것을 의미합니다. 꼬리는 거짓 선지자를 의미하며(사9:15), 자기 처소를 떠난 천사들이 있습니다(유1:6). 그런데 〈하늘 별〉을 목회자로 볼 수도 있습니다. 환난이 오면 목회자들이 사탄의 미혹에 넘어가 타락하기도 할 것입니다. 곧 믿음에서 떠나 미혹하게 하는 영과 귀신의 가르침을 따르는 자들이 있고(딤전4:1), 배도하는 일이 있을 것입니다(살후2:3). 그리고 〈용이 해산하려는 여자 앞에서 그가 해산하면 그 아이를 삼키고자 함〉은 마귀(사탄)가 성도들을 미혹하고 박해하는 것을 의미합니다. 마귀(사탄)는 성도들을 죽이려고, 곧 구원을 얻지 못하게 하려고 미혹하고 박해합니다.

사9:15   "그 머리는 곧 장로와 존귀한 자요 그 꼬리는 곧 거짓말을 가르치는 선지자라"

유1:6   "또 자기 지위를 지키지 아니하고 자기 처소를 떠난 천사들을 큰 날의 심판까지 영원한 결박으로 흑암에 가두셨으며"

딤전4:1   "그러나 성령이 밝히 말씀하시기를 후일에 어떤 사람들이 믿음에서 떠나 미혹하는 영과 귀신의 가르침을 따르리라 하셨으니"

살후2:3   "누가 어떻게 하여도 너희가 미혹되지 말라 먼저 배교하는 일

이 있고 저 불법의 사람 곧 멸망의 아들이 나타나기 전에는 그
날이 이르지 아니하리니"

3) 여자가 아들을 낳았습니다.

여자가 아들을 낳았는데 이는 장차 철장으로 만국을 다스릴 남자이
며, 그 아이를 하나님 앞과 그 보좌 앞으로 올려 갔습니다(계12:5). 그
리고 그 여자가 광야로 도망하매 거기서 천이백육십 일 동안 그를 양
육하기 위하여 하나님께서 예비하신 곳이 있었습니다(계12:6).

계12:5   "여자가 아들을 낳으니 이는 장차 철장으로 만국을 다스릴 남
           자라 그 아이를 하나님 앞과 그 보좌 앞으로 올려가더라"
계12:6   "그 여자가 광야로 도망하매 거기서 천이백육십일 동안 그를
           양육하기 위하여 하나님께서 예비하신 곳이 있더라"

〈여자가 낳은 아들〉은 그리스도인들을 의미하며, 〈철장〉은 강력한
권세와 능력을 의미합니다. 그리스도인들은 하나님의 권세와 능력으
로 천년 왕국에서 그리스도와 함께 만국을 다스리며 왕 노릇할 것입
니다. 그리고 〈그 아이를 하나님 앞과 그 보좌 앞으로 올려감〉은 교회
를 통해 구원 받은 그리스도인들이 하늘에 거하는 자가 됨을 의미합니
다(계12:12). 물론 그리스도인들의 승천을 의미하기도 할 것입니다.
모든 그리스도인들은 부활하여 승천할 것입니다. 예수님도 여자에게
서 나셨으며(갈4:4), 헤롯왕이 예수님을 죽이려했으며(마2:13), 예수
님도 승천하셨습니다(막16:19). 또한 아들을 낳은 여자가 광야로 도

망하여 〈거기서 천이백육십 일 동안 그를 양육하기 위하여 하나님께서 예비하신 곳이 있음〉은 하나님께서 7년 대환난의 전 삼년 반 동안 교회를 보호하시고 양육하심을 의미합니다. 죄인들을 구원 받게 하는 일을 하는 교회는 7년 대환난의 전 삼년 반 동안 마귀(사탄)의 박해를 받을 때 하나님의 보호와 양육을 받을 것입니다. 출애굽한 이스라엘 자손도 광야에서 하나님의 보호와 양육을 받았습니다.

계12:12   "그러므로 하늘과 그 가운데에 거하는 자들은 즐거워하라 그러나 땅과 바다는 화 있을진저 이는 마귀가 자기의 때가 얼마 남지 않은 줄을 알므로 크게 분내어 너희에게 내려갔음이라"

갈4:4   "때가 차매 하나님이 그 아들을 보내사 여자에게서 나게 하시고 율법 아래에 나게 하신 것은"

마2:13   "그들이 떠난 후에 주의 사자가 요셉에게 현몽하여 이르되 헤롯이 아기를 찾아 죽이려 하니 일어나 아기와 그의 어머니를 데리고 애굽으로 피하여 내가 네게 이르기까지 거기 있으라 하시니"

막16:19   "주 예수께서 말씀을 마치신 후에 하늘로 올려지사 하나님 우편에 앉으시니라"

4) 하늘에 전쟁이 있었습니다.

하늘에 전쟁이 있으니 미가엘과 그의 사자들이 용과 더불어 싸우는데 용과 그의 사자들도 싸웠습니다(계12:7). 그러나 용과 그 사자들이 이기지 못하여 다시 하늘에서 그들이 있을 곳을 얻지 못하였습니다(계12:8). 그래서 큰 용이 내쫓겼는데 옛 뱀 곧 마귀라고도 하고 사탄이라고도 하며 온 천하를 꾀는 자입니다. 이렇게 마귀가 땅으로 내쫓기니 그의 사자들도 그와 함께 내쫓겼습니다(계12:9).

계12:7   "하늘에 전쟁이 있으니 미가엘과 그의 사자들이 용과 더불어 싸울새 용과 그의 사자들도 싸우나"

계12:8   "이기지 못하여 다시 하늘에서 그들이 있을 곳을 얻지 못한지라"

계12:9   "큰 용이 내쫓기니 옛 뱀 곧 마귀라고도 하고 사탄이라고도 하며 온 천하를 꾀는 자라 그가 땅으로 내쫓기니 그의 사자들도 그와 함께 내쫓기니라"

〈미가엘과 그의 사자들〉은 싸우는 일을 하는 천사장 미가엘과 그의 천사들이며, 〈용과 그 사자들〉은 마귀(사탄)와 타락한 천사들입니다. 마귀(사탄)는 천사장 미가엘과 싸워 이기지 못하여 하늘에서 있을 곳을 얻지 못하고 타락한 천사들과 함께 땅으로 내쫓겼으며 온 천하를 꾀는 자입니다. 마귀는 패배자입니다.

5) 하늘에 큰 음성이 있었습니다.

하늘에 전쟁이 있음을 본 사도 요한이 또 들으니 하늘에 큰 음성이 있어 하나님의 구원과 능력과 나라와 그리스도의 권세가 나타남을 말하였고(계12:10), 그리고 하나님 앞에서 성도들을 밤낮 참소하던 마귀(사탄)가 쫓겨남을 말하였으며(계12:10), 또 죽기까지 자기들의 생명을 아끼지 아니한 성도들이 어린 양의 피와 자기들의 증언하는 말씀으로써 마귀(사탄)를 이겼음을 말하였고(계12:11), 마귀가 자기의 때가 얼마 남지 않은 줄을 알므로 크게 분내어 땅과 바다에 거하는 자들에게 내려갔음으로 하늘과 그 가운데에 거하는 자들은 즐거워하라고 말하며, 땅과 바다(이 세상)에 거하는 자들은 화가 있다고 말하였습니다(계12:12).

계12:10   "내가 또 들으니 하늘에 큰 음성이 있어 이르되 이제 우리 하나님의 구원과 능력과 나라와 또 그의 그리스도의 권세가 나타났으니 우리 형제들을 참소하던 자 곧 우리 하나님 앞에서 밤낮 참소하던 자가 쫓겨났고"

계12:11   "또 우리 형제들이 어린 양의 피와 자기들이 증언하는 말씀으로써 그를 이겼으니 그들은 죽기까지 자기들의 생명을 아끼지 아니하였도다"

계12:12   "그러므로 하늘과 그 가운데에 거하는 자들은 즐거워하라 그러나 땅과 바다는 화 있을진저 이는 마귀가 자기의 때가 얼마 남지 않은 줄을 알므로 크게 분내어 너희에게 내려갔음이라 하더라"

마귀(사탄)는 하늘에서 땅으로 내쫓겨나기 전에는 하나님 앞에서 밤낮 성도들을 참소하던 자였습니다. 사탄은 욥을 참소하였으며(욥 1:9), 대제사장 여호수아를 대적하였습니다(슥3:1). 마귀가 하늘에서 내쫓겨남으로 하나님의 구원과 능력과 나라와 또 그의 그리스도의 권세가 나타났습니다. 예수님은 "내가 성령을 힘입어 귀신을 쫓아내는 것이면 하나님의 나라가 이미 너희에게 임하였느니라"고 말씀하셨습니다(마12:28). 또한 마귀가 하늘에서 내쫓겨남으로 성도들이 그를 이겼습니다. 성도들은 어린 양의 피와 자기들이 증언하는 말씀으로 마귀를 이겼으며, 그들은 죽기까지 자기들의 생명을 아끼지 아니하였습니다. 그런데 하늘에서 땅으로 내쫓긴 마귀는 자기의 때가 얼마 남지 않은 줄을 알므로 크게 분내어 세상 사람들에게 내려갔습니다. 그러므로 하늘과 그 가운데에 거하는 자들 곧 성도들은 즐거워해야 하고, 땅과 바다 곧 불신자들은 화가 있습니다.

마귀는 그리스도에게도 패배했고, 교회에게도 패배했고, 성도들에게도 패배했습니다. 마귀는 승리가 없습니다. 그런데 마귀가 불 못에 던져질 때(계20:10)가 얼마 남지 않았습니다. 이 사실을 아는 마귀는 자기를 따르는 불신자들에게 크게 분을 냅니다. 그래서 땅에 사는 불신자들은 화가 있습니다.

욥1:9	"사탄이 여호와께 대답하여 이르되 욥이 어찌 까닭 없이 하나님을 경외하리이까"
슥3:1	"대제사장 여호수아는 여호와의 천사 앞에 섰고 사탄은 그의 오른쪽에 서서 그를 대적하는 것을 여호와께서 내게 보이시니라"
마12:28	"그러나 내가 하나님의 성령을 힘입어 귀신을 쫓아내는 것이면 하나님의 나라가 이미 너희에게 임하였느니라"
계20:10	"또 그들을 미혹하는 마귀가 불과 유황 못에 던져지니 거기는 그 짐승과 거짓 선지자도 있어 세세토록 밤낮 괴로움을 받으리라"

6) 땅으로 내쫓긴 용은 여자를 핍박하였습니다.

큰 붉은 용 곧 마귀(사탄)는 여자가 낳은 아이를 삼키려 하였으나 삼키지 못했습니다. 마귀는 천사 미가엘과의 전쟁에서 패배하여 땅으로 내쫓겼으며, 땅으로 내쫓긴 마귀는 지상에 있는 교회를 박해합니다.

사도 요한이 보니 용(마귀)이 자기가 땅으로 내쫓긴 것을 보고 남자를 낳은 여자 곧 교회를 박해하였습니다(계12:13). 이에 그 여자가 큰 독수리의 두 날개를 받아 광야 자기 곳으로 날아가 거기서 그 뱀(용)의 낯을 피하여 한 때와 두 때와 반 때를 양육 받습니다(계12:14). 이때 여자의 뒤에서 뱀(용)이 그 입으로 물을 강 같이 토하여 여자를 물에 떠내려가게 하려 하였습니다(계12:15). 그런데 땅이 여자를 도와 그 입을 벌려 용(뱀)의 입에서 토한 강물을 삼켰습니다(계12:16). 이에 용(마귀)이 여자에게 분노하여 돌아가서 그 여자의 남은 자손 곧 하나님의 계명을 지키며 예수의 증거를 가진 자들과 더불어 싸우려고 바다 모래 위에 서 있었습니다(계12:7).

계12:13	"용이 자기가 땅으로 내쫓긴 것을 보고 남자를 낳은 여자를 박해하는지라"
계12:14	"그 여자가 큰 독수리의 두 날개를 받아 광야 자기 곳으로 날아가 거기서 그 뱀의 낯을 피하여 한 때와 두 때와 반 때를 양육 받으매"
계12:15	"여자의 뒤에서 뱀이 그 입으로 물을 강 같이 토하여 여자를 물에 떠내려 가게 하려 하되"
계12:16	"땅이 여자를 도와 그 입을 벌려 용의 입에서 토한 강물을 삼키니"

계12:17   "용이 여자에게 분노하여 돌아가서 그 여자의 남은 자손 곧 하
            나님의 계명을 지키며 예수의 증거를 가진 자들과 더불어 싸우
            려고 바다 모래 위에 서 있더라"

〈용이 자기가 땅으로 내쫓긴 것을 보고 남자를 낳은 여자를 박해하
는 것〉은 하늘에서 땅으로 내쫓긴 마귀가 교회를 박해하는 것을 의미
합니다. 이 땅에 있는 교회는 여러 모양으로 박해를 당하는데 그 이면
에는 마귀의 세력이 있습니다. 그리고 용이 여자를 박해하자 〈그 여
자가 큰 독수리의 두 날개를 받아 광야 자기 곳으로 날아가 거기서 그
뱀(용)의 낯을 피하여 한 때와 두 때와 반 때를 양육 받는 것〉은 7년
대환난의 전 삼년 반 동안 교회가 하나님의 보호를 받으며 양육을 받
는 것을 의미합니다. 〈독수리의 두 날개〉는 하나님의 절대적인 보호
와 인도를 의미합니다(출19:4). 또 〈여자의 뒤에서 뱀이 그 입으로 물
을 강같이 토하여 여자를 물에 떠내려가게 하려 한 것〉은 마귀가 교회
를 박해하고 시험하며 비방하여 없애려고 하는 것을 의미합니다. 교
회를 비방하는 자들은 사탄의 회당입니다(계2:9). 그리고 〈땅이 여자
를 도와 그 입을 벌려 용의 입에서 토한 강물을 삼키는 것〉은 하나님
의 초자연적인 보호를 의미합니다. 그래서 교회를 파괴시키려는 마귀
의 계획은 좌절됩니다. 또한 〈용이 여자에게 분노하여 돌아가서 그 여
자의 남은 자손과 더불어 싸우려고 바다 모래 위에 서 있는 것〉은 마
귀가 교회를 박해하는 것이 소용이 없게 되자 성도 개개인을 파괴시
키려고 하는 것을 의미합니다. 〈여자의 남은 자손〉은 지상에 있는 성
도들을 의미하며, 성도들은 하나님의 계명을 지키며 예수님의 증거

를 가진 자들입니다.

　마귀는 교회를 파괴시키지 못하자 교회에게 분노하여 돌아가서 성도 개개인을 파괴시키려고 합니다. 마귀가 성도 개개인을 파괴시키려고 박해하는 것이 7년 대환난의 후 삼년 반입니다. 그러므로 성도들은 마귀를 대적하여 이겨야 하며(벧전5:8-9), 마귀의 간계를 대적하기 위하여 하나님의 진신갑주를 입어야 합니다(엡6:11).

계2:9	"내가 네 환난과 궁핍을 알거니와 실상은 네가 부요한 자니라 자칭 유대인이라 하는 자들의 비방도 알거니와 실상은 유대인이 아니요 사탄의 회당이라"
벧전5:8-9	"근신하라 깨어라 너희 대적 마귀가 우는 사자 같이 두루 다니며 삼킬 자를 찾나니 너희는 믿음을 굳건하게 하여 그를 대적하라 이는 세상에 있는 너희 형제들도 동일한 고난을 당하는 줄을 앎이라"
엡6:11	"마귀의 간계를 능히 대적하기 위하여 하나님의 전신 갑주를 입으라"

5. 두 짐승

　요한계시록 13장의 말씀은 12장의 말씀의 연속으로 12장은 7년 대환난의 전 삼년 반을 말씀하고 13장은 7년 대환난의 후 삼년 반을 말씀합니다. 우리는 요한계시록 12장에서 마귀(사탄)의 정체를 알 수 있습니다. 마귀는 하와를 미혹한 옛 뱀이요 밤낮 성도들을 참소하던 온 천하를 꾀는 자입니다. 또한 마귀(사탄)는 하늘에서 그의 추종자들과 함께 땅으로 내쫓겼습니다. 그리고 땅으로 내쫓긴 마귀는 교회를 박해했으나 교회를 파괴하지 못했습니다. 그래서 마귀는 성도들 곧 하나님의 계명을 지키며 예수의 증거를 가진 자들로 더불어 싸우려고 하였습니다.

요한계시록 13장은 7년 대환난의 후 삼년 반에 마귀가 성도들과 어떻게 싸우는가를 말씀합니다. 요한계시록 13장에는 두 짐승이 나옵니다. 바다에서 한 짐승이 나오고 또 다른 짐승이 땅에서 올라옵니다. 바다에서 나오는 짐승은 하나님을 대적하는 독재자(적그리스도)이며, 불법의 사람이요 멸망의 아들입니다. 이 짐승은 후 삼년 반 동안 세계를 지배하는 독재자입니다. 그리고 땅에서 올라오는 짐승은 거짓 선지자로 바다에서 나오는 짐승 곧 불법의 사람, 멸망의 아들을 하나님으로 섬기도록 하는 거짓 선지자 노릇을 합니다. 마귀가 이 두 짐승으로 성도들을 박해하고 성도들과 싸웁니다. 이에 이 두 짐승은 마귀(사탄)에게 권세를 받아 하나님을 대적하며, 성도들을 박해하고, 지상 재림하시는 예수님과 전쟁을 일으키다가 사로 잡혀 산 채로 유황불 붙는 못에 던져지게 됩니다. 마귀(사탄)에게 권세를 받은 두 짐승이 마흔 두 달 동안 세계를 지배하며 성도들을 박해하는데 이 기간을 7년 대환난의 후 삼년 반이라고 합니다.

1) 바다에서 한 짐승이 나왔습니다.

사도 요한이 보니 바다에서 한 짐승이 나왔습니다. 이 짐승은 마귀

(사탄)의 화신으로 7년 대환난의 후 삼년 반 동안 세계를 지배하며 하나님을 대적하고 성도들을 박해하는 독재자(적그리스도)입니다.

선지자 다니엘도 이 짐승에 대해 말했습니다. 선지자 다니엘이 말한 이 짐승은 멸망의 가증한 것이었습니다(단9:27). 예수님은 선지자 다니엘의 말한바 멸망의 가증한 것이 거룩한 곳(성전)에 설 것을 말씀하셨습니다(마24:15). 다니엘은 큰 짐승 넷이 바다에서 나오는 환상을 보았는데 첫째 짐승은 사자와 같고, 둘째 짐승은 곰과 같으며, 셋째 짐승은 표범과 같고, 넷째 짐승은 무섭고 놀라우며 또 매우 강하며 또 쇠로 된 이가 있었으며 전의 모든 짐승과는 달랐습니다(단7:3-8). 다니엘이 본 넷째 짐승은 넷째 나라인데 이 나라는 모든 나라와 달라서 천하를 삼키고 밟아 부서뜨릴 것입니다. 넷째 짐승은 열 뿔이 있었는데 그 열 뿔은 넷째 나라에서 일어날 열 왕입니다. 그리고 그 후에 왕 하나가 일어나는데 이 왕은 먼저 있던 왕들과 다릅니다. 이 왕은 장차 말로 하나님을 대적하며 하나님의 성도들을 괴롭게 할 것이며, 하나님의 성도들은 그의 손에 붙인 바 되어 한 때와 두 때와 반 때(삼 년 반)를 지낼 것입니다(단7:23-25). 이 왕은 삼 년 반 동안 하나님을 대적하며. 성도들을 괴롭게 할 것이며, 때와 법을 고치고자 할 것이며, 하나님께 드리는 제사와 예물을 금지할 것입니다. 다니엘이 본 이 왕이 곧 사도 요한이 본 바다에서 나오는 짐승입니다. 선지자 다니엘은 바벨론제국의 박해 중에 있으면서 이 짐승의 계시를 받았으며, 사도 요한은 로마제국의 박해 중에 있으면서 이 짐승의 계시를 받았습니다.

사도 바울도 이 짐승에 대해 말했습니다. 이 짐승은 불법의 사람이요 멸망의 아들이며, 이 짐승은 하나님의 성전에 앉아 자기를 보여 하나님이라고 할 것입니다(살후2:3-4). 이 짐승의 비밀이 이미 활동하고 있으나 짐승이 그의 때에 나타나게 하려고 막는 자가 있습니다(살후2:6-7).

단9:27	"그가 장차 많은 사람들과 더불어 한 이레 동안의 언약을 굳게 맺고 그가 그 이레의 절반에 제사와 예물을 금지할 것이며 또 포악하여 가증한 것이 날개를 의지하여 설 것이며 또 이미 정한 종말까지 진노가 황폐하게 하는 자에게 쏟아지리라 하였느니라 하니라"
마24:15	"그러므로 너희가 선지자 다니엘의 말한 바 멸망의 가증한 것이 거룩한 곳에 선 것을 보거든 (읽는 자는 깨달을진저)"
단7:23-25	"모신 자가 이처럼 이르되 넷째 짐승은 곧 땅의 넷째 나라인데 이는 다른 나라들과는 달라서 온 천하를 삼키고 밟아 부서뜨릴 것이며 그 열 뿔은 그 나라에서 일어날 열 왕이요 그 후에 또 하나가 일어나리니 그는 먼저 있던 자들과 다르고 또 세 왕을 복종시킬 것이며 그가 장차 지극히 높으신 이를 말로 대적하며 또 지극히 높으신 이의 성도를 괴롭게 할 것이며 그가 때와 법을 고치고자 할 것이며 성도들은 그의 손에 붙인 바 되어 한 때와 두 때와 반 때를 지내리라"
살후2:3-4	"누가 어떻게 하여도 너희가 미혹되지 말라 먼저 배교하는 일이 있고 저 불법의 사람 곧 멸망의 아들이 나타나기 전에는 그 날이 이르지 아니하리니 그는 대적하는 자라 신이라고 불리는 모든 것과 숭배함을 받는 것에 대항하여 그 위에 자기를 하나

님이라고 내세우느니라"

살후2:6-7 "너희는 지금 그로 하여금 그의 때에 나타나게 하려 하여 막는 것을 아나니 불법의 비밀이 이미 활동하였으나 지금은 그것을 막는 자가 있어 그 중에서 옮겨질 때까지 하리라"

① 바다에서 나온 짐승은 뿔이 열이요 머리가 일곱이었습니다.

사도 요한이 보니 바다에서 한 짐승이 나오는데 뿔이 열이요 머리가 일곱이었으며, 그 뿔에는 열 왕관이 있고 그 머리들에는 신성 모독하는 이름들이 있었습니다(계13:1). 그리고 사도 요한이 본 짐승은 표범과 비슷하고 그 발은 곰의 발 같고 그 입은 사자의 입 같았으며, 용(마귀)이 자기의 능력과 보좌와 큰 권세를 그에게 주었습니다(계13:2).

계13:1 "내가 보니 바다에서 한 짐승이 나오는데 뿔이 열이요 머리가 일곱이라 그 뿔에는 열 왕관이 있고 그 머리들에는 신성 모독하는 이름들이 있더라"

계13:2 "내가 본 짐승은 표범과 비슷하고 그 발은 곰의 발 같고 그 입은 사자의 입 같은데 용이 자기의 능력과 보좌와 큰 권세를 그에게 주었더라"

〈바다에서 한 짐승이 나오는 것〉은 마귀(사탄)의 권세를 힘입은 독재자(적그리스도)의 출현을 의미합니다. 그리고 〈바다〉는 악한 세력의 근거지를 의미하며, 죽은 자들(불신자들)이 있는 곳을 의미합니다(계20:13). 또한 이 짐승이 〈뿔이 열이요 머리가 일곱인 것〉은 이 짐승이 어떠한 자인가를 보여주는 것인데 이 짐승이 모든 왕들보다 강하고 악한 왕임을 의미합니다. 〈열 뿔〉은 열 왕을 의미하며, 〈그 뿔에는 열 왕관이 있음〉은 권세 있는 왕을 의미합니다. 열 왕들은 자기의 능력과 권세를 짐승에게 줍니다(계17:12-13). 그래서 이 짐승은 능력과 권세가 막강합니다. 이 짐승에게 뿔이 열이 있는 것은 이 짐승이 활동할 당시의 어떤 왕보다도 강하고 악독한 왕임을 의미합니다. 이 짐승은 권세를 일시 동안 받은 열 왕들의 도움을 받아 7년 대환난의 후 삼년 반 동안 세계를 통치할 것입니다. 그리고 〈일곱 머리〉는 일곱 나라의 왕을 의미하며(계17:9-10), 〈그 머리들에는 신성 모독하는 이름들이 있음〉은 하나님을 모독하는 것을 의미합니다. 일곱 나라의 왕 중 망한 다섯 나라 왕은 앗수르, 바벨론, 메대, 바사, 헬라의 왕이며, 지금 있는 왕은 로마의 왕이며, 아직 이르지 아니한 나라의 왕은 바로 이 짐승일 것입니다. 이 짐승에게 머리가 일곱이 있는 것은 이 짐승이 전 세계의 역사적으로도 가장 강하며 악한 왕임을 의미하는 것입니다. 이 짐승은 앗수르 왕으로부터 세계를 지배하고 성도들을 박해한 왕들을 이어 세계를 지배하고 성도들을 박해하는데 이전 왕들보다 더 강하고 악독한 자입니다. 또한 이 짐승이 〈표범과 비슷하고 그 발은 곰의 발 같고 그 입은 사자의 입 같음〉은 표범과 곰과 사자를 합한 것과 같이 가장 사납고, 무지막지하며, 잔인한 자임을, 곧 이 짐승을 당할 자가 없을 정도로 위세가 큼을 의미합니다. 그리고 〈용이 자기의 능력과 보좌와 권세를 그에게 줌〉은 이 짐승에게 이러한 능력과 권세를 준 자는 용(마귀)임을 말씀합니다. 뿔이 열이요 머리가 일곱인 이 짐승은 요한계시록 12장에 나오는 큰 붉은 용(마귀)의 모습과 같습니다(계12:3). 이 짐승은 마귀의 화신입니다.

계20:13   "바다가 그 가운데에서 죽은 자들을 내주고 또 사망과 음부도
          그 가운데에서 죽은 자들을 내주매 각 사람이 자기의 행위대로
          심판을 받고"

계17:12-13 "네가 보던 열 뿔은 열 왕이니 아직 나라를 얻지 못하였으나 다
          만 짐승과 더불어 임금처럼 한동안 권세를 받으리라 그들이 한
          뜻을 가지고 자기의 능력과 권세를 짐승에게 주더라"

계17:9-10 "지혜 있는 뜻이 여기 있으니 그 일곱 머리는 여자가 앉은 일곱
          산이요 또 일곱 왕이라 다섯은 망하였고 하나는 있고 다른 하
          나는 아직 이르지 아니하였으나 이르면 반드시 잠간 동안 머무
          르리라"

계12:3   "하늘에 또 다른 이적이 보이니 보라 한 큰 붉은 용이 있어 머리
          가 일곱이요 뿔이 열이라 그 여러 머리에 일곱 왕관이 있는데"

② 온 땅이 바다에서 나온 짐승을 따르며 경배합니다.

바다에서 나온 짐승의 머리 하나가 상하여 죽게 된 것 같더니 그 죽
게 되었던 상처가 나으매 온 땅 곧 온 세상 사람들이 놀랍게 여겨 짐
승을 따릅니다(계13:3). 그리고 용(마귀)이 짐승에게 권세를 주므로
온 땅 곧 온 세상 사람들이 용에게 경배하며 짐승에게 경배하여 이르
되 "누가 이 짐승과 같으냐? 누가 능히 이와 더불어 싸우리요?" 하였
습니다(계13:4).

계13:3   "그의 머리 하나가 상하여 죽게 된 것 같더니 그 죽게 되었던
         상처가 나으매 온 땅이 놀랍게 여겨 짐승을 따르고"
계13:4   "용이 짐승에게 권세를 주므로 용에게 경배하며 짐승에게 경
         배하여 이르되 누가 이 짐승과 같으냐 누가 능히 이와 더불어
         싸우리요 하더라"

  짐승의 〈머리 하나가 상하여 죽게 된 것 같더니 그 죽게 되었던 상
처가 나은 것〉은 바벨론제국이나 로마제국의 황제와 같은 통치자가
세상에 보이지 않다가 예수님의 재림 전에 전 세계를 통치하는 이 독
재자(짐승)가 나타날 것을 의미합니다. 이 독재자(짐승)가 나타나므로
온 세상 사람들이 놀랍게 여겨 그를 따를 것입니다. 그리고 마귀(용)
가 이 독재자(짐승)에게 권세를 주므로 온 세상 사람들이 마귀에게 경
배하며, 이 독재자(짐승)를 경배하면서 이 독재자와 비길 자가 없고 싸
울 자가 없다고 말합니다.
  마귀(사탄)와 이 독재자(짐승)는 하나님께서 받으셔야 할 경배를 세
상 사람들에게 자신들이 받습니다. 이렇게 사람들에게 경배를 받는
것은 세상 사람들을 미혹하는 마귀의 목적입니다. 마귀는 땅의 백성
을 미혹하여 마치 자신이 하나님인양 경배를 받습니다. 마귀는 예수
님을 시험하면서 예수님에게도 자기에게 경배하라고 요구하였습니
다(마4:8-9). 그러나 예수님은 하나님께 경배하고 하나님만 섬기라
고 말씀하시면서 마귀를 물리치셨습니다(마4:10-11). 우리는 오직
하나님께만 경배하며 찬양해야 합니다. 하늘에서는 하나님께만 경배
하고 찬양합니다.

마4:8-9 　"마귀가 또 그를 데리고 지극히 높은 산으로 가서 천하 만국과
　　　　　그 영광을 보여 이르되 만일 내게 엎드려 경배하면 이 모든 것
　　　　　을 네게 주리라"

마4:10-11 "이에 예수께서 말씀하시되 사탄아 물러가라 기록되었으되 주
　　　　　너의 하나님께 경배하고 다만 그를 섬기라 하였느니라 이에 마
　　　　　귀가 예수를 떠나고 천사들이 나아와서 수종드니라"

③ 바다에서 나온 짐승은 마흔 두 달 동안 일할 권세를 받습니다.

　사도 요한이 보니 또 짐승이 과장되고 신성 모독을 말하는 입을 받
고 또 마흔두 달 동안 일할 권세를 받았습니다(계13:5). 그리고 짐승
이 입을 벌려 하나님을 향하여 비방하되 하나님의 이름과 그의 장막
곧 하늘에 사는 자들을 비방하였습니다(계13:6). 또 짐승이 권세를 받
아 성도들과 싸워 이기게 되고 각 족속과 백성과 방언과 나라 곧 전 세
계를 다스릴 권세를 받았습니다(계13:7). 이에 죽임을 당한 어린 양
의 생명책에 창세 이후로 기록되지 못하고 이 땅에 사는 자들은 다 그
짐승에게 경배하였습니다(계13:8).

계13:5 　"또 짐승이 과장되고 신성 모독을 말하는 입을 받고 또 마흔두
　　　　　달 동안 일할 권세를 받으니라"

계13:6 　"짐승이 입을 벌려 하나님을 향하여 비방하되 그의 이름과 그
　　　　　의 장막 곧 하늘에 사는 자들을 비방하더라"

계13:7 　"또 권세를 받아 성도들과 싸워 이기게 되고 각 족속과 백성과
　　　　　방언과 나라를 다스리는 권세를 받으니"

계13:8 　　　"죽임을 당한 어린 양의 생명책에 창세 이후로 이름이 기록되지 못하고 이 땅에 사는 자들은 다 그 짐승에게 경배하리라"

짐승이 〈과장되고 신성 모독을 말하는 입을 받은 것〉은 짐승이 사람들에게 큰 호소력과 설득력 있게 말하며, 하나님을 비방하는 말을 함을 의미합니다. 그리고 짐승이 일할 권세를 받은 〈마흔두 달〉은 7년 대환난의 후 삼 년 반을 의미합니다. 이 짐승이 7년 대환난의 후 삼 년 반 동안 하나님의 이름을 비방하고 하나님의 장막 곧 하늘에 사는 성도들을 비방하며, 성도들과 싸워 이기게 되고, 전 세계를 다스릴 것입니다. 이에 생명책에 기록되지 못하고 이 땅에 사는 자들은 다 그 짐승에게 경배합니다. 〈하늘에 사는 자들〉은 천국에 속한 성도들을 의미하며, 짐승이 〈권세를 받아 성도들과 싸워 이기게 됨〉은 짐승(독재자)이 성도들을 박해함을 의미합니다. 그러나 짐승이 성도들을 박해하는 것은 몸입니다. 짐승은 몸은 죽여도 영혼은 죽이지 못합니다. 그래서 성도들은 마지막 날 궁극적으로 승리합니다. 그러나 이 짐승이 세계를 지배하는 마흔두 달 동안 성도들은 환난과 고초를 당하게 됩니다. 이 때 순교자의 수가 차게 될 것입니다(계6:11). 또한 〈생명책에 기록되지 못하고 이 땅에 사는 자들〉은 불신자들을 의미하며, 불신자들은 다 짐승에게 경배합니다. 그러나 참 성도들은 결코 짐승에게 경배하지 않습니다. 참 성도들은 오직 하나님 한 분만을 경배하는 자들입니다.

계6:11 　　　"각각 그들에게 흰 두루마기를 주시며 이르시되 아직 잠시 동

안 쉬되 그들의 동무 종들과 형제들도 자기처럼 죽임을 당하여
그 수가 차기까지 하라 하시더라"

④ 누구든지 귀 있는 자는 들어야 합니다.

누구든지 귀가 있거든 들어야 합니다(계13:9). 왜냐하면 사로잡힐
자는 사로잡혀 갈 것이요 칼에 죽을 자는 마땅히 죽을 것이며 성도들
의 인내와 믿음이 여기 있기 때문입니다(계13:10).

계13:9   "누구든지 귀가 있거든 들을지어다"
계13:10   "사로잡힐 자는 사로잡혀 갈 것이요 칼에 죽을 자는 마땅히 칼
          에 죽을 것이니 성도들의 인내와 믿음이 여기 있느니라"

세상 종말에는 성도들에게 몇 갑절의 인내와 믿음이 요구됩니다. 이
는 사로잡힐 자는 사로잡혀갈 것이요 칼에 죽을 자는 마땅히 칼에 죽
을 것이기 때문입니다. 그리고 사로잡는 자는 사로잡힐 것이요 칼로
죽이는 자는 자기도 칼에 죽을 것이기 때문입니다. 그러므로 성도는
어떤 박해에도 인내하며 믿음을 지켜야 합니다. 곧 성도는 하나님의
주권에 절대 복종해야 합니다. 우리는 몸은 죽여도 영혼은 능히 죽이
지 못하는 마귀를 두려워하지 말고 오직 몸과 영혼을 지옥에 멸하시
는 하나님을 두려워해야 합니다(마10:28). 성도들을 박해한 짐승(독
재자)은 권세를 빼앗기고 멸망할 것입니다. 곧 짐승은 예수님의 지상
재림 때 예수님을 대적하여 싸우다가 붙잡혀 산 채로 유황불 못(지옥)
에 던져질 것입니다(계19:20). 곧 예수님께서 강림하여 나타나심으로

그를 폐하실 것입니다(살후2:8).

마10:28	"몸은 죽여도 영혼은 능히 죽이지 못하는 자들을 두려워하지 말고 오직 몸과 영혼을 능히 지옥에 멸하실 수 있는 이를 두려워하라"
계19:20	"짐승이 잡히고 그 앞에서 표적을 행하던 거짓 선지자도 함께 잡혔으니 이는 짐승의 표를 받고 그의 우상에게 경배하던 자들을 표적으로 미혹하던 자라 이 둘이 산 채로 유황불 붙는 못에 던져지고"
살후2:8	"그 때에 불법한 자가 나타나리니 주 예수께서 그 입의 기운으로 그를 죽이시고 강림하여 나타나심으로 폐하시리라"

2) 땅에서 다른 짐승이 올라왔습니다.

바다에서 나온 짐승을 본 사도 요한이 보매 또 다른 짐승이 땅에서 올라왔습니다. 땅에서 올라온 짐승은 거짓 선지자로 땅에 사는 사람들을 미혹하여 먼저 바다에서 나온 짐승(독재자)을 경배하게 합니다.

① 땅에서 올라온 짐승은 어린양 같이 두 뿔이 있고 용처럼 말하였습니다.

사도 요한이 보매 또 다른 짐승이 땅에서 올라오는데 어린양 같이 두 뿔이 있고 용처럼 말하였습니다(계13:11). 그리고 그가 먼저 나온 짐승의 모든 권세를 그 앞에서 행하고 땅과 땅에 사는 자들을 처음 짐승에게 경배하게 하였는데 처음 짐승은 죽게 되었던 상처가 나은 자입니다(계13:12).

계13:11　　"내가 보매 또 다른 짐승이 땅에서 올라오니 어린 양 같이 두
　　　　　　뿔이 있고 용처럼 말을 하더라"

계13:12　　"그가 먼저 나온 짐승의 모든 권세를 그 앞에서 행하고 땅과 땅
　　　　　　에 사는 자들을 처음 짐승에게 경배하게 하니 곧 죽게 되었던
　　　　　　상처가 나은 자니라"

　사도 요한이 본 땅에서 올라온 짐승은 마귀의 권세를 받은 거짓 선
지자입니다. 이 짐승이 〈어린 양 같이 두 뿔이 있음〉은 그리스도인양
모방하고 가장하는 것을 의미하며, 〈용처럼 말한 것〉은 마귀(사탄)에
게 속한 마귀의 종임을 의미합니다. 이 짐승은 하나님의 선지자로 가
장하는 거짓 선지자이며, 마귀의 말을 합니다. 이 짐승 곧 거짓 선지자
는 먼저 나온 짐승의 권세(사탄의 권세)를 그 앞에서 행하며, 온 세상
과 온 세상 사람들로 바다에서 나온 짐승(독재자)를 경배하게 합니다.

　② 땅에서 올라온 짐승은 처음 짐승의 우상을 만들어 경배하게 합니다.
　땅에서 올라온 짐승(거짓 선지자)은 큰 이적을 행하되 심지어 사람
들 앞에서 불이 하늘로부터 땅에 내려오게 합니다(계13:13). 또한 처
음 짐승(독재자) 앞에서 받은바 이적을 행함으로 땅에 거하는 자들을
미혹하며, 땅에 거하는 자들에게 "칼에 상하였다가 살아난 짐승을 위
하여 우상을 만들라"고 말합니다(계13:14). 그리고 그가 권세를 받아
그 짐승의 우상에게 생기를 주어 그 짐승의 우상으로 말하게 하고 또

짐승의 우상에게 경배하지 아니하는 자는 몇이든지 다 죽이게 합니다(계13:15).

계13:13	"큰 이적을 행하되 심지어 사람들 앞에서 불이 하늘로부터 땅에 내려오게 하고"
계13:14	"짐승 앞에서 받은 바 이적을 행함으로 땅에 거하는 자들을 미혹하며 땅에 거하는 자들에게 이르기를 칼에 상하였다가 살아난 짐승을 위하여 우상을 만들라 하더라"
계13:15	"그가 권세를 받아 그 짐승의 우상에게 생기를 주어 그 짐승의 우상으로 말하게 하고 또 짐승의 우상에게 경배하지 아니하는 자는 몇이든지 다 죽이게 하더라"

7년 대환난의 후 삼년 반 동안에 땅에서 올라온 짐승인 거짓 선지자는 땅에 거하는 자들을 미혹하여 바다에서 나온 짐승인 독재자(적그리스도)를 경배하게 할 것입니다. 이 거짓 선지자는 불이 하늘로부터 땅에 내려오게도 할 것입니다. 또한 이 거짓 선지자는 독재자를 위하여 우상을 만들게 하고 그 우상으로 말하게 하여 그 우상에게 경배하지 아니하는 자는 모두 다 죽이게 할 것입니다.

바벨론 제국의 느부갓네살 왕 때에도 금으로 신상을 만들고 경배하게 하여 경배하지 아니하는 자는 맹렬히 타는 풀무 불에 던져 넣게 하였습니다(단3:1, 6).

거짓 선지자는 각종 희한하고 기괴한 이적을 행하므로 땅에 거하는 자들을 미혹할 것입니다. 그러므로 성도들은 거짓 이적에 현혹되

지 말아야 합니다. 곧 성도들은 이적만을 추구해서는 안 되며, 거짓
이적을 이길 수 있는 하나님의 이적을 행하여야 합니다. 하나님의 이
적은 하나님의 영광을 나타내며, 꼭 필요할 때 베풀어지며, 유익하게
베풀어집니다.

단3:1   "느부갓네살 왕이 금으로 신상을 만들었으니 높이는 육십 규
            빗이요 너비는 여섯 규빗이라 그것을 바벨론 지방의 두라 평지
            에 세웠더라"
단3:6   "누구든지 엎드려 절하지 아니하는 자는 즉시 맹렬히 타는 풀
            무불에 던져 넣으리라 하였더라"

③ 땅에서 올라온 짐승은 모든 사람에게 표를 받게 하여 매매를 하게 합
니다.

땅에서 올라온 짐승(거짓 선지자)은 모든 자 곧 작은 자나 큰 자나
부자나 가난한 자나 자유인이나 종들에게 그 오른손에나 이마에 표를
받게 합니다(계13:16). 그리고 누구든지 이 표를 가진 자 외에는 매매
를 못하게 하며, 이 표는 곧 짐승의 이름이나 그 이름의 수입니다(계
13:17). 그러므로 지혜가 그 짐승의 수에 있으므로 총명한 자는 그 짐
승의 이름을 세어보아야 하며, 그것은 사람의 수이며 그의 수는 육백
육십 육입니다(계13:18).

계13:16   "그가 모든 자 곧 작은 자나 큰 자나 부자나 가난한 자나 자유
            인이나 종들에게 그 오른손에나 이마에 표를 받게 하고"

계13:17	"누구든지 이 표를 가진 자 외에는 매매를 못하게 하니 이 표는 곧 짐승의 이름이나 그 이름의 수라"
계13:18	"지혜가 여기 있으니 총명한 자는 그 짐승의 수를 세어 보라 그 것은 사람의 수니 그의 수는 육백육십 육이니라"

7년 대환난의 후 삼년 반 동안 거짓 선지자는 세상의 모든 사람들로 그 오른손에나 이마에 표를 받게 하고, 이 표를 가진 자 외에는 매매를 못하게 할 것입니다. 이 표는 짐승의 이름이나 그 이름의 수입니다. 그런데 짐승의 수는 사람의 수이며, 그의 수는 육백육십 육입니다. 육백육십 육은 불법의 사람(멸망의 아들) 곧 7년 대환난의 후 삼년 반 동안 세계를 지배할 독재자(적그리스도)의 이름의 수이며, 그가 나타나기 전에는 그가 누구인지 알 수 없습니다.

〈짐승의 표를 그 오른손에나 이마에 받는 것〉은 짐승의 우상에게 경배하고, 짐승에 대한 충성과 헌신을 맹세하며, 짐승의 소유가 된다는 의미입니다. 그리고 사람의 오른손에나 이마에 표를 받게 하는 것은 현재 상품에 바코드를 찍어 거래하는 것처럼 사람에게도 매매를 위하여 표를 받게 할 것인데, 현재의 베리칩과 같은 것으로도 표를 받게 할 수 있을 것입니다. 그러나 무엇으로 짐승의 표를 받게 할지는 그 때가 되어야 알 수 있을 것입니다. 그 때가 되면 표를 받게 하는데 현재의 베리칩보다 더 발전된 것이 나올 수도 있을 것입니다.

요한계시록 10-13장은 복음 전파와 7년 대환난에 대하여 말씀합니다.

사도 요한이 보니 힘센 다른 천사가 하늘에서 내려왔습니다. 그런데 힘센 천사는 그 손에 펴 놓인 작은 두루마리(책)를 들고 있었습니다. 예수님은 사도 요한에게 힘센 천사의 손에 펴 놓인 작은 책을 가지라고 명하셨습니다. 그래서 사도 요한이 그 천사에게 나아가 작은 두루마리(책)를 달라 하였으며, 그 천사는 사도 요한에게 이르되 "갖다 먹어버리라 네 배에는 쓰나 네 입에는 꿀 같이 달리라" 하였습니다. 이에 사도 요한이 그 천사의 손에서 작은 두루마리(책)를 갖다 먹어버리니 그 입에는 꿀 같이 다나 먹은 후에 그 배에서는 쓰게 되었습니다. 이 작은 두루마리(책)는 사도 요한이 다시 예언해야 할 하나님의 말씀이며 종말에 그리스도의 증인들이 증언해야 할 말씀으로, 예수님의 재림의 날 곧 진노의 날에 이루어질 심판의 말씀이기에 사도 요한의 입에는 꿀 같이 다나 먹은 후에 그 배에서는 쓰게 되었습니다.

작은 두루마리(책)의 계시에 이어 두 증인의 계시가 나옵니다. 두 증인의 계시는 참 교회와 참 증인들이 7년 대환난의 전 삼년 반 동안에 어떻게 복음을 증언할 것인가를 보여줍니다. 사도 요한에게 작은 두루마리(책)를 갖다 먹어버리라고 말한 천사가 사도 요한에게 하나님의 성전과 제단과 그 안에서 경배하는 자들을 측량하게 하고 성전 바깥마당은 측량하지 말고 그냥 두라고 말했습니다. 왜냐하면 이방인들이 거룩한 성을 마흔 두 달 동안 짓밟을 것이기 때문이었습니다. 그리고 이방인들이 거룩한 성을 짓밟을 때에 예수님이 그의 두 증인에게 권세를 주시므로 그들이 굵은 베옷을 입고 천 이백육십 일을 증언할 것입니다. 두 증인은 권능을 가지고 하늘을 닫아 그 증언을 하는 날 동안 비가 오지 못하게 하고 또 권능을 가지고 물을 피로 변하게 하고 아무 때든지 원하는 대로 여러 가지 재앙으로 땅을 칠 것입니다. 두 증인이 그 증언을 마칠 때에 짐승(독재자)이 나타나 두 증인과 더불어 전쟁을 일으켜 그들을 죽일 것이며, 땅에 사는 자는 자들은 즐거워하고 기뻐할 것입니다. 이 기간이 7년 대환난의 전 삼년 반이며 마귀(사탄)가 교회를 박해하는 기간입니다.

7년 대환난은 마귀와 마귀의 지배를 받는 두 짐승 곧 세계를 지배하는 독재자와 거짓 선지자가 교회와 성도들을 박해하는 것입니다. 그리고 교회와 성도들을 박해하는 자들에게 셋째 화 곧 일곱 대접 재앙이 임하게 될 것입니다. 두 증인의 계시 후에 나팔을 가진 일곱째 천사가 나팔을 불매 하늘에서 그리스도와 하나님을 찬양하는 광경이 계시됩니다. 하늘에서 큰 음성들이 나서 세상 나라가 하나님과 그리스도의 나라가 되어 그리스도께서 세세토록 왕 노릇 하시리라고 찬양하였으며, 이십사 장로들이 하나님께 경배하며, 전능하신 하나님께서 왕 노릇 하심과 하나님의 진노가 내려 죽은 자를 심판하시며, 성도들에게 상주시며, 불신자들을 멸망시키실 때가 됨을 찬양하였습니다. 이에 하늘에 있는 하나님의 성전이 열리니 성전 안에 하나님의 언약궤가 보이며 또 번개와 음성들과 우레와 지진과 큰 우박이 있었습니다. 하나님은 성도들에게 언약을 지키시며, 불신자들을 심판하십니다.

세상 마지막에는 큰 환난이 있을 것입니다. 큰 환난은 창세로부터 지금까지 없었고 후에도 없을 것입니다. 큰 환난은 사탄(마귀)이 교회를 박해하는 환난(7년 대환난의 전 삼년 반)과 사탄에게 능력과 보좌와 큰 권세를 받은 짐승(불법의 사람, 멸망의 아들)이 성도들을 박해하는 환난(7년 대환난의 후 삼년 반)입니다.

7년 대환난의 전 삼년 반에는 붉은 용으로 계시된 사탄이 해를 입은 여자로 계시된 교회를 박해합니다. 사탄(마귀)은 그의 사자들로 더불어 미가엘과 그의 사자들과 하늘에서 싸웠습니다. 그러나 사탄은 그 싸움에서 패배하여 그의 사자들과 함께 땅으로 내쫓겼습니다. 그리고 땅으로 내쫓긴 사탄은 교회를 박해합니다. 그러나 교회는 하나님의 보호와 양육을 받습니다.

7년 대환난의 후 삼년 반에는 사탄(마귀)에게 능력과 보좌와 큰 권세를 받은 짐승(하나님의 대적하는 불법의 사람)이 성도들을 박해합니다. 또한 거짓 선지자가 나타나 땅에 거하는 자들로 짐승을 경배하게 합니다. 거짓 선지자는 짐승의 우상을 만들어 그 우상에게 경배하지 아니하는 자는 다 죽이게 합니다. 또한 거짓 선지자는 모든 사람들에게 그 오른손에나 이마에 표를 받게 하고 누구든지 이 표를 가진 자 외에는 매매를 못하게 합니다. 그래서 생명책에 창세 이후로 이름이 기록되지 못하고 사는 자들은 다 그 짐승에게 경배합니다. 그러나 성도들은 짐승이나 그 우상에게 경배하지 아니하고 그 오른손에나 이마에 짐승의 표를 받지 아니합니다. 할렐루야! 아멘.

6장

일곱 대접 재앙과
바벨론의 멸망

6장
일곱 대접 재앙과 바벨론의 멸망

7년 대환난을 통하여 하나님께 보상을 얻게 될 자들과 하나님의 심판을 받을 자들이 나누어지게 됩니다.

요한계시록 14장은 7년 대환난 중에 짐승과 거짓 선지자의 박해와 미혹에도 굴하지 아니하고 하나님만 경배한 자들이 얻게 될 보상을 말씀하고, 짐승과 그의 우상에게 경배한 자들이 받게 될 심판을 말씀합니다. 1-5절은 7년 대환난의 박해 중에서도 결단코 믿음을 저버리지 아니한 십사만 사천(성도들)이 어린 양 예수님과 함께 하늘의 시온산에 서 있으며 새 노래를 부름을 말씀합니다. 6-11절은 1-5절과 대조되는 말씀으로 7년 대환난의 때에 분노한 이방인들(불신자들)과 땅을 망하게 하는 자들이 받게 될 하나님의 심판과 멸망을 말씀하며, 세 천사가 하나님의 심판을 전합니다. 그리고 14-20절은 7년 대환난 후에 하늘의 시온 산에 예수님과 함께 서 있어 새 노래를 부른 성도들 곧 주 안에서 죽은 자들을 추수의 비유로 말씀하고, 짐승과 그의 우상에게 경배하고 그의 이름표를 받아 불과 유황으로 고난을 받는 자들도 추수의 비유로 말씀합니다. 하나님의 추수는 곡식 추수(계14:14-16)와 포도 추수(계14:17-20)로 나누어집니다. 곡식 추수는 성도들의 추수요, 포도 추수는 불신자들의 추수입니다.

요한계시록 15-16장은 7년 대환난의 때에 분노한 이방인들과 땅을 망하게 하는 자들이 받게 될 심판으로 일곱 대접 재앙을 말씀합니다. 15장에서는 일곱 천사가 일곱 재앙을 가졌음을 말씀하고, 하늘에서 성도들이 하나님의 종 모세의 노래, 어린 양의 노래를 부름을 말씀하며, 일곱 재앙을 가진 일곱 천사가 하늘의 성전으로부터 나옴을 말씀합니다. 16장에서는 일곱 대접 재앙이 임함을 말씀합니다. 하나님의 진노가 일곱 대접 재앙으로 나타나는데 첫째 대접 재앙은 질병의 재앙, 둘째 대접 재앙은 바다의 생물이 전멸하는 재앙, 셋째 대접 재앙은 강과 물의 근원이 피가 되는 재앙, 넷째 대접 재앙은 해가 사람들을 태우는 재앙, 다섯째 대접 재앙은 짐승의 나라가 흑암이 되고 아픔을 당하는 재앙, 여섯째 대접 재앙은 큰 날(예수님의 재림의 날)의 전쟁을 예비하는 재앙, 일곱째 대접 재앙은 큰 지진과 우박의 재앙입니다.

요한계시록 17-18장은 큰 음녀인 바벨론의 심판과 멸망을 말씀합니다. 큰 성 바벨론은 일곱째 대접 재앙에서 큰 지진으로 인하여 세 갈래로 갈라지고 각 섬도 없어지고 산악도 간데없어지게 됩니다. 요한계시록 17-18장은 바벨론의 멸망에 대한 더 심층적인 계시 곧 바벨론의 멸망에 대한 부가적 설명이라고 할 수 있습니다. 17장은 큰 음녀인 바벨론의 심판 곧 멸망의 원인에 대하여 말씀하며, 18장은 큰 음녀인 바벨론의 멸망 곧 멸망의 결과에 대하여 말씀합니다. 바벨론의 멸망은 로마의 멸망을 암시하기도 합니다.

1. 시온 산에 서 있는 십사만 사천

요한계시록 14장 1-5절은 7년 대환난의 환난과 박해 중에서도 결단코 믿음을 저버리지 아니한 십사만 사천(성도들)이 하늘의 시온산에 어린 양 예수님과 함께 서 있으며 새 노래를 부름을 말씀합니다. 이는 전능하시며 큰 권능을 잡으시고 왕 노릇하시는 하나님께서 그의 종 선지자들과 성도들과 주의 이름을 경외하는 자들에게 상 주심을 말씀합니다.

1) 어린 양이 시온 산에 섰고 그와 함께 십사만 사천이 서 있었습니다.
바다에서 나온 짐승(독재자)과 땅에서 올라온 짐승(거짓 선지자)을 본 사도 요한이 또 보니 어린 양이 시온 산에 섰고 그와 함께 십사만 사천이 서 있는데 그들의 이마에는 어린 양의 이름과 그 아버지의 이름을 쓴 것이 있었습니다(계14:1).

계14:1　　　"또 내가 보니 보라 어린 양이 시온 산에 섰고 그와 함께 십사만 사천이 서 있는데 그들의 이마에는 어린 양의 이름과 그 아버지의 이름을 쓴 것이 있더라"

사도 요한이 본 시온 산에 서 있는 〈어린 양〉은 예수 그리스도시며, 〈시온 산〉은 예루살렘 성과 성전이 있는 곳으로 하늘의 예루살렘(천국)을 의미합니다. 그리고 어린 양과 함께 시온 산에 서 있는 〈십사만 사천〉은 하나님의 인침을 받고 7년 대환난의 때에 짐승의 우상에게 경배하지 아니하고 짐승의 표를 받지 아니한 성도들이요, 땅에서 구속함을 받은 자들입니다. 또 〈십사만 사천의 이마에 어린 양의 이름과 그 아버지의 이름을 쓴 것이 있음〉은 그들이 성부 하나님과 예수 그리스도께 속한 자임을 의미합니다.

하늘의 시온 산에 어린 양이신 예수님과 함께 서 있는 십사만 사천은 하나님이 상을 주시는 하나님의 종 선지자들과 성도들과 또 작은 자든지 큰 자든지 주의 이름을 경외하는 자들입니다(계11:18).

계11:18   "이방들이 분노하매 주의 진노가 내려 죽은 자를 심판하시며 종 선지자들과 성도들과 또 작은 자든지 큰 자든지 주의 이름을 경외하는 자들에게 상 주시며 또 땅을 망하게 하는 자들을 멸망시키실 때로소이다"

2) 시온 산에 서 있는 십사만 사천은 새 노래를 불렀습니다.

사도 요한이 하늘에서 나는 소리를 들었는데 그 소리는 많은 물소리와도 같고 큰 우렛소리와도 같았으며 거문고 타는 자들이 그 거문고를 타는 것 같았습니다(계14:2). 그리고 십사만 사천이 하나님의 보좌 앞과 네 생물과 장로들 앞에서 새 노래를 부르는데 땅에서 속량함을 받은 십사만 사천 밖에는 능히 이 노래를 배울 자가 없었습니다(계14:3).

계14:2   "내가 하늘에서 나는 소리를 들으니 많은 물 소리와도 같고 우렛소리와도 같은데 내가 들은 소리는 거문고 타는 자들이 그 거문고를 타는 것 같더라"

계14:3   "그들이 보좌 앞과 네 생물과 장로들 앞에서 새 노래를 부르니 땅에서 속량함을 받은 십사만 사천 밖에는 능히 이 노래를 배울 자가 없더라"

   사도 요한이 들은 하늘에서 나는 소리가 〈많은 물소리와도 같고 우렛소리와도 같음〉은 장엄하고 큰 소리임을 의미하며, 〈거문고 타는 자들이 그 거문고를 타는 것 같음〉은 조화롭고 아름다운 소리임을 의미합니다. 하늘에서 부르는 성도들의 찬양소리는 장엄하고 크고 조화롭고 아름다운 소리입니다. 그리고 십사만 사천이 보좌 앞과 네 생물과 장로들 앞에서 부른 〈새 노래〉는 구원의 노래를 의미합니다. 네 생물과 이십사 장로들도 새 노래를 불렀습니다(계5:9-10). 또한 〈땅에서 속량함을 받은 십사만 사천 밖에는 능히 이 노래를 배울 자가 없음〉은 구원 받은 자들만이 구원의 노래를 부를 수 있음을 의미합니다. 모든 만민 중에서 구원 받은 흰 옷 입은 큰 무리는 하나님의 보좌 앞과 어린 양 앞에 서서 큰 소리로 "구원하심이 보좌에 앉으신 우리 하나님과 어린 양에게 있도다"라고 찬양하였습니다(계7:9-10).

계5:9-10   "그들이 새 노래를 불러 이르되 두루마리를 가지시고 그 인봉을 떼기에 합당하시도다 일찍이 죽임을 당하사 각 족속과 방언과 백성과 나라 가운데에서 사람들을 피로 사서 하나님께 드리시고 그들로 우리 하나님 앞에서 나라와 제사장을 삼으셨으니 그들이 땅에서 왕 노릇 하리로다 하더라"

계7:9-10   "이 일 후에 내가 보니 각 나라와 족속과 백성과 방언에서 아무
도 능히 셀 수 없는 큰 무리가 나와 흰 옷을 입고 손에 종려 가
지를 들고 보좌 앞과 어린 양 앞에 서서 큰 소리로 외쳐 이르되
구원하심이 보좌에 앉으신 우리 하나님과 어린 양에게 있도다
하니"

3) 시온 산에 서 있는 십사만 사천은 하나님과 어린 양에게 속한 자들입
니다.

시온 산에 어린 양이신 예수님과 함께 서 있으며 새 노래를 부른
십사만 사천은 여자와 더불어 더럽히지 아니하고 순결한 자이며, 어
린 양이신 예수님이 어디로 인도하든지 따라가는 자이며, 사람 가운
데에서 속량함을 받아 처음 익은 열매로 하나님과 어린 양이신 예수
님에게 속한 자들로 그 입에 거짓말이 없고 흠이 없는 자들입니다(계
14:4-5).

계14:4-5   "이 사람들은 여자와 더불어 더럽히지 아니하고 순결한 자라
어린 양이 어디로 인도하든지 따라가는 자며 사람 가운데에서
속량함을 받아 처음 익은 열매로 하나님과 어린 양에게 속한
자들이니 그 입에 거짓말이 없고 흠이 없는 자들이더라"

이 사람들 곧 하늘의 시온 산에 예수님과 함께 서 있으며 새 노래를
부른 십사만 사천이 〈여자와 더불어 더럽히지 아니하고 순결한 자
임〉은 예수 그리스도의 신부로서 성결한 삶을 살며 신앙의 정절을 지

킨 자들이며, 예수 그리스도를 향한 사랑이 변하지 아니한 자들임을 의미합니다. 그리고 이 사람들이 〈어린 양이 어디로 인도하든지 따라가는 자임〉은 예수님께 순종하며 충성하고 봉사한 자들임을 의미합니다. 또한 이 사람들이 〈사람 가운데에서 속량함을 받아 처음 익은 열매로 하나님과 어린 양에게 속한 자들임〉은 죄 사함을 받아 구원을 받은 하나님의 자녀이며, 하나님께 드려진 하나님의 것이 된 자들임을 의미합니다. 그리고 이 사람들이 〈그 입에 거짓말이 없고 흠이 없는 자들임〉은 하나님과 진리에 대하여 다르게 말하지 아니하고 진리를 말하며 예수 그리스도의 피로 죄 사함을 받아 하나님께 온전히 드려진 자들임을 의미합니다.

하늘의 시온 산에 예수님과 함께 서 있으며 새 노래 곧 구원의 노래를 부른 십사만 사천은 성결한 삶을 살며 신앙의 정절을 지키고, 예수님이 인도하시는 대로 순종하며, 자신을 거룩히 구별하여 주님께 드리고, 하나님의 진리를 말하며, 예수 그리스도의 피로 죄 사함을 받아 하나님께 온전히 드려진 성도들입니다. 이 성도들은 7년 대환난의 때에 짐승과 거짓 선지자의 박해와 미혹에도 굴하지 아니하고 오직 하나님만 경배한 자들이며 하나님께 상을 받은 자들입니다.

2. 세 천사의 전언

요한계시록 14장 6-11절은 1-5절과 대조되는 말씀으로 7년 대환난의 때에 분노한 이방인들(불신자들)과 땅을 망하게 하는 자(통치자)

들이 받을 하나님의 심판과 멸망을 말씀합니다. 세 천사가 불신자들이 받을 하나님의 심판과 멸망을 전합니다. 첫 번째 천사가 하나님의 심판하실 시간이 이르렀음을 전하고, 두 번째 천사가 큰 성 바벨론이 무너졌음을 전하며, 세 번째 천사가 7년 대환난의 때에 짐승의 우상에게 경배하고 짐승의 표를 이마에나 오른손에 받은 자들이 받을 심판의 형벌을 전합니다.

1) 첫 번째 천사의 전언

사도 요한이 또 보니 다른 천사가 공중에 날아가는데 땅에 거주하는 자들 곧 모든 민족과 종족과 방언과 백성에게 전할 영원한 복음을 가졌습니다(계14:6). 그리고 그 천사가 큰 음성으로 이르되 "하나님을 두려워하며 그에게 영광을 돌리라 이는 그의 심판의 시간이 이르렀음이니 하늘과 땅과 바다와 물들의 근원을 만드신 이를 경배하라" 하였습니다(계14:7).

계14:6	"또 보니 다른 천사가 공중에 날아가는데 땅에 거주하는 자들 곧 모든 민족과 종족과 방언과 백성에게 전할 영원한 복음을 가졌더라"
계14:7	"그가 큰 음성으로 이르되 하나님을 두려워하며 그에게 영광을 돌리라 이는 그의 심판의 시간이 이르렀음이니 하늘과 땅과 바다와 물들의 근원을 만드신 이를 경배하라 하더라"

사도 요한이 본 다른 천사가 가지고 있던 땅에 거주하는 자들 곧 세

계 만민에게 전할 〈영원한 복음〉은 하나님의 심판의 복음입니다. 하나님의 구원이 복음이듯이 하나님의 심판도 복음입니다. 왜냐하면 하나님의 심판이 있기에 하나님의 구원이 있기 때문입니다. 하나님은 구원을 위하여 심판하십니다. 그리고 하나님의 구원이 감사함은 하나님의 심판이 있기 때문입니다. 또한 하나님의 뜻대로 사는 것이 복됨도 하나님의 심판이 있기 때문이며, 하나님의 뜻을 어기는 것이 불행한 것도 하나님의 심판이 있기 때문입니다. 영원한 복음을 〈땅에 거주하는 모든 자들 곧 모든 민족과 종족과 방언과 백성에게 전함〉은 이 땅에 사는 모든 자들 곧 세계 만민이 이 복음을 받아야 함을 의미합니다. 하나님의 심판은 이 땅에 사는 모든 사람들이 필연적으로 경험하게 될 것입니다(고후5:10). 그리고 이 천사가 전한 영원한 복음은 하나님의 심판의 시간이 이르렀다는 말씀과 하나님을 두려워하여 그에게 영광을 돌리라는 말씀과 창조주 하나님을 경배하라는 말씀입니다.

고후5:10   "이는 우리가 다 반드시 그리스도의 심판대 앞에 나타나게 되어 각각 선악간에 그 몸으로 행한 것을 받으려 함이라"

2) 두 번째 천사의 전언

사도 요한이 보니 또 다른 천사 곧 둘째가 첫째 천사의 뒤를 따라 말하되 "무너졌도다 무너졌도다 큰 성 바벨론이여 모든 나라에게 그의 음행으로 말미암아 진노의 포도주를 먹이던 자로다" 하였습니다(계14:8).

계14:8   "또 다른 천사 곧 둘째가 그 뒤를 따라 말하되 무너졌도다 무너졌도다 큰 성 바벨론이여 모든 나라에게 그의 음행으로 말미암아 진노의 포도주를 먹이던 자로다 하더라"

두 번째 천사가 〈무너졌도다 무너졌도다 큰 성 바벨론이여〉라고 한 것은 큰 성 바벨론의 멸망을 전한 것입니다. 큰 성 바벨론의 멸망은 요한계시록 16장에서 말씀한 일곱 대접 재앙 때에 있게 됩니다. 그리고 바벨론의 멸망을 요한계시록 17-18장에서 자세하게 말씀합니다. 〈큰 성 바벨론〉은 7년 대환난의 때에 짐승(독재자)이 세계를 지배할 때의 짐승의 나라를 의미합니다. 곧 바벨론 제국과 로마제국을 이어서 세워질 종말의 바벨론 제국을 의미합니다. 또한 큰 성 바벨론이 〈모든 나라를 그 음행으로 인하여 진노의 포도주를 먹이던 자임〉은 스스로 범죄할 뿐만 아니라 세상 모든 나라(세상 사람들)를 음행하게 하고 우상을 숭배하도록 하여 하나님의 진노의 포도주 곧 하나님의 심판을 받도록 함을 의미합니다. 바벨론의 음행은 향락과 사치로 성적 부도덕에 빠지게 하며, 우상을 숭배하게 함으로 영적 음행에 사로잡히게 하는 것입니다.

3) 세 번째 천사의 전언

사도 요한이 보니 다른 천사 곧 셋째가 둘째 천사의 뒤를 따라 큰 음성으로 이르되 "만일 누구든지 짐승과 그의 우상에게 경배하고 이마에나 손에 표를 받으면 그도 하나님의 진노의 포도주를 마시리니 그 진노의 잔에 섞인 것이 없이 부은 포도주라. 거룩한 천사들 앞과 어린 양 앞에서 불과 유황으로 고난을 받으리니 그 고난의 연기가 세세토록 올라가리로다. 짐승과 그의 우상에게 경배하고 그의 이름표를 받는 자는 누구든지 밤낮 쉼을 얻지 못하리라" 하였습니다(계14:9-11). 이는 성도들이 인내하는 이유이며, 성도들은 하나님의 계명과 예수님에 대한 믿음을 지키는 자입니다(계14:12).

계14:9-11 "또 다른 천사 곧 셋째가 그 뒤를 따라 큰 음성으로 이르되 만일 누구든지 짐승과 그 우상에게 경배하고 이마에나 손에 표를 받으면 그도 하나님의 진노의 포도주를 마시리니 그 진노의 잔에 섞인 것이 없이 부은 포도주라 거룩한 천사들 앞과 어린 양 앞에서 불과 유황으로 고난을 받으리니 그 고난의 연기가 세세토록 올라가리로다 짐승과 그의 우상에게 경배하고 그의 이름표를 받는 자는 누구든지 밤낮 쉼을 얻지 못하리라 하더라"

계14:12   "성도들의 인내가 여기 있나니 그들은 하나님의 계명과 예수에 대한 믿음을 지키는 자니라"

세 번째 천사는 7년 대환난의 후 삼년 반 때에 짐승과 그의 우상에게 경배하고 그 이마에나 손에 짐승의 표를 받은 자들이 받을 심판의 형벌을 전합니다. 그들이 마시는 〈하나님의 진노의 포도주〉는 하나님의 진노의 심판을 의미하며, 〈그 진노의 잔에 섞인 것이 없이 부은 포도주〉는 일말의 긍휼도 기대할 수 없는 하나님의 엄하고 강력한 심판을 의미합니다. 그리고 그들이 〈불과 유황으로 고난을 받으리니 그 고난의 연기가 세세토록 올라감〉은 그들이 불과 유황 곧 지옥에 들어가 영원히 고난을 받음을 의미합니다. 또한 〈성도들의 인내가 여기 있나니〉는 성도들이 박해에도 인내하는 것은 짐승과 그의 우상에게 경배하고 그 이마에나 손에 표를 받는 자들은 하나님의 진노의 심판을 받고 불과 유황으로 고난을 받기 때문임을 말씀합니다.

7년 대환난의 때에 죽음이 두려워 짐승과 그의 우상에게 경배하고, 매매를 위하여 이마에나 손에 짐승의 표를 받는 자들은 하나님이 진노하시므로 내리시는 일곱 대접 재앙을 받고, 하나님의 심판을 받아 불과 유황으로 타는 못 곧 지옥에 들어가 밤낮 쉼을 얻지 못하고 세세토록 고난을 받습니다. 그러나 죽임을 당할지라도 짐승과 그의 우상에게 경배하지 아니하며, 매매를 못할지라도 그 이마에나 손에 짐승의 표를 받지 아니하고 오직 하나님의 계명과 예수님에 대한 믿음을 지킨 성도들은 구원을 받아 천년 왕국에서 예수님과 함께 왕 노릇 하고, 그리고 영원한 천국에 들어가서 영생복락을 누립니다.

4) 주 안에서 죽는 자들은 복이 있습니다.

세 천사의 전언을 들은 사도 요한이 또 들으니 하늘에서 음성이 나서 이르되 "기록하라 지금 이후로 주 안에서 죽는 자들이 복이 있도다" 하셨으며, 이에 성령이 이르시되 "그러하다 그들이 수고를 그치고 쉬리니 이는 그들의 행한 일이 따름이라"고 하셨습니다(계14:13).

계14:13   "또 내가 들으니 하늘에서 음성이 나서 이르되 기록하라 지금 이후로 주 안에서 죽는 자들은 복이 있도다 하시매 성령이 이르시되 그러하다 그들이 수고를 그치고 쉬리니 이는 그들의 행

사도 요한이 들은 〈하늘에서 난 음성〉은 예수님의 음성이며, 〈지금 이후로 주 안에서 죽는 자들은 복이 있도다 하심〉은 하나님의 심판이 있으며, 바벨론이 무너지고, 짐승과 그의 우상에게 경배하고 이마에 나 손에 표를 받는 자들은 불과 유황으로 고난을 받기에 지금 이후로 주 안에서 죽는 자들이 복이 있다고 하신 것입니다. 그리고 성령이 이르시되 〈그러하다 그들이 수고를 그치고 쉬리니 이는 그들의 행한 일이 따름이라 하심〉은 주 안에서 죽는 자들이 죽는 것은 수고를 그치고 쉬는 것이며, 저희의 행한 일이 따르기 때문에 곧 저희의 행한 대로 상급을 받기 때문에 복이 있다고 하신 것입니다.

3. 하나님의 추수

예수님이 말씀하신 가라지 비유에서 좋은 씨를 뿌리는 이는 예수님이요 밭은 세상이요 좋은 씨는 천국의 아들들 곧 성도들이요 가라지는 마귀의 아들들 곧 불신자들입니다. 그리고 가라지를 뿌린 원수는 마귀요 추수 때는 세상 끝이요 추수 꾼은 천사들입니다. 추수 때에 가라지를 거두어 불에 사르는 것 같이 세상 끝에도 예수님이 그 천사를 보내시어 그 나라에서 모든 넘어지게 하는 것과 또 불법을 행하는 자들을 거두어 내어 풀무 불에 던져 넣을 것이며, 거기서 울며 이를 갈게 될 것입니다. 그 때에 의인들은 자기 아버지 나라에서 해와 같이 빛날 것입니다.

요한계시록 14장 14-20절은 7년 대환난 후에 하늘의 시온 산에 예수님과 함께 서 있어 새 노래를 부른 성도들 곧 주 안에서 죽은 자들을 추수의 비유로 말씀하며, 짐승과 그의 우상에게 경배하고 그의 이름표를 받아 불과 유황으로 고난을 받는 자들을 추수의 비유로 말씀합니다. 하나님의 추수는 곡식 추수(계14:14-16)와 포도 추수(계14:17-20)로 나누어집니다. 곡식 추수는 성도들의 추수요 포도 추수는 불신자들의 추수입니다. 곡식 추수는 곡식의 열매를 거두어 곡간에 들이므로 성도들의 추수로 비유되었고, 포도 추수는 포도 열매를 거두어 포도즙 틀에 넣고 발로 짓이기기에 불신자들의 추수로 비유되었습니다.

1) 곡식 추수

또 사도 요한이 보니 흰 구름이 있고 구름 위에 인자와 같은 이가 앉으셨는데 그 머리에는 금 면류관이 있고 그 손에는 예리한 낫을 가졌습니다(계14:14). 또 다른 천사가 성전으로부터 나와 구름 위에 앉은 이를 향하여 큰 음성으로 외쳐 이르되 "당신의 낫을 휘둘러 거두소서 땅의 곡식이 다 익어 거둘 때가 이르렀음이니이다" 하였으며 구름 위에 앉으신 이가 낫을 땅에 휘두르매 땅의 곡식이 거두어졌습니다(계14:15-16).

계14:14   "또 내가 보니 흰 구름이 있고 구름 위에 인자와 같은 이가 앉
            으셨는데 그 머리에는 금 면류관이 있고 그 손에는 예리한 낫

을 가졌더라"

계14:15-16 "또 다른 천사가 성전으로부터 나와 구름 위에 앉은 이를 향하
여 큰 음성으로 외쳐 이르되 당신의 낫을 휘둘러 거두소서 땅의
곡식이 다 익어 거둘 때가 이르렀음이니이다 하니 구름 위에 앉
으신 이가 낫을 땅에 휘두르매 땅의 곡식이 거두어지니라"

　　사도 요한이 본 〈흰 구름〉은 영광과 성결과 순결을 의미하며, 〈구름
위에 앉으신 인자와 같은 이〉는 예수 그리스도이십니다. 그리고 〈그 머
리에 면류관이 있음〉은 예수님이 승리하신 왕이심을 의미하며, 〈그 손
에는 예리한 낫을 가지셨음〉은 낫은 추수의 도구로 예수님의 추수 사역
이 날카롭고 엄정함을 의미합니다. 예수님은 하나님 아버지께서 주신
자를 세상 마지막 날에 하나도 잃어버리지 아니하십니다(요6:39). 또
한 〈성전으로부터 나온 다른 천사〉는 성부 하나님께서 보내신 천사로
〈당신의 낫을 휘둘러 거두소서〉라고 한 그의 외침은 곧 성부 하나님의
명령임을 의미합니다. 그리고 〈땅의 곡식이 다 익어 거둘 때가 이르렀
음〉은 성도들이 천국으로 인도될 만큼 성숙했음과 천국에 들어갈 성도
들의 수가 모두 찼음을 의미합니다. 또한 〈구름 위에 앉으신 이가 낫을
땅에 휘두르매 곡식이 거두어짐〉은 예수님께서 성도들을 천국으로 데
려가심을 의미합니다. 거두어진 곡식은 곡간에 넣는 것처럼 거두어진
성도들은 천국에 들어갑니다.

요6:39　　　"나를 보내신 이의 뜻은 내게 주신 자 중에 내가 하나도 잃어버
리지 아니하고 마지막 날에 다시 살리는 이것이니라"

2) 포도 추수

사도 요한이 보니 또 다른 천사가 하늘에 있는 성전에서 나오는데 역시 예리한 낫을 가졌습니다(계14:17). 또 불을 다스리는 다른 천사가 제단으로부터 나와 예리한 낫 가진 자를 향하여 큰 음성으로 불러 이르되 "네 예리한 낫을 휘둘러 땅의 포도송이를 거두라 그 포도가 익었느니라" 하였습니다(계14:18). 이에 천사가 낫을 땅에 휘둘러 땅의 포도를 거두어 하나님의 진노의 큰 포도주 틀에 던지매 성 밖에서 그 틀이 밟히니 틀에서 피가 나서 말 굴레에까지 닿았고 천육백 스다디온에 퍼졌습니다(계14:19-20).

계14:17   "또 다른 천사가 하늘에 있는 성전에서 나오는데 역시 예리한 낫을 가졌더라"

계14:18   "또 불을 다스리는 다른 천사가 제단으로부터 나와 예리한 낫 가진 자를 향하여 큰 음성으로 불러 이르되 네 예리한 낫을 휘둘러 땅의 포도송이를 거두라 그 포도가 익었느니라 하더라"

계14:19-20 "천사가 낫을 휘둘러 땅의 포도를 거두어 하나님의 진노의 큰 포도주 틀에 던지매 성 밖에서 그 틀이 밟히니 틀에서 피가 나서 말 굴레까지 닿았고 천육백 스다디온에 퍼졌더라"

하늘에 있는 성전에서 나온 〈다른 천사〉는 하나님께서 부리시는 심판의 천사이며, 그 천사가 〈예리한 낫을 가졌음〉은 하나님의 심판이 정확하고 엄정함을 의미합니다. 그리고 〈제단으로부터 나온 불을 다스리는 천사〉는 하나님께서 부리시는 불로 심판하는 천사이며, 예리한 낫을 가진 천사를 향하여 큰 음성으로 불러 〈네 예리한 낫을 휘둘러 포도송이를 거두라 함〉은 불신자들을 심판하라는 의미이며, 〈그 포도가 익었느니라〉는 불신자들의 죄가 하나님의 심판을 받아야 할 만큼 절정에 달한 것을 의미합니다. 또한 예리한 낫을 가진 천사가 〈낫을 휘둘러 땅의 포도를 거두어 하나님의 진노의 큰 포도주 틀에 던짐〉은 불신자들을 심판함을 의미하며, 〈성 밖에서 그 틀이 밟히니 틀에서 피가 나서 말굴레까지 닿았고 천육백 스디디온(약340㎞)에 퍼진 것〉은 모든 불신자들의 완전한 심판을 의미합니다.

세상 끝에는 성도들은 곡식이 익어가듯이 하나님의 사람으로 익어가고, 불신자들은 포도가 익어가듯이 마귀의 사람으로 익어갑니다. 그래서 하나님은 익은 곡식을 거두어 곡간에 두는 것처럼 성도들을 추수하실 것입니다. 또한 하나님은 익은 포도를 거두어 포도주 틀에 넣는 것처럼 불신자들을 추수하실 것입니다.

4. 일곱 재앙을 가진 일곱 천사의 출현

7년 대환난 후에 땅에 거하는 불신자들에게 일곱 대접 재앙이 임하는데 그 일곱 재앙을 가진 일곱 천사가 나타납니다. 요한계시록 15장 1절에서는 일곱 천사가 일곱 재앙을 가진 것을 말씀하며, 2-4절에서는 대환난의 때에 짐승과 그의 우상과 그의 이름을 수를 이기고 벗어난 성도들이 하늘 하나님의 보좌 앞에 있는 유리 바다 가에 서서 하나님을 찬양하는 것을 말씀하고, 5-8절에서는 일곱 재앙을 가진 일곱 천사가 네 생물 중의 하나로부터 하나님의 진노를 가득 담은 금 대접 일곱을 받는 것을 말씀합니다.

1) 일곱 천사가 일곱 재앙을 가졌습니다.

사도 요한이 또 하늘에 크고 이상한 다른 이적을 보았는데 일곱 천사가 일곱 재앙을 가졌습니다. 그런데 이 일곱 재앙은 하나님이 진노하심으로 이 세상에 내리시는 마지막 재앙이며 하나님의 진노가 이 재앙으로 마칩니다(계15:1).

계15:1   **"또 하늘에 크고 이상한 다른 이적을 보매 일곱 천사가 일곱 재앙을 가졌으니 곧 마지막 재앙이라 하나님의 진노가 이것으로 마치리로다"**

사도 요한이 본 〈하늘에 크고 이상한 다른 이적〉은 일곱 천사가 일곱 재앙을 가진 것이며, 이 일곱 재앙이 이 세상에 내리는 마지막 재앙으로 큰 재앙이기에 크고 이상한 이적입니다. 이 일곱 재앙으로 하나님의 진노가 마치기에 이 재앙을 받는 자들은 불행하며, 7년 대환난의 때에 성도들을 박해한 자들 곧 분노한 이방인들과 땅을 망하게 하는 자들이 이 재앙을 받습니다.

2) 대환난의 박해를 이긴 자들이 유리 바다 가에 서서 구원의 노래를 불렀습니다.

사도 요한이 또 보니 불이 섞인 유리 바다 같은 것이 있고 짐승과 그의 우상과 그의 이름의 수를 이기고 벗어난 자들이 유리 바다 가에 서서 하나님의 거문고를 가지고 있었습니다(계15:2). 그리고 그들이 하나님의 종 모세의 노래, 어린 양의 노래를 불러 이르되 "주 하나님 곧 전능하신 이시여 하시는 일이 크고 놀라우시도다 만국의 왕이시여 주의 길이 의롭고 참되시도다 주여 누가 주의 이름을 두려워하지 아니하며 영화롭게 하지 아니하오리이까 오직 주만 거룩하시니이다 주의 의로우신 일이 나타났으매 만국이 와서 주께 경배하리이다" 하였습니다(계15:3-4).

계15:2 "또 내가 보니 불이 섞인 유리 바다 같은 것이 있고 짐승과 그의 우상과 그의 이름의 수를 이기고 벗어난 자들이 유리 바다 가에 서서 하나님의 거문고를 가지고"

계15:3-4 "하나님의 종 모세의 노래, 어린 양의 노래를 불러 이르되 주 하나님 곧 전능하신 이시여 하시는 일이 크고 놀라우시도다 만국의 왕이시여 주의 길이 의롭고 참되시도다 주여 누가 주의 이름을 두려워하지 아니하며 영화롭게 하지 아니하오리이까 오직 주만 거룩하시니이다 주의 의로우신 일이 나타났으매 만국이 와서 주께 경배하리이다 하더라"

사도 요한이 본 〈불이 섞인 유리 바다 같은 것〉은 하나님의 보좌 앞으로 깨끗하고 정결함을 의미하며(계4:6), 〈불이 섞인 것은〉 하나님의 심판을 의미합니다. 그리고 〈짐승과 그의 우상과 그의 이름의 수를 이기고 벗어난 자들〉은 7년 대환난의 후 삼년 반의 기간에 짐승의 박해를 이긴 성도들을 의미하며, 그들이 〈유리 바다 가에 서 있는 것〉은 그들이 구원 받은 자들임을 의미합니다. 이스라엘 자손들이 출애굽하여 홍해를 건널 때 그들은 물이 갈라져 홍해를 건넜으나(출14:21-22), 이스라엘 자손을 추격하여 홍해를 건너려던 애굽 군대는 물이 다시 흘러 그들을 다 덮으므로 하나도 남지 아니하고 다 죽었습니다(출14:27-28). 또한 짐승의 박해를 이기고 유리 바다 가에 서 있는 성도들이 가진 〈하나님의 거문고〉는 하나님을 찬송하는 악기이며, 그들이 부른 〈하나님의 종 모세의 노래, 어린 양의 노래〉는 하나님과 예수님의 구원을 찬양하는 노래입니다. 그들이 〈하나님의 종 모세의 노래를 부른 것〉은 그들이 부른 노래가 모세와 이스라엘 자손이 홍해를 건넌 후에 부른 노래와 흡사하기 때문이며(출15:1-18), 그들이 〈어린 양의 노래를 부른 것〉은 구원하심이 어린양이신 예수님에게 있기 때문입니다. 그들은 전능하신 하나님이 하시는 일 곧 성도들을 구원하시고 불신자들을 심판하시는 일이 크고 놀라우심을 찬송하였으며, 만국의 왕이신 하나님의 길이 의롭고 참되심을 찬송하였고, 모든 사람이 주의 이름을 두려워하며 주를 영화롭게 할 것을 찬송하였으며, 오직 주만 거룩하시며 주의 의로우신 일이 나타났으므로 만국이 와서 주께 경배하리라고 찬송했습니다.

출14:21-22 "모세가 바다 위로 손을 내밀매 여호와께서 큰 동풍이 밤새도록 바닷물을 물러 가게 하시니 물이 갈라져 바다가 마른 땅이 된지라 이스라엘 자손이 바다 가운데를 육지로 걸어가고 물은 그들의 좌우에 벽이 되니"

출14:27-28 "모세가 곧 손을 바다 위로 내밀매 새벽이 되어 바다의 힘이 회복된지라 애굽 사람들이 물을 거슬러 도망하나 여호와께서 애굽 사람들을 바다 가운데 엎으시니 물이 다시 흘러 병거들과 기병들을 덮되 그들의 뒤를 따라 바다에 들어간 바로의 군대를 다 덮으니 하나도 남지 아니하였더라"

3) 일곱 재앙을 가진 일곱 천사가 성전으로부터 나왔습니다.

짐승의 박해를 이긴 성도들이 유리 바다 가에 서서 하나님의 종 모세의 노래, 어린 양의 노래를 부른 일 후에 또 사도 요한이 보니 하늘에 증거 장막의 성전이 열리며 일곱 재앙을 가진 일곱 천사가 성전으로부터 나와 맑고 빛난 세마포 옷을 입고 금띠를 띠고 있었습니다(계15:5-6). 그리고 네 생물 중의 하나가 영원토록 살아계신 하나님의 진노를 가득히 담은 금 대접 일곱을 그 일곱 천사들에게 주었습니다(계15:7). 이에 하나님의 영광과 능력으로 말미암아 성전에 연기가 가득 차매 일곱 천사의 일곱 재앙이 마치기까지는 성전에 능히 들어갈 자가 없었습니다(계15:8).

계15:5-6 "또 이 일 후에 내가 보니 하늘에 증거 장막의 성전이 열리며 일곱 재앙을 가진 일곱 천사가 성전으로부터 나와 맑고 빛난 세마포 옷을 입고 가슴에 금 띠를 띠고"

계15:7 "네 생물 중의 하나가 영원토록 살아 계신 하나님의 진노를 가득히 담은 금 대접 일곱을 그 일곱 천사들에게 주니"

계15:8 "하나님의 영광과 능력으로 말미암아 성전에 연기가 가득 차매 일곱 천사의 일곱 재앙이 마치기까지는 성전에 능히 들어갈 자가 없더라"

사도 요한이 본 〈하늘에 증거 장막의 성전〉은 하늘에 있는 하나님의 성전을 의미합니다. 하나님께서 모세에게 만들게 하신 성전은 장막이었으며(출25:9), 하나님의 성전으로 만든 장막을 회막이라 하고(출33:7), 성막이라 하며(출26:1), 증거의 장막이라 하였습니다(민 17:7). 그리고 일곱 재앙을 가진 일곱 천사가 〈성전으로부터 나온 것〉은 일곱 대접 재앙이 하나님이 내리시는 재앙임을 의미합니다. 또한 일곱 재앙을 가진 일곱 천사가 〈맑고 빛난 세마포 옷을 입은 것〉은 일곱 천사가 성결함을 의미하며, 〈가슴에 금띠를 띠었음〉은 만왕의 왕이신 하나님의 명령으로 심판을 수행하는 자로서의 위엄을 의미합니다. 그리고 〈네 생물 중의 하나〉는 요한계시록 4:6-7에 나오는 네 생물 중의 하나이며, 네 생물 중의 하나가 그 일곱 천사에게 준 〈하나님의 진노를 가득히 담은 금 대접 일곱〉은 하나님의 진노로 내리시는 일곱 재앙을 의미합니다. 또한 하나님의 영광과 능력으로 말미암아 〈성전에 연기가 가득 찬 것〉은 하나님의 진노가 시작됨을 의미하며, 〈일곱 천사의 일곱 재앙이 마치기까지는 성전에 들어갈 자가 없음〉은 일곱 대접 재앙이 시작되면 일곱 재앙을 멈추게 할 자가 없으며, 기도해 줄 수도 없음을 의미합니다. 그래서 하나님의 뜻을 거역하고 짐승의 표를 받고 그 우상에게 경배한 자들은 속수무책으로 일곱 대접의 재앙을 당할 수밖에 없습니다.

출25:9	"무릇 내가 네게 보이는 모양대로 장막을 짓고 기구들도 그 모양을 따라 지을지니라"
출33:7	"모세가 항상 장막을 취하여 진밖에 쳐서 진과 멀리 떠나게 하고 회막이라 이름하니 여호와를 앙모하는 자는 다 진 바깥 회막으로 나아가며"
출39:32	"이스라엘 자손이 이와 같이 성막 곧 회막의 모든 역사를 마치되 여호와께서 모세에게 명령하신 대로 다 행하고"
민17:7	"모세가 그 지팡이들을 증거의 장막 안 여호와 앞에 두었더라"
행7:44	"광야에서 우리 조상들에게 증거의 장막이 있었으니 이것은 모세에게 말씀하신 이가 명하사 그가 본 식양대로 만들게 하신 것이라"

5. 일곱 대접 재앙

일곱 천사가 가진 하나님의 진노를 가득 담은 일곱 대접 재앙이 내립니다. 사도 요한이 들으니 성전에서 큰 음성이 나서 일곱 대접 재앙을 가진 일곱 천사에게 "너희는 가서 하나님의 진노의 일곱 대접을 땅에 쏟으라"고 명하셨습니다(계16:1).

요한계시록 16장은 일곱 대접의 재앙이 임함을 말씀합니다. 일곱 대접 재앙은 7년 대환난 후에 전 세계적으로 불신자들에게 내리는 재앙입니다. 하나님은 사람들에게 그 행한 대로 갚으십니다. 그래서 7년 대환난의 후 삼년 반에 짐승과 그의 우상에게 경배하고 이마에나 손에 짐승의 표를 받은 자들은 하나님의 진노의 포도주를 마시게 됩니다. 하나님의 진노는 일곱 대접 재앙으로 임합니다.

계16:1　　　"또 내가 들으니 성전에서 큰 음성이 나서 일곱 천사에게 말하되 너희는 가서 하나님의 진노의 일곱 대접을 땅에 쏟으라 하더라"

1) 질병(악하고 독한 종기)의 재앙 – 첫째 대접 재앙

일곱 재앙을 가진 일곱 천사 중 첫째 천사가 가서 그 대접을 땅에 쏟으매 짐승의 표를 받은 사람들과 그 우상에게 경배하는 자들에게 악하고 독한 종기가 났습니다(계16:2).

계16:2　　　"첫째 천사가 가서 그 대접을 땅에 쏟으매 짐승의 표를 받은 사람들과 그 우상에게 경배하는 자들에게 악하고 독한 종기가 나더라"

첫째 대접 재앙은 질병의 재앙 곧 독종의 재앙으로 이스라엘 자손의 출애굽 때 애굽에 내려진 여섯 번째 재앙인 독종의 재앙과 같습니다(출9:10-11). 첫째 천사가 그 대접을 땅에 쏟으매 짐승의 표를 받은 사람들과 그 우상에게 경배하는 자들에게 나는 〈악하고 독한 종기〉는 질병의 재앙을 의미합니다. 그 당시는 악하고 독한 종기가 큰 병이었습니다. 첫째 대접 재앙인 악하고 독한 종기가 나는 〈짐승의 표를 받은 사람들과 그 우상에게 경배한 자들〉은 7년 대환난의 후 삼년 반 동안 짐승의 표를 받고 짐승과 그 우상에게 경배한 자들입니다. 하나님이 짐승의 표를 받고 짐승과 그 우상에게 경배한 자들에게 질병의 재앙을 내리신 것입니다. 하나님은 질병으로 사람들을 치시기도 하십니다(신28:21, 27). 또한 하나님은 우리를 치료하십니다(출15:26).

출9:10-11 "그들이 화덕의 재를 가지고 바로 앞에 서서 모세가 하늘을 향하여 날리니 사람과 짐승에게 붙어 악성 종기가 생기고 요술사들도 악성 종기로 말미암아 모세 앞에 서지 못하니 악성 종기가 요술사들로부터 애굽 모든 사람에게 생겼음이라"

신28:21 "여호와께서 네 몸에 염병이 들게 하사 네가 들어가 차지할 땅에서 마침내 너를 멸하실 것이며"

신28:27 "여호와께서 애굽의 종기와 치질과 괴혈병과 피부병으로 너를 치시리니 네가 치유 받지 못할 것이며"

출15:26 "이르시되 너희가 너희 하나님 나 여호와의 말을 들어 순종하고 내가 보기에 의를 행하며 내 계명에 귀를 기울이며 내 모든 규례를 지키면 내가 애굽 사람에게 내린 모든 질병의 하나도 너희에게 내리지 아니하리니 나는 너희를 치료하는 여호와임이라"

2) 바다의 생물이 전멸하는 재앙 - 둘째 대접 재앙

일곱 재앙을 가진 일곱 천사 중 둘째 천사가 그 대접을 바다에 쏟으매 바다가 곧 죽은 자의 피 같이 되니 바다 가운데 모든 생물이 죽었습니다(계16:3).

계16:3   "둘째 천사가 그 대접을 바다에 쏟으매 바다가 곧 죽은 자의 피
                  같이 되니 바다 가운데 모든 생물이 죽더라"

둘째 대접 재앙은 바다가 죽은 자의 피 같이 되므로 바다 가운데 모
든 생물이 죽는 재앙입니다. 둘째 나팔 재앙에서는 바다의 삼분의 일
이 피가 되고, 바다 가운데 생명 가진 피조물들의 삼분의 일이 죽고,
배들의 삼분의 일이 깨졌습니다(계8:8-9).

계8:8-9   "둘째 천사가 나팔을 부니 불 붙는 산과 같은 것이 바다에 던져
                 지매 바다의 삼분의 일이 피가 되고 바다 가운데 생명 가진 피
                 조물들의 삼분의 일이 죽고 배들의 삼분의 일이 깨지더라"

3) 강과 물의 근원이 피가 되는 재앙 – 셋째 대접 재앙

일곱 재앙을 가진 일곱 천사 중 셋째 천사가 그 대접을 강과 물 근원
에 쏟으매 피가 되었습니다(계16:4). 그리고 사도 요한이 들으니 물
을 차지한 천사가 이르되 "전에도 계셨고 지금도 계신 거룩하신 이여
이렇게 심판하시니 의로우시도다 그들이 성도들과 선지자들의 피를
흘렸으므로 그들에게 피를 마시게 하신 것이 합당하니이다" 하였습
니다(계16:5-6). 또 사도 요한이 들으니 제단이 말하기를 "그러하다
주 하나님 곧 전능하신 이시여 심판하시는 것이 참되시고 의로우시도
다" 하였습니다(계16:7).

계16:4   "셋째 천사가 그 대접을 강과 물 근원에 쏟으매 피가 되더라"

계16:5-6   "내가 들으니 물을 차지한 천사가 이르되 전에도 계셨고 지금
도 계신 거룩하신 이여 이렇게 심판하시니 의로우시도다 그들
이 성도들과 선지자들의 피를 흘렸으므로 그들에게 피를 마시
게 하신 것이 합당하니이다 하더라"

계16:7   "또 내가 들으니 제단이 말하기를 그러하다 주 하나님 곧 전능
하신 이시여 심판하시는 것이 참되시고 의로우시도다 하더라"

셋째 대접 재앙은 강과 물 근원이 피가 되는 재앙입니다. 셋째 나팔
재앙에서는 강들의 삼분의 일과 여러 물 샘 곧 물의 삼분의 일이 쓴 쑥
이 되어 그 물이 쓴 물이 되므로 많은 사람이 죽었습니다(계8:10-11).
또한 강과 물 근원이 피가 되는 것을 본 사도 요한은 물을 차지한 천사
가 말하는 것을 들었습니다. 물을 차지한 천사는 전에도 계셨고 지금
도 계신 거룩하신 하나님께서 심판하심이 의로움을 말했고, 셋째 대
접의 재앙을 받는 자들이 성도들과 선지자들의 피를 흘렸으므로 그들
에게 피를 마시게 하신 것이 합당함을 말했습니다. 심판하시는 하나
님은 영원하시고 거룩하시며, 물이 피가 되게 하시는 하나님의 심판
은 의롭고, 성도들과 선지자들의 피를 흘린 자들에게 피를 마시게 하
는 것은 합당한 일입니다.

물을 차지한 천사가 말하는 것을 들은 사도 요한은 또 제단이 말하
는 것을 들었습니다. 제단은 전능하신 주 하나님이 심판하시는 것이
참되시고 의로움을 말했습니다. 제단 아래에는 하나님의 말씀과 그들
이 가진 증거로 말미암아 죽임을 당한 영혼들이 있어 하나님께 땅에

거하는 자들을 심판하여 그들의 피를 신원하여 주시기를 간구하였습니다. 이에 하나님은 그들에게 흰 두루마기를 주시며 그들의 동무 종들과 형제들도 그들처럼 죽임을 당하여 그 수가 차기까지 잠시 동안 쉬라고 말씀하셨습니다(계6:9-11). 그런데 셋째 대접 재앙에서 하나님께서 순교자들의 피를 신원하여 주신 것입니다. 이는 7년 대 환난으로 순교자들의 수가 찼기 때문일 것입니다.

하나님께서는 성도들로 환난 받게 하는 자들에게는 환난으로 갚으시고 환난 받는 성도들에게는 안식으로 갚으십니다. 하나님이 이렇게 하시는 것은 하나님의 공의입니다. 예수님께서 재림하실 때 하나님을 모르는 자들과 예수님의 복음을 복종하지 아니한 자들에게 형벌을 주실 것이며, 그들은 영원한 멸망의 형벌을 받을 것입니다(살후1:6-9).

계8:10-11 "셋째 천사가 나팔을 부니 횃불 같이 타는 큰 별이 하늘에서 떨어져 강들의 삼분의 일과 여러 물 샘에 떨어지니 이 별 이름은 쑥이라 물의 삼분의 일이 쓴 쑥이 되매 그 물이 쓴 물이 되므로 많은 사람이 죽더라"

계6:9-11 "다섯째 인을 떼실 때에 내가 보니 하나님의 말씀과 그들이 가진 증거로 말미암아 죽임을 당한 영혼들이 제단 아래에 있어 큰 소리로 불러 이르되 거룩하고 참되신 대주재여 땅에 거하는 자들을 심판하여 주지 아니하시기를 어느 때까지 하시려 하나이까 하니 각각 흰 두루마기를 주시며 이르시되 아직 잠시 동안 쉬되 그들의 동무 종들과 형제들도 자기처럼 죽임을 당하여 그 수가 차기까지 하라 하시더라"

살후1:6-9 "너희로 환난 받게 하는 자들에게는 환난으로 갚으시고 환난을 받는 너희에게는 우리와 함께 안식으로 갚으시는 것이 하나님의 공의시니 주 예수께서 자기의 능력의 천사들과 함께 하늘로부터 불꽃 가운데에 나타나실 때에 하나님을 모르는 자들과 우리 주 예수의 복음에 복종하지 않는 자들에게 형벌을 내리시리니 이런 자들은 주의 얼굴과 그의 힘의 영광을 떠나 영원한 멸망의 형벌을 받으리로다"

4) 해가 사람들을 태우는 재앙 – 넷째 대접 재앙

일곱 재앙을 가진 일곱 천사 중 넷째 천사가 그 대접을 해에 쏟으매 해가 권세를 받아 불로 사람을 태웠습니다(계16:8). 이에 사람들이 크게 태움에 태워진지라 이 재앙들을 행하는 권세를 가지신 하나님의 이름을 비방하며 또 회개하지 아니하고 주께 영광을 돌리지 아니하였습니다(계16:9).

계16:8 "넷째 천사가 그 대접을 해에 쏟으매 해가 권세를 받아 불로 사람을 태우니"

계16:9 "사람들이 크게 태움에 태워진지라 이 재앙들을 행하는 권세를 가지신 하나님의 이름을 비방하며 또 회개하지 아니하고 주께 영광을 돌리지 아니하더라"

넷째 대접 재앙은 해가 권세를 받아 불로 사람을 태우는 재앙입니다. 해가 하나님께 권세를 받아서 불로 사람을 태움으로 사람들이 크게 태움에 태워졌습니다. 이에 사람들은 이 재앙들을 행하는 권세를 가지신 하나님의 이름을 비방하였습니다. 또 사람들은 회개하지 아니하고 하나님께 영광을 돌리지 아니하였습니다. 회개하지 아니한 자는 영광을 주께 돌리지 아니하며 회개하는 자가 영광을 주께 돌립니다.

5) 짐승의 나라가 흑암이 되고 아픔을 당하는 재앙 – 다섯째 대접 재앙

일곱 재앙을 가진 일곱 천사 중 다섯째 천사가 그 대접을 짐승의 왕좌에 쏟으니 그 나라가 곧 어두워지며 사람들이 아파서 자기 혀를 깨물고 아픈 것과 종기로 말미암아 하늘의 하나님을 비방하고 그들의 행위를 회개하지 아니하였습니다(계16:10-11).

계16:10-11 "또 다섯째 천사가 그 대접을 짐승의 보좌에 쏟으니 그 나라가 곧 어두워지며 사람들이 아파서 자기 혀를 깨물고 아픈 것과 종기로 말미암아 하늘의 하나님을 비방하고 그들의 행위를 회개하지 아니하더라"

다섯째 대접 재앙은 짐승의 나라 곧 세상 나라가 어두워지며 사람들이 아파서 자기 혀를 깨무는 흑암과 질병의 재앙입니다. 사람들은 아파서 자기 혀를 깨물고 아픈 것과 종기(질병)로 말미암아 하늘의 하나님을 비방하였습니다. 또 사람들은 그들의 행위를 회개하지 아니하였습니다. 다섯째 천사가 그 대접을 그 보좌에 쏟은 〈짐승〉은 마귀(사탄)에게서 능력과 보좌와 큰 권세를 받아 7년 대환난의 후 삼년 반 동안 하나님을 대적하고 성도들을 박해하며 세계를 통치한 독재자입니다. 그리고 사람들이 〈아파서 자기 혀를 깨문 것〉은 엄청난 고통을 의미합니다.

6) 아마겟돈으로 왕들을 모으는 재앙 – 여섯째 대접 재앙

일곱 재앙을 가진 일곱 천사 중 여섯째 천사가 그 대접을 큰 강 유브라데에 쏟으매 강물이 말라서 동방에서 오는 왕들의 길이 예비되었습니다(계16:12). 또 사도 요한이 보매 개구리 같은 세 더러운 영이 용의 입과 짐승의 입과 거짓 선지자의 입에서 나오니 그들은 귀신의 영이었으며 이적을 행하여 온 천하 왕들에게 가서 하나님 곧 전능하신 이의 큰 날에 있을 전쟁을 위하여 그들을 모았습니다(계16:13-14). 이에 예수님이 "보라 내가 도둑 같이 오리니 누구든지 깨어 자기 옷을 지켜 벌거벗고 다니지 아니하며 자기의 부끄러움을 보이지 아니하는 자는 복이 있도다" 하셨습니다(계16:15). 그리고 더러운 세 영이 히브리어로 아마겟돈이라 하는 곳으로 왕들을 모았습니다(계16:16).

계16:12   "또 여섯째 천사가 그 대접을 큰 강 유브라데에 쏟으매 강물이 말라서 동방에서 오는 왕들의 길이 예비되었더라"

계16:13-14 "또 내가 보매 개구리 같은 세 더러운 영이 용의 입과 짐승의 입과 거짓 선지자의 입에서 나오니 그들은 귀신의 영이라 이적을 행하여 온 천하 왕들에게 가서 하나님 곧 전능하신 이의 큰 날에 있을 전쟁을 위하여 그들을 모으더라"

계16:15   "보라 내가 도둑 같이 오리니 누구든지 깨어 자기 옷을 지켜 벌거벗고 다니지 아니하며 자기의 부끄러움을 보이지 아니하는 자는 복이 있도다"

계16:16   "세 영이 히브리어로 아마겟돈이라 하는 곳으로 왕들을 모으더라"

여섯째 대접 재앙은 큰 날 곧 예수님의 지상 재림의 날에 있을 전쟁을 위하여 왕들을 아마겟돈으로 모으는 재앙입니다. 아마겟돈으로 모인 왕들이 지상 재림하시는 예수님을 대적하여 싸우다가 죽임을 당하기 때문에 왕들을 아마겟돈으로 모으는 것이 재앙입니다. 아마겟돈으로 왕들을 모으기 위하여 큰 강 유브라데의 강물이 말라서 동방에서 오는 왕들의 길이 예비 되었습니다. 그리고 개구리 같은 세 더러운 영 곧 귀신이 영이 용(마귀)의 입과 짐승의 입과 거짓 선지자의 입에서 나와 이적을 행하여 온 천하 왕들에게 가서 그들을 아마겟돈으로 모았습니다. 그러므로 예수님이 도둑같이 오실 것이며 누구든지 깨어 자기 옷을 지켜 벌거벗고 다니지 아니하며 자기의 부끄러움을 보이지 아니하는 자는 복이 있습니다.

〈유브라데 강〉은 이스라엘의 동쪽 경계였으며, 동방의 강대국들은 이스라엘을 침공하기 위해서는 유브라데 강을 건너야 했습니다. 그리고 유브라데 강은 여섯째 나팔 재앙 곧 유브라데 전쟁에서 사람 삼분의 일이 죽는 전쟁이 있는 곳입니다. 그리고 세 더러운 영이 〈개구리 같은 것〉은 개구리는 모양이 흉측하고 더러운 하수에 사는 습성이 있어서 사탄과 불의한 악의 세력을 상징하기 때문입니다. 또한 세 더러운 영이 왕들을 모은 〈아마겟돈〉은 "전쟁 마당"이란 뜻이며, 구약에 나오는 므깃도와 같은 곳입니다. 므깃도는 전쟁이 자주 일어났던 곳이며, 유다의 요시아 왕이 앗수르 왕을 치려고 유브라데 강으로 올라오는 애굽 왕 바로 느고를 막으려다가 그에게 죽임을 당한 곳이기도

합니다(왕하23:29). 그리고 예수님이 도둑 같이 오실 것이므로 복이 있는 〈깨어 자기 옷을 지켜 벌거벗고 다니지 아니하는 자〉는 옳은 행실을 하는 자를 의미하며, 〈자기의 부끄러움을 보이지 아니하는 자〉는 죄를 짓지 아니하는 자를 의미합니다.

왕하23:29 　 "요시아 당시에 애굽의 왕 바로 느고가 앗수르 왕을 치고자 하여 유브라데 강으로 올라가므로 요시아 왕이 맞서 나갔더니 애굽 왕이 요시아를 므깃도에서 만났을 때에 죽인지라"

7) 큰 지진과 우박 재앙 – 일곱째 대접 재앙

일곱 재앙을 가진 일곱 천사 중 일곱째 천사가 그 대접을 공중에 쏟으매 큰 음성이 성전에서 보좌로부터 나서 이르되 "되었다" 하시니 번개와 음성들과 우렛소리가 있고 또 큰 지진이 있어 얼마나 큰지 사람이 땅에 있어 온 이래로 이같이 큰 지진이 없었습니다(계16:17-18). 그리고 큰 성 바벨론이 세 갈래로 갈라지고 만국의 성들도 무너지니 큰 성 바벨론이 하나님 앞에 기억하신바 되어 그의 맹렬한 진노의 포도주 잔을 받으매 각 섬도 없어지고 산악도 간 데 없어졌습니다(계16:19-20). 또 무게가 한 달란트나 되는 큰 우박이 하늘로부터 사람들에게 내리매 사람들이 그 우박의 재앙 때문에 하나님을 비방하니 그 재앙이 심히 큽이었습니다(계16:21).

계16:17-18 "일곱째 천사가 그 대접을 공중에 쏟으매 큰 음성이 성전에서 보좌로부터 나서 이르되 되었다 하시니 번개와 음성들과 우렛소리가 있고 또 큰 지진이 있어 얼마나 큰지 사람이 땅에 있어 온 이래로 이같이 큰 지진이 없었더라"

계16:19-20 "큰 성이 세 갈래로 갈라지고 만국의 성들도 무너지니 큰 성 바벨론이 하나님 앞에 기억하신 바 되어 그의 맹렬한 진노의 잔을 받으매 각 섬도 없어지고 산악도 간 데 없더라"

계16:21 "또 무게가 한 달란트나 되는 큰 우박이 하늘로부터 사람들에게 내리매 사람들이 그 우박의 재앙 때문에 하나님을 비방하니 그 재앙이 심히 큼이러라"

일곱째 대접 재앙은 지진과 우박 재앙입니다. 일곱째 대접 재앙에서 사람이 땅에 있어 온 이래로 가장 큰 지진이 있게 되며, 그 무게가 한 달란트(40-50㎏)나 되는 우박이 내리게 됩니다. 일곱째 천사가 그 대접을 공중에 쏟으매 큰 음성이 성전에서 보좌로부터 나서 〈되었다 하신 것〉은 마지막 진노가 내릴 때가 되었음을 의미합니다. 그리고 "되었다"고 말씀하실 때 〈번개와 음성들과 우렛소리가 있고 또 큰 지진이 있는 것〉은 일곱째 나팔 재앙에서 하늘에 있는 하나님의 성전 안에 있었던 번개와 음성들과 우렛소리와 큰 지진과 우박이(계11:19), 일곱째 대접 재앙에서 땅에 내리게 됨을 의미합니다. 또한 〈큰 성 바벨론이 세 갈래로 갈라진 것〉은 완전한 파멸을 의미하며, 〈만국의 성들도 무너진 것〉은 전 세계적인 지진임을 의미합니다. 큰 성 바벨론은 하나님의 맹렬한 진노의 잔을 받음으로 각 섬도 없어지고 산악도 간데없어진 것입니다. 그리고 큰 우박이 하늘로부터 사람들에게 내리는데 〈그 무게가 한 달란트(40-50㎏)나 된 것〉은 우박 재앙이 심히 큼을 의미합니다. 우박 재앙이 심히 큼으로 사람들은 하나님을 비방하였습니다.

사람들은 하나님의 진노로 재앙이 임하는데도 깨달음이 없습니다. 오히려 사람들은 하나님을 비방합니다. 어느 누구도 하나님의 은혜가 없이는 회개하지 못합니다. 그러므로 우리가 어려운 일을 당하여 회개하는 것도 하나님의 은혜입니다.

6. 바벨론의 심판

큰 성 바벨론은 일곱 대접 재앙의 일곱째 대접 재앙에서 큰 지진으로 인하여 세 갈래로 갈라지게 되고 각 섬도 없어지고 산악도 간데없어지게 됩니다. 곧 바벨론이 하나님의 심판을 받아 일곱째 대접 재앙으로 멸망하게 된 것입니다. 요한계시록 17장은 큰 음녀인 바벨론의 심판, 곧 바벨론의 멸망의 원인에 대하여 말씀합니다. 큰 성 바벨론을 음녀라 하는데, 음녀는 사람들을 육체적으로 또 영적으로 타락하게 합니다. 육체적 타락은 음행이요 영적 타락은 우상숭배입니다.

일곱 대접을 가진 일곱 천사 중 하나가 와서 사도 요한에게 "이리로 오라 많은 물 위에 앉은 큰 음녀가 받을 심판을 네게 보이리라 땅의 임금들도 그와 더불어 음행하였고 땅에 사는 자들도 그 음행의 포도주에 취하였다"고 말하였습니다(계17:1-2).

계17:1-2   "또 일곱 대접을 가진 일곱 천사 중 하나가 와서 내게 말하여
            이르되 이리로 오라 많은 물 위에 앉은 큰 음녀가 받을 심판을

네게 보이리라 땅의 임금들도 그와 더불어 음행하였고 땅에 사는 자들도 그 음행의 포도주에 취하였다 하고"

큰 음녀는 많은 물 위에 앉아 있었습니다. 음녀가 앉은 〈많은 물〉은 백성과 무리와 열국과 방언들이며(계17:15), 세상 모든 나라를 의미합니다. 그리고 음녀가 〈많은 물 위에 앉아 있음〉은 음녀가 세상 모든 나라를 다스리는 것을 의미합니다. 이 큰 음녀는 온 세상을 지배합니다. 그래서 땅의 임금들도 이 음녀로 더불어 음행하였고, 땅에 사는 자들도 이 음녀의 음행의 포도주에 취하였습니다. 곧 바벨론은 세계를 지배하면서 땅의 임금들과 땅에 사는 자들로 범죄하게 한 것입니다.

계17:15   "또 천사가 내게 말하되 네가 본 바 음녀가 앉아 있는 물은 백성과 무리와 열국과 방언들이니라"

1) 큰 음녀인 바벨론의 정체

큰 음녀가 받을 심판을 사도 요한에게 보이리라고 말한 천사가 성령으로 사도 요한을 데리고 광야로 갔습니다. 이에 사도 요한이 보니 여자가 붉은 빛 짐승을 탔는데 그 짐승의 몸에 하나님을 모독하는 이름들이 가득하고, 그 짐승에게 일곱 머리와 열 뿔이 있었습니다(계17:3). 그리고 그 여자는 자주 빛과 붉은 빛 옷을 입고 금과 보석과 진주로 꾸미고 손에 금잔을 가졌는데 가증한 물건과 그의 음행의 더러운 것들이 가득하였습니다(계17:4). 또한 그의 이마에 이름이 기록되었는데 비밀이라, 큰 바벨론이라, 땅의 음녀들과 가증한 것들의 어미라 하였습니다(계17:5). 또 사도 요한이 보니 이 여자가 성도들의 피와 예수의 증인들의 피에 취하였습니다. 이에 사도 요한이 그 여자를 보고 놀랍게 여기고 크게 놀랍게 여겼습니다(계17:6).

계17:3	"곧 성령으로 나를 데리고 광야로 가니라 내가 보니 여자가 붉은 빛 짐승을 탔는데 그 짐승의 몸에 하나님을 모독하는 이름들이 가득하고 일곱 머리와 열 뿔이 있으며"
계17:4	"그 여자는 자주 빛과 붉은 빛 옷을 입고 금과 보석과 진주로 꾸미고 손에 금잔을 가졌는데 가증한 물건과 그의 음행의 더러운 것들이 가득하더라"
계17:5	"그의 이마에 이름이 기록되었으니 비밀이라. 큰 바벨론이라, 땅의 음녀들과 가증한 것들의 어미라 하였더라"
계17:6	"또 내가 보매 이 여자가 성도들의 피와 예수의 증인들의 피에 취한지라 내가 그 여자를 보고 놀랍게 여기고 크게 놀랍게 여기니"

사도 요한에게 말한 천사가 성령으로 사도 요한을 데리고 간 〈광야〉는 교회를 상징하는 여자가 도망하여 7년 대환난의 전 삼년 반 곧 천 이백 육십일 동안 양육 받은 곳입니다(계12:6, 14). 그리고 광야로 가서 사도 요한이 본 여자(바벨론)가 〈붉은 빛 짐승을 탄 것〉은 여자(바벨론)가 짐승을 지배하는 것을 의미합니다. 또한 여자가 탄 〈붉은 빛 짐승〉은 요한계시록 13장에 나오는 7년 대환난의 후 삼년 반 동안 세계를 지배하며 성도들을 박해한 짐승이며, 〈그 짐승의 몸에 하나님을 모독하는 이름들이 가득한 것〉은 마귀(사탄)에게 과장되고 신성

모독을 말하는 입을 받고 하나님을 향하여 비방하는 것을 의미하며, 〈일곱 머리와 열 뿔이 있음〉은 가장 강하고 악한 통치자임을 의미합니다. 또한 여자가 〈자주 빛과 붉은 빛 옷을 입고 금과 보석과 진주로 꾸민 것〉은 외형적으로 최고의 사치를 누리며 호화로운 것을 의미하며, 〈그 손에 금잔을 가졌는데 가증한 물건과 그의 음행의 더러운 것들이 가득함〉은 우상 숭배와 부도덕하고 타락하였음을 의미합니다. 그리고 〈그 여자의 이마에 이름이 기록되었는데 비밀이라, 큰 바벨론이라, 땅의 음녀들과 가증한 것들의 어미라 함〉은 그 여자(바벨론)는 비밀스런 존재이며, 바벨론 중의 바벨론이며, 음녀 중의 음녀이며, 가장 가증한 자임을 의미합니다. 세상 종말의 바벨론은 본래 바벨론이나 로마보다도 더 타락하고 가증하며 악한 성(나라)일 것입니다. 또한 여자가 〈성도들의 피와 예수의 증인들의 피에 취한 것〉은 성도들과 예수님의 증인들을 많이 죽인 것을 의미합니다. 큰 음녀인 바벨론은 7년 대환난의 기간에 많은 성도들과 예수님의 증인들을 죽입니다.

2) 큰 음녀인 여자와 그의 탄 바 짐승의 비밀

사도 요한에게 말한 천사가 성도들의 피와 예수의 증인들의 피에 취한 여자를 보고 크게 놀랍게 여기는 사도 요한에게 "왜 놀랍게 여기느냐 내가 여자와 그가 탄 일곱 머리와 열 뿔 가진 짐승의 비밀을 네게 이르리라"고 말하였습니다(계17:7). 그리고 그 천사는 사도 요한에게 여자와 그의 탄 바 짐승의 비밀을 일러 주었습니다.

계17:7　　　"천사가 이르되 왜 놀랍게 여기느냐 내가 여자와 그가 탄 일곱 머리와 열 뿔 가진 짐승의 비밀을 네게 이르리라"

① 사도 요한이 본 짐승은 장차 무저갱으로부터 올라와 멸망으로 들어갈 자입니다.

천사가 그 비밀을 알려준 사도 요한이 본 짐승은 전에 있었다가 지금은 없으나 장차 무저갱으로부터 올라와 멸망으로 들어갈 자이며, 땅에 사는 자들로서 창세 이후로 그 이름이 생명책에 기록되지 못한 자들이 이전에 있었다가 지금은 없으나 장차 나올 짐승을 보고 놀랍게 여길 것입니다(계17:8). 그리고 지혜 있는 뜻이 여기 있으니 그 짐승의 일곱 머리는 여자가 앉은 일곱 산이요 또 일곱 왕이며, 그 일곱 왕 중 다섯은 망하였고 하나는 있고 다른 하나는 아직 이르지 아니하였으나 이르면 반드시 잠시 동안 머무를 것입니다(계17:9-10). 전에 있었다가 지금 없어진 짐승은 여덟째 왕이니 일곱 중에 속한 자이며, 그가 멸망으로 들어갈 것입니다(계17:11).

계17:8   "네가 본 짐승은 전에 있었다가 지금은 없으나 장차 무저갱으로부터 올라와 멸망으로 들어갈 자니 땅에 사는 자들로서 창세 이후로 그 이름이 생명책에 기록되지 못한 자들이 이전에 있었다가 지금은 없으나 장차 나올 짐승을 보고 놀랍게 여기리라"

계17:9-10 "지혜 있는 뜻이 여기 있으니 그 일곱 머리는 여자가 앉은 일곱 산이요 또 일곱 왕이라 다섯은 망하였고 하나는 있고 다른 하나는 아직 이르지 아니하였으나 이르면 반드시 잠시 동안 머무르리라"

계17:11   "전에 있었다가 지금 없어진 짐승은 여덟째 왕이니 일곱 중에
          속한 자라 그가 멸망으로 들어가리라"

사도 요한이 본 짐승이 〈전에 있었다가 지금은 없으나 장차 무저갱으로부터 올라와 멸망으로 들어갈 자임〉은 전에 있었던 바벨론이나 로마 황제와 같은 통치자가 세상에 보이지 않다가 종말에 사탄에 속한 로마 황제와 같은 통치자인 짐승이 나타나며 재림하시는 예수님에 의하여 멸망당할 것을 의미합니다. 이 짐승은 요한계시록 13장에 나오는 바다에서 나온 짐승이며, 이 짐승은 7년 대환난의 전 삼년 반 끝에 나타나 예언을 마치게 된 두 증인을 죽이게 되며, 7년 대환난의 후 삼년 반 동안 세계를 통치하며 자기를 하나님이라 하고 성도들과 싸워 이기게 될 것입니다. 그러나 이 짐승은 예수님이 재림하실 때 예수님과 싸우다가 붙잡혀 산 채로 유황불 못에 던져지게 될 것입니다(계 19:20). 그리고 짐승에게 있는 〈일곱 머리는 여자가 앉은 일곱 산이요 또 일곱 왕임〉은 바벨론의 이전에 있었으며 바벨론이 이어받은 일곱 제국의 왕들을 의미하며, 〈다섯은 망하였고 하나는 있고 다른 하나는 아직 이르지 아니하였음〉은 앗수르, 메대, 바사, 바벨론, 헬라 제국은 망하였고, 로마제국은 있으며, 종말에 세계를 지배할 바벨론의 왕은 아직 이르지 아니하였음을 의미합니다.

계19:20   "짐승이 잡히고 그 앞에서 표적을 행하던 거짓 선지자도 함께 잡혔
          으니 이는 짐승의 표를 받고 그의 우상에게 경배하던 자들을 표적
          으로 미혹하던 자라 이 둘이 산 채로 유황불 붙는 못에 던져지고"

② 사도 요한이 본 짐승은 재림하시는 예수님과 싸우다가 멸망합니다.

사도 요한이 보던 짐승에게 있는 열 뿔은 열 왕이며, 아직 나라를 얻지 못하였으나 다만 짐승과 더불어 임금처럼 한 동안 권세를 받을 것입니다(계17:12). 그리고 열 왕이 한 뜻을 가지고 자기의 능력과 권세를 짐승에게 주며(계17:13), 짐승과 열 왕이 재림하시는 어린 양이신 예수님과 더불어 싸울 것입니다. 그러나 어린 양이신 예수님은 만주의 주시오 만왕의 왕이시므로 그들을 이기실 것이며 또 예수님과 함께 있는 자들 곧 부르심을 받고 택하심을 받은 신실한 자들도 이길 것입니다(계17:13-14).

계17:12 “네가 보던 열 뿔은 열 왕이니 아직 나라를 얻지 못하였으나 다만 짐승과 더불어 임금처럼 한동안 권세를 받으리라”

계17:13 “그들이 한 뜻을 가지고 자기의 능력과 권세를 짐승에게 주더라”

계17:14 “그들이 어린 양과 더불어 싸우려니와 어린 양은 만주의 주시오 만왕의 왕이시므로 그들을 이기실 터이요 또 그와 함께 있는 자들 곧 부르심을 받고 택하심을 받은 진실한 자들도 이기리로다”

〈열 뿔은 열 왕임〉은 짐승에게 있는 열 뿔은 열 왕을 의미하며, 〈아직 나라를 얻지 못하였으나 다만 짐승과 더불어 임금처럼 한동안 권세를 받으리라 함〉은 이 열 왕은 7년 대환난의 후 삼년 반 동안 짐승이 세계를 통치할 때 권세를 받아 왕이 될 것을 의미합니다. 그리고 〈열 왕이 한 뜻을 가지고 자기의 능력과 권세를 짐승에게 주는 것〉은 열 왕이 짐승이 세계를 통치하는 데 협력자가 되는 것을 의미합니다. 또한 〈짐승과 열 왕이 어린 양과 더불어 싸우는 것〉은 그들이 지상 재림하시는 예수님을 대적하여 싸울 것을 의미하며, 〈어린 양은 만주의 주시오 만왕의 왕이시므로 그들을 이기실 터이요〉는 재림하시는 예수님이 짐승과 열 왕을 이기실 것을 의미하는데, 짐승이 잡히고 산 채로 유황불 붙는 못에 던져질 것입니다(계19:20). 그리고 〈어린 양과 함께 있는 자들 곧 부르심을 받고 택하심을 받은 진실한 자들도 이기리로다〉함은 예수님이 재림하실 때 부활하여 공중에서 예수님을 영접하고 그와 함께 지상으로 내려오는 성도들이 짐승과 열 왕을 이길 것을 의미합니다.

③ 사도 요한이 본 짐승은 음녀(바벨론)를 미워하여 망하게 합니다.

사도 요한에게 말한 천사가 또 사도 요한에게 "네가 본 바 음녀가 앉아 있는 물은 백성과 무리와 열국과 방언들이니라"고 말하며(계17:15), "네가 본 바 이 열 뿔(왕)과 짐승은 음녀(바벨론)를 미워하여 망하게 하고 벌거벗게 하고 그의 살을 먹고 불로 아주 사르리라"고 말하였습니다(계17:16). 그리고 그 천사는 사도 요한에게 열 뿔(왕)과 짐승이 음녀(바벨론)을 망하게 하는 것은 하나님이 자기 뜻대로 할 마음을 그들에게 주사 한 뜻을 이루게 하시고 그들의 나라를 그 짐승에게 주게 하시되 하나님의 말씀이 응하기까지 하신 것이라고 말하였습니다(계17:17). 또 그 천사는 사도 요한에게 "네가 본 여자는 땅의 왕들을 다스리는 큰 성이라" 하였습니다(계17:18).

계17:15   "또 천사가 내게 말하되 네가 본 바 음녀가 앉아 있는 물은 백성과 무리와 열국과 방언들이니라"

계17:16 "네가 본 바 이 열 뿔과 짐승은 음녀를 미워하여 망하게 하고 벌거벗게 하고 그의 살을 먹고 불로 아주 사르리라"

계17:17 "이는 하나님이 자기 뜻대로 할 마음을 그들에게 주사 한 뜻을 이루게 하시고 그들의 나라를 그 짐승에게 주게 하시되 하나님의 말씀이 응하기까지 하심이라"

계17:18 "또 네가 본 그 여자는 땅의 왕들을 다스리는 큰 성이라 하더라"

사도 요한이 본 〈음녀가 앉아 있는 물은 많은 백성과 무리와 열국과 방언들인 것〉은 음녀(바벨론)가 세계 여러 나라들을 지배함을 의미합니다. 사도 요한이 본 그 여자는 땅의 왕들을 다스리는 큰 성입니다. 그리고 사도 요한이 본 바 〈열 왕과 짐승이 음녀를 미워하여 망하게 하고 벌거벗게 하고 그의 살을 먹고 불로 아주 사르는 것〉은 열 왕(뿔)과 독재자(짐승) 때문에 바벨론 나라(성)가 망하게 될 것을 의미합니다. 독재자는 결국 자기 나라를 망하게 합니다. 그들이 바벨론 나라를 망하게 하는 것은 하나님이 그의 말씀이 응하기까지 자기 뜻대로 할 마음을 열 왕들에게 주셔서 한 뜻을 이루게 하시고, 그들의 나라를 그 짐승에게 주게 하신 것입니다. 음녀 바벨론은 짐승과 열 왕이 망하게 하고 결국 하나님이 내리시는 일곱 대접 재앙으로 완전히 멸망하게 됩니다.

7. 바벨론의 멸망

요한계시록 18장은 큰 음녀인 바벨론의 멸망의 결과에 대하여 말씀합니다. 바벨론은 완전히 멸망하였으며, 천사가 바벨론의 멸망을 전하였습니다. 그러므로 성도들은 바벨론의 죄에 참여하지 말고 그가 받을 재앙들을 받지 말아야 합니다. 그리고 성도들은 바벨론의 멸망을 인하여 즐거워해야 합니다. 그러나 바벨론과 함께 음행하고 사치하던 땅의 왕들과 바벨론을 인하여 치부한 자들은 바벨론의 멸망을 보고 애통합니다.

그러면 멸망할 세상을 대하는 성도들의 보는 눈은 어떠해야 할까요? 성도들은 멸망할 세상에 대한 두 가지 시각을 동시에 가져야 합니다. 하나는 성도들은 죄악으로 가득차고 부패한 이 세상에 대한 하나님의 심판을 고대해야 합니다. 또 하나는 성도들은 죄악으로 가득 찬 이 세상 사람들의 영혼 구원을 위해 힘쓰고 애써야 합니다.

1) 천사가 바벨론의 멸망을 전하였습니다.

사도 요한은 짐승과 열 왕이 음녀(바벨론)를 미워하여 망하게 하는 일을 본 후에 요한계시록 17장에서 그에게 말한 천사가 아닌 다른 천사가 하늘에서 내려오는 것을 보았습니다. 그런데 그 천사는 큰 권세를 가졌으며 그의 영광으로 땅이 환하여졌습니다(계18:1). 그리고 그 천사가 힘찬 음성으로 외쳐 이르되 "무너졌도다 무너졌도다 큰 성 바벨론이여 귀신의 처소와 각종 더러운 영이 모이는 곳과 각종 더럽고 가증한 새들이 모이는 곳이 되었도다" 하며(계18:2), "그 음행의 진노의 포도주로 말미암아 만국이 무너졌으며 또 땅의 왕들이 그와 더불어 음행하였으며 땅의 상인들도 그 사치의 세력으로 치부하였도다" 하였습니다(계18:3).

계18:1   "이 일 후에 다른 천사가 하늘에서 내려오는 것을 보니 큰 권세를 가졌는데 그의 영광으로 땅이 환하여지더라"

계18:2   "힘찬 음성으로 외쳐 이르되 무너졌도다 무너졌도다 큰 성 바벨론이여 귀신의 처소와 각종 더러운 영이 모이는 곳과 각종 더럽고 가증한 새들이 모이는 곳이 되었도다"

계18:3   "그 음행의 진노의 포도주로 말미암아 만국이 무너졌으며 또 땅의 왕들이 그와 더불어 음행하였으며 땅의 상인들도 그 사치의 세력으로 치부하였도다 하더라"

사도 요한이 본 하늘에서 내려온 천사가 〈큰 권세를 가졌으며 그의 영광으로 땅이 환하여진 것〉은 하나님께서 이 천사에게 큰 권세와 영광을 주셨으며, 그의 바벨론의 멸망에 대한 선언은 하나님의 선언과 같음을 의미합니다. 그리고 무너진 큰 성 바벨론이 〈귀신의 처소와 각종 더러운 영이 모이는 곳과 각종 더럽고 가증한 새들이 모인 곳이 된 것〉은 귀신과 더러운 영과 더럽고 가증한 새들은 모두 사탄에게 속한 영들을 말하며, 바벨론이 귀신의 처소 곧 사탄의 소굴이 된 것을 의미합니다. 또한 〈바벨론의 음행의 진노의 포도주로 말미암아 만국이 무너진 것〉은 만국이 바벨론으로 말미암아 범죄 함으로 바벨론과 함께 무너진 것을 의미합니다. 곧 땅의 왕들이 바벨론과 더불어 음행하였으며, 땅의 상인들도 바벨론의 사치의 세력으로 치부하였기 때문에 만국이 무너진 것입니다.

바벨론은 죄악의 집산지요 부패의 본거지였습니다. 바벨론은 각종 음행과 우상 숭배가 판을 쳤으며, 사치와 치부로 사람들의 마음이 황폐되어 갔으며, 마음이 교만할 대로 교만해져 갔습니다. 그래서 바벨론은 하나님의 공의의 심판을 받을 수밖에 없게 되었습니다.

2) 예수님은 성도들에게 바벨론(세상)의 죄에 참여하지 말고 멸망하는 바벨론을 인하여 즐거워하라고 명하셨습니다.

또 사도 요한이 들으니 하늘로부터 다른 음성 곧 예수님의 음성이 나서 이르되 "내 백성아 거기서 나와 그의 죄에 참여하지 말고 그가 받을 재앙들을 받지 말라" 하시며(계18:4), "그의 죄는 하늘에 사무쳤으며 하나님은 그의 불의한 일을 기억하신지라 그가 준 그대로 그에게 주고 그의 행위대로 갑절을 갚아 주고 그가 섞은 잔에도 갑절이나 섞어 그에게 주라 그가 얼마나 자기를 영화롭게 하였으며 사치하였든지 그만큼 고통과 애통함으로 갚아 주라" 하셨습니다(계18:5-7). 그리고 예수님은 "그가 마음에 이르기를 '나는 여왕으로 앉은 자요 과부가 아니라 결단코 애통함을 당하지 아니하리라' 하니 그러므로 하루 동안에 그 재앙들이 이르리니 곧 사망과 애통함과 흉년이라" 하시며, "그가 또한 불에 살라지리니 그를 심판하시는 주 하나님은 강하신 자이심이라" 하셨습니다(계18:7-8). 또한 예수님은 "하늘과 성도들과 사도들과 선지자들아, 그로 말미암아 즐거워하라 하나님이 너희를 위하여 그에게 심판을 행하셨음이라" 하셨습니다(계18:20).

계18:4	"또 내가 들으니 하늘로부터 다른 음성이 나서 이르되 내 백성아, 거기서 나와 그의 죄에 참여하지 말고 그가 받을 재앙들을 받지 말라"
계18:5-7上	"그의 죄는 하늘에 사무쳤으며 하나님은 그의 불의한 일을 기억하신지라 그가 준 그대로 그에게 주고 그의 행위대로 갑절을 갚아 주고 그가 섞은 잔에도 갑절이나 섞어 그에게 주라 그가 얼마나 자기를 영화롭게 하였으며 사치하였든지 그만큼 고통과 애통함으로 갚아 주라"
계18:7下-8	"그가 마음에 말하기를 나는 여왕으로 앉은 자요 과부가 아니라 결단코 애통함을 당하지 아니하리라 하니 그러므로 하루 동안에 그 재앙들이 이르리니 곧 사망과 애통함과 흉년이라 그가 또한 불에 살라지리니 그를 심판하시는 주 하나님은 강하신 자이심이라"
계18:20	"하늘과 성도들과 사도들과 선지자들아, 그로 말미암아 즐거워하라 하나님이 너희를 위하여 그에게 심판을 행하셨음이라 하더라"

사도 요한이 들은 〈하늘로부터 난 다른 음성〉은 예수님의 음성이며, 예수님은 그의 백성들에게 바벨론(세상)에서 나와 그의 죄에 참여하지 말고 그가 받을 재앙들을 받지 말라고 하셨습니다. 성도는 죄악에서 나와 그 죄악에 참여하지 말고 그 죄악으로 받을 재앙들을 받지 말아야 합니다. 성도는 세상과 타협하는 자가 아니며 세상과 구별된 자입니다. 곧 성도는 세상에 대하여 십자가에 못 박힌 자입니다(갈6:14). 그리고 세상과 벗된 것은 하나님과 원수가 되는 것입니다(약4:4).

바벨론의 죄는 하늘에 사무쳤습니다. 그래서 하나님은 그의 불의를 기억하십니다. 그리고 하나님은 바벨론이 준 그대로 그에게 주십니다. 또 하나님은 바벨론의 행위대로 갑절을 갚아 주시고, 그의 섞은 잔에도 갑절이나 섞어 그에게 주십니다. 하나님은 바벨론이 자기를 영화롭게 하고 사치한 만큼 고통과 애통함으로 갚아 주십니다. 이는 바벨론이 마음에 이르기를 "나는 여왕으로 앉은 자요 과부가 아니라 결단코 애통함을 당하지 아니하리라" 하였기 때문입니다. 그러므로 하루 동안에 그 재앙들이 바벨론에 이르는데 사망과 애통함과 흉년이며, 또한 그가 불에 살라집니다. 짐승과 그를 섬기는 열 왕이 바벨론을 미워하여 망하게 하고 벌거벗게 하고 그 살을 먹고 불로 아주 사를 것입니다(계17:16).

바벨론이 이렇게 되는 것 곧 바벨론의 멸망은 강하신 하나님이 성도들을 위하여 그를 심판하신 것입니다. 그러므로 하늘과 성도들과 사도들과 선지자들은 하나님이 바벨론을 심판하심으로 말미암아 즐거워해야 합니다. 성도들과 사도들과 선지자들이 바벨론의 멸망을 즐거워하는 것은 육신적인 보복 심리에서 비롯된 것이 아니며, 하나님의 공의와 정의가 온전히 실현되었기 때문입니다. 또한 그들은 하나님을 절대적으로 의뢰하는 자가 최후에 승리하기에 즐거워합니다.

갈6:14   "그러나 내게는 우리 주 예수 그리스도의 십자가 외에 결코 자랑할 것이 없으니 그리스도로 말미암아 세상이 나를 대하여 십자가에 못 박히고 내가 또한 세상을 대하여 그러하니라"

약4:4   "간음한 여인들아 세상과 벗된 것이 하나님과 원수 됨을 알지 못하느냐 그런즉 누구든지 세상과 벗이 되고자 하는 자는 스스로 하나님과 원수 되는 것이니라"

계17:16   "네가 본 바 이 열 뿔과 짐승은 음녀를 미워하여 망하게 하고 벌거벗게 하고 그의 살을 먹고 불로 아주 사르리라"

3) 바벨론의 멸망을 보고 땅의 왕들이 애통합니다.

바벨론(음녀)과 함께 음행하고 사치하던 땅의 왕들이 바벨론(음녀)이 불타는 연기를 보고 위하여 울고 가슴을 치고 그의 고통을 무서워하여 멀리 서서 이르되 "화 있도다 화 있도다 큰 성, 견고한 성 바벨론이여 한 시간에 네 심판이 이르렀다" 할 것입니다(계18:9-10)

계18:9-10   "그와 함께 음행하고 사치하던 땅의 왕들이 그가 불타는 연기를 보고 위하여 울고 가슴을 치며 그의 고통을 무서워하여 멀리 서서 이르되 화 있도다 화 있도다 큰 성, 견고한 성 바벨론이여 한 시간에 네 심판이 이르렀다 하리로다"

음녀 곧 바벨론과 함께 음행하고 사치하던 〈땅의 왕들〉은 바벨론에 기생하여 그의 죄악에 함께 동참했던 왕들입니다. 이 왕들이 바벨론의 멸망을 보고 애통한 것입니다. 크고 견고한 성 바벨론의 심판이 〈한 시간에 이른 것〉은 바벨론이 갑작스럽고 순식간에 멸망하는 것을 의미합니다.

4) 바벨론의 멸망을 보고 땅의 상인들이 애통합니다.

땅의 상인들이 바벨론(음녀)을 위하여 울고 애통하는 것은 다시 그들의 상품을 사는 자가 없기 때문입니다(계18:11). 그 상품은 금과 은과 보석과 진주와 세마포와 자주 옷감과 비단과 붉은 옷감이요 각종 향목과 각종 상아 그릇이요 값진 나무와 구리와 철과 대리석으로 만든 각종 그릇이요 계피와 향로와 향유와 유향과 포도주와 감람유와 고운 밀가루와 밀이요 소와 양과 말과 수레와 종들과 사람의 영혼들입니다 (계18:12-13). 그런데 바벨론의 영혼이 탐하던 과일이 그에게서 떠났으며 맛있는 것들과 빛난 것들이 다 없어졌으니 사람들이 결코 이것들을 다시 보지 못할 것입니다(계18:14). 그래서 바벨론으로 말미암아 치부한 이 상품의 상인들이 그의 고통을 무서워하여 멀리 서서 울고 애통하여 이르되 "화 있도다 화 있도다 큰 성이여 세마포 옷과 자주 옷과 붉은 옷을 입고 금과 보석과 진주로 꾸민 것인데 그러한 부가 한 시간에 망하였도다" 하였습니다(계18:15-17上).

계18:11　　"땅의 상인들이 그를 위하여 울고 애통하는 것은 다시 그들의 상품을 사는 자가 없음이라"

계18:12-13 "그 상품은 금과 은과 보석과 진주와 세마포와 자주 옷감과 비단과 붉은 옷감이요 각종 향목과 각종 상아와 그릇이요 값진 나무와 구리와 철과 각종 대리석으로 만든 각종 그릇이요 계피와 향료와 향유와 유향과 포도주와 감람유와 고운 밀가루와 밀이요 소와 양과 말과 수레와 종들과 사람의 영혼들이라"

계18:4　　　"바벨론아 네 영혼이 탐하던 과일이 네게서 떠났으며 맛있는 것들과 빛난 것들이 다 없어졌으니 사람들이 결코 이것들을 다시 보지 못하리로다"

계18:15-17上 　"바벨론으로 말미암아 치부한 이 상품의 상인들이 그의 고

통을 무서워하여 멀리 서서 울고 애통하여 이르되 화 있도다 화
있도다 큰 성이여 세마포 옷과 자주 옷과 붉은 옷을 입고 금과
보석과 진주로 꾸민 것인데 그러한 부가 한 시간에 망하였도다"

바벨론은 상품을 사는 곳인데 멸망하였음으로 다시 상품을 살 자가
없게 되었습니다. 그래서 땅의 상인들이 바벨론을 위하여 울고 애통
하였습니다. 바벨론이 망하므로 〈그 영혼이 탐하던 과일이 떠난 것〉
은 탐욕의 대상이 없어진 것을 의미하며, 〈맛있는 것들과 빛난 것들이
다 없어진 것〉은 먹고 즐기는 것들과 호화롭고 사치스런 것들이 다 없
어진 것을 의미합니다. 사치하고 방종한 자들은 살육의 날 곧 하나님
의 심판의 날에 그 마음을 살찌게 하는 것입니다(약5:5). 바벨론의 멸
망을 보고 애통한 상인들은 바벨론을 인하여 치부한 자들입니다. 큰
성 바벨론은 부와 사치의 도시입니다. 바벨론은 호화로운 옷을 입고
보석으로 꾸민 것이었습니다. 그런데 그러한 부가 한 시간 곧 짧은 순
간에 망한 것입니다. 그래서 상인들은 그 고통을 무서워하여 멀리 서
서 울고 애통하여 큰 성 바벨론이 화가 있다고 말하였습니다. 말세에
불의로 재물을 쌓은 자들은 울고 통곡해야 합니다(약5:1-3).

약5:5   "너희가 땅에서 사치하고 방종하여 살육의 날에 너희 마음을
             살찌게 하였도다"

약5:1-3   "들으라 부한 자들아 너희에게 임할 고생으로 말미암아 울고
             통곡하라 너희 재물은 썩었고 너희 옷은 좀먹었으며 너희 금과
             은은 녹이 슬었으니 이 녹이 너희에게 증거가 되며 불 같이 너

희 살을 먹으리라 너희가 말세에 재물을 쌓았도다"

5) 바벨론의 멸망을 보고 선장들과 선객들과 선원들과 바다에서 일하는 모든 자들이 애통합니다.

모든 선장과 각처를 다니는 선객들과 선원들과 바다에서 일하는 자들이 멀리 서서 바벨론(음녀)이 불타는 연기를 보고 외쳐 이르되 "이 큰 성과 같은 성이 어디 있느냐?" 하며 티끌을 자기 머리에 뿌리고 울며 애통하여 외쳐 이르되 "화 있도다 화 있도다 이 큰 성이여 바다에서 배 부리는 모든 자들이 너의 보배로운 상품으로 치부하였더니 한 시간에 망하였도다" 하였습니다(계18:17下-19).

계18:17下-19   "모든 선장과 각처를 다니는 선객들과 선원들과 바다에서 일하는 자들이 멀리 서서 그가 불타는 연기를 보고 외쳐 이르되 이 큰 성과 같은 성이 어디 있느냐 하며 티끌을 자기 머리에 뿌리며 울고 애통하여 외쳐 이르되 화 있도다 화 있도다 이 큰 성이여 바다에서 배 부리는 모든 자들이 너의 보배로운 상품으로 치부하였더니 한 시간에 망하였도다"

〈모든 선장과 각처를 다니는 선객들과 선원들과 바다에서 일하는 자들이 멀리 서서 바벨론이 불타는 연기를 보고 울고 애통한 것〉은 그들이 바벨론의 보배로운 상품으로 치부하였는데 한 시간에 망하였기 때문입니다. 그리고 그들이 〈티끌을 자기 머리에 뿌리며 울고 애통한 것〉은 회개하는 차원에서의 애통이 아니며, 그들은 단지 자신들이 치부한 바벨론이 망하므로 애통합니다. 이렇게 구원 받지 못한 자들은 자기 영혼의 장래를 생각하지 아니하고 자기 소유의 유무에 더 큰 관심을 둡니다.

6) 한 힘센 천사가 바벨론의 완전한 멸망을 선언하였습니다.

한 힘센 천사가 큰 맷돌 같은 돌을 들어 바다에 던져 이르되 "큰 성 바벨론이 이같이 비참하게 던져져 결코 다시 보이지 아니하리로다" 하고 (계18:21), 또 이르되 "거문고 타는 자와 풍류하는 자와 통소 부는 자와 나팔 부는 자들의 소리가 결코 다시 네 안에서 들리지 아니하고 어떠한 세공업자든지 결코 다시 네 안에서 보이지 아니하고 또 맷돌 소리가 결코 다시 네 안에서 들리지 아니하고 등불 빛이 결코 다시 네 안에서 비치지 아니하고 신랑과 신부의 음성이 결코 다시 네 안에서 들리지 아니하리로다" 하였습니다(계18:22-23上). 그리고 그 천사가 이르되 "너의 상인들은 땅의 왕족들이라 네 복술로 말미암아 만국이 미혹되었도다" 하며(계18:23下), "선지자들과 성도들과 및 땅 위에서 죽임을 당한 모든 자의 피가 그 성 중에서 발견되었느니라" 하였습니다(계18:24).

계18:21　　　"이에 한 힘센 천사가 큰 맷돌 같은 돌을 들어 바다에 던져 이르되 큰 성 바벨론이 이같이 비참하게 던져져 결코 다시 보이지 아니하리로다"

계18:22-23上　"또 거문고 타는 자와 풍류하는 자와 통소 부는 자와 나팔 부는 자들의 소리가 결코 다시 네 안에서 들리지 아니하고 어떠한 세공업자든지 결코 다시 네 안에서 보이지 아니하고 또 맷돌 소리가 결코 다시 네 안에서 들리지 아니하고 등불 빛이 결코 다시 네 안에서 비치지 아니하고 신랑과 신부의 음성이 결코 다시 네 안에서 들리지 아니하리로다"

계18:23下 "너의 상인들은 땅의 왕족들이라 네 복술로 말미암아 만국이 미혹되었도다"

계18:24 "선지자들과 성도들과 및 땅 위에서 죽임을 당한 모든 자의 피가 그 성 중에서 발견되었느니라 하더라"

　사도 요한이 본 한 힘센 천사가 〈큰 맷돌 같은 돌을 들어 바다에 던져 이르되 "큰 성 바벨론이 이같이 비참하게 던져져 결코 다시 보이지 아니하리로다" 라고 한 것〉은 바다에 던져진 큰 맷돌 같은 돌이 다시 보이지 아니하는 것처럼 멸망한 큰 바벨론은 결코 다시 보이지 않을 것을 의미합니다. 그리고 바벨론에서 〈거문고 타는 자와 풍류하는 자와 퉁소 부는 자와 나팔 부는 자들의 소리가 결코 다시 들리지 아니하고, 어떠한 세공업자든지 다시 보이지 아니하고, 맷돌 소리가 결코 다시 들리지 아니하고, 등불 빛이 결코 다시 비치지 아니하고, 신랑과 신부의 음성이 결코 다시 들리지 아니한 것〉은 바벨론이 완전히 멸망한 것을 의미합니다. 곧 바벨론에서 사치하고 방종하던 것들이 모두 없어지게 된 것입니다. 또한 〈바벨론의 복술로 말미암아 만국이 미혹되고, 선지자들과 성도들과 땅 위에서 죽임을 당한 모든 자의 피가 바벨론 성 중에서 발견된 것〉은 바벨론의 멸망의 원인을 말씀합니다. 바벨론이 멸망한 것은 복술(죄악)로 만국을 미혹하였으며, 선지자들과 성도들을 박해하고 많은 사람들을 죽였기 때문입니다.

요한계시록 14-18장은 7년 대환난 후에 있을 하나님의 보상과 심판을 말씀합니다. 곧 7년 대환난 중에 짐승과 거짓 선지자의 박해와 미혹에도 굴복하지 아니하고 하나님만 경배한 자들이 얻게 될 보상을 말씀하고, 짐승과 그의 우상에게 경배하고 성도들을 박해한 자들이 받게 될 심판을 말씀합니다.

짐승과 거짓 선지자의 박해와 미혹에도 굴복하지 아니하고 오직 하나님만 경배한 자들 곧 땅에서 속량함을 받은 십사만 사천은 7년 대환난 후에 하늘의 시온 산에 어린 양이신 예수님과 함께 서 있으며, 새 노래를 부릅니다. 이 사람들은 여자와 더불어 더럽히지 아니하고 순결한 자이며, 어린 양이 어디로 인도하든지 따라가는 자며, 사람 가운데에서 속량함을 받아 처음 익은 열매로 하나님과 어린 양에게 속한 자들로 그 입에 거짓말이 없고 흠이 없는 자들입니다.

세 천사가 하나님의 심판을 전합니다. 영원한 복음을 가진 첫째 천사가 하나님을 두려워하며 그에게 영광을 돌리라고 전하며 하나님의 심판의 시간이 이르렀으니 천지 만물을 만드신 하나님을 경배하라고 전하였습니다. 그리고 두 번째 천사가 모든 나라에게 음행으로 말미암아 진노의 포도주를 먹이던 큰 성 바벨론이 무너졌음을 전하였습니다. 또 세 번째 천사가 짐승과 그 우상에게 경배하고 이마에나 손에 표를 받은 자들이 하나님의 진노의 포도주를 마시며, 고난의 연기가 세세토록 올라가는 불과 유황으로 고난을 받을 것을 전하였습니다. 그래서 성도들은 하나님의 계명과 예수님에 대한 믿음을 지키며, 지금 이후로 주 안에서 죽는 자들이 복이 있습니다.

하나님의 보상과 심판은 곡식 추수와 포도 추수와 같습니다. 세상 끝에는 곡식이 익고, 포도 열매가 익는 것처럼 성도들은 하나님의 사람으로 익어가고, 불신자들은 마귀의 사람으로 익어갑니다. 그래서 하나님은 곡식을 거두어 곡간에 두는 것처럼 성도들을 추수하여 천국에 들어가게 하십니다. 또 하나님은 포도 열매를 거두어 포도주 틀에 넣는 것처럼 불신자들을 추수하여 진노를 받게 하시며 불과 유황 못에 던지실 것입니다.

일곱 천사가 일곱 재앙을 가졌습니다. 이에 짐승의 우상에게 경배하지도 아니하고 짐승의 표를 받지도 아니한 성도들은 불이 섞인 유리바다 가에 서서 모세의 노래, 어린 양의 노래를 불렀습니다. 성도들은 주의 길이 의롭고 참되심을 찬양했으며, 모든 사람들이 주의 이름을 두려워하며 영화롭게 할 것이라고 찬양했으며, 주만 거룩하시며 주의 의로우신 일이 나타났으므로 만국이 와서 주께 경배할 것이라고 찬양했습니다. 그리고 일곱 재앙을 가진 일곱 천사가 성전으로부터 나왔으며, 일곱 대접 재앙이 마치기까지는 성전에 들어갈 자가 없었습니다.

짐승의 우상에게 경배하고 짐승의 표를 받은 자들에게 일곱 대접 재앙이 임했습니다. 첫째 대접 재앙은 짐승의 표를 받은 자들과 그 우상에게 경배하는 자들에게 독한 종기가 나는 질병의 재앙이며, 둘째 대접 재앙은 바다가 죽은 자의 피같이 되므로 바다 가운데 모든 생물이 죽는 재앙이며, 셋째 대접 재앙은 강과 물의 근원이 피가 되는 재앙으로 성도들과 선지자들의 피를 흘린 자들에게 피를 마시게 하는 재앙이며, 넷째 대접 재앙은 해가 권세를 받아 불로 사람들을 태우는 재앙이며, 다섯째 대접 재앙은 짐승의 나라가 어두워지며 사람들이 아파서 자기 혀를 깨무는 재앙이며, 여섯째 대접 재앙은 큰 날(예수님의 재림의 날)의 전쟁을 위하여 유브라데 강물이 마르며 세 더러운 영(귀신의 영)이 온 천하 왕들을 모으는 재앙이며, 일곱째 대접 재앙은 큰 지진으로 인하여 큰 성 바벨론이 세 갈래로 갈라지고 만국의 성들이 무너지며 큰 우박이 하늘로부터 사람들에게 내리는 재앙입니다.

일곱째 대접에서 큰 성 바벨론이 멸망합니다. 큰 음녀인 바벨론은 하나님의 심판을 받고 멸망합니다. 바벨론은 세상 모든 나라와 임금들을 다스리는 성(나라)이며 사치하고 호화로우며 땅의 음녀들과 가증한 것들의 어미였습니다. 바벨론은 귀신의 처소가 되었으며 복술로 만국을 미혹하고 음행으로 만국을 무너지게 하며 성도들을 박해하였으며 많은 사람들을 죽였습니다. 하나님은 이러한 바벨론을 멸망하게 하십니다. 바벨론이 지배하던 짐승과 열 왕이 바벨론을 미워하여 망하게 하고 벌거벗게 하고 그 살을 먹고 불로 아주 사르게 합니다. 이는 하나님께서 열 왕과 짐승에게 자기 뜻대로 할 마음을 주셔서 큰 음녀 바벨론을 망하게 하십니다.

큰 음녀 바벨론은 신속하게 완전히 멸망합니다. 이는 바벨론을 심판하시는 하나님은 강하시기 때문입니다. 그리고 바벨론의 멸망을 보고 그와 함께 음행하고 사치하던 땅의 왕들이 애통합니다. 또 바벨론을 인하여 치부하던 상인들과 선장과 선객들과 선인들과 바다에서 일하는 자들이 바벨론의 멸망을 보고 애통합니다. 그러나 성도들은 바벨론의 죄에 참여하지 말아서 그들이 받을 재앙을 받지 말아야 합니다. 그리고 성도들은 멸망하는 바벨론을 인하여 즐거워해야 합니다. 왜냐하면 바벨론이 멸망한 것은 하나님의 심판이 의로움을 나타내며, 바벨론의 멸망으로 하나님의 공의와 정의가 온전히 실현되기 때문입니다. 할렐루야! 아멘.

7장

예수님의 재림과
천년왕국과 천국

7장
예수님의 재림과 천년왕국과 천국

7년 대환난 후에 예수님이 재림하실 것입니다. 그리고 예수님이 재림하실 때 이 세상에는 일곱 대접의 재앙이 내려 바벨론 곧 세상 나라는 멸망하게 될 것이며, 성도들은 부활하여 구름 속으로 끌어올려져 예수님을 영접하는 혼인잔치에 참여하게 될 것입니다. 그리고 예수님이 성도들과 함께 공중에서 지상으로 내려오시며, 세상을 통치하던 두 짐승이 붙잡혀 산 채로 유황 불 붙는 못에 던져지고, 마귀는 천 년 동안 무저갱에 갇히게 되며, 세상 나라가 그리스도의 나라가 되어 그리스도께서 천 년 동안 왕 노릇 하실 것입니다. 그리고 천년이 차면 마귀가 잠간 놓여 세상 사람들을 미혹하여 성도들을 대적하게 하며, 세상 사람들이 성도들을 대적할 때 하늘에서 불이 내려와 그들을 태워버릴 것이며, 그들을 미혹하는 마귀가 불과 유황 못에 던져지게 됩니다. 그 후에 불신자들이 사망의 부활을 하여 모든 사람들이 그리스도의 크고 흰 보좌 앞에 서서 행위의 책에 기록된 자기의 행위대로 심판을 받습니다. 그리고 사망과 음부도 불 못에 던져지며, 생명책에 기록되지 못한 사람은 누구든지 불 못에 던져지게 됩니다. 반면에 생명책에 기록된 성도들은 천국 곧 새 하늘과 새 땅, 하늘의 거룩한 성 예루살렘에서 영생복락을 누릴 것입니다.

요한계시록 19장은 예수님의 재림을 말씀합니다. 1-5절은 바벨론의 멸망에 대하여 성도들이 하나님께 감사 찬송을 드림을 말씀하며, 6-10절은 어린 양의 혼인잔치를 말씀하며, 11-21절은 예수님의 지상 재림에 대하여 말씀합니다.

요한계시록 20장은 지상 천년 왕국을 말씀합니다. 1-6절은 세상 나라가 그리스도의 나라가 되는 지상 천년 왕국을 말씀하며, 7-10절은 이 세상에 임하는 불심판과 마귀(사탄)의 멸망을 말씀하며, 11-15절은 크고 흰 보좌의 심판과 불신자들이 불 못(지옥)에 던져짐을 말씀합니다.

요한계시록 21:1-22:5은 성도들이 들어갈 천국을 말씀합니다. 천국을 이 세상과 비교된 새 하늘과 새 땅으로 말씀하며, 천국을 이 세상에 있는 예루살렘과 비교하여 거룩한 성 새 예루살렘으로 말씀합니다.

1. 어린 양의 혼인 잔치

7년 대환난 후에 예수님이 재림하실 것입니다. 예수님이 재림하실 때 성도들은 생명의 부활(첫째 부활)을 하여 구름 속으로 끌어올려져 공중에서 재림(공중 재림)하신 예수님을 영접하여 항상 예수님과 함께 있을 것입니다(살전4:16-17). 이렇게 성도들이 부활하여 공중에서 예수님을 영접하는 것이 어린양의 혼인잔치일 것입니다.

사도 요한은 바벨론이 멸망한 일을 본 후에 하늘에 허다한 큰 무리의 큰 음성 같이 것이 있어 하나님의 참되고 의로운 심판을 찬양함을 들었습니다. 그리고 사도 요한은 허다한 무리의 음성과도 같고 많은 물소리와도 같고 큰 우렛소리와도 같은 소리가 있어 전능하신 하나님이 통치하심을 찬양하며, 어린 양의 혼인 기약이 이르렀고 어린 양의 아내가 자신을 준비하였으므로 하나님이 그에게 깨끗한 세마포 옷을 입도록 허락하셨으니 즐거워하고 크게 기뻐하며 하나님께 영광을 돌리라고 함을 들었습니다.

어린 양의 혼인 잔치가 언제, 어디서, 얼마 동안 열리는지는 정확히 알 수 없습니다. 다만 어린 양의 혼인 기약이 이르렀고, 어린 양의 아내가 준비하였으며, 어린 양의 혼인 잔치에 청함을 받은 자들이 복이 있다고 말씀합니다. 이는 성도들이 어린 양의 아내로 준비되는 것이 가장 중요함을 말씀하고 있는 것입니다.

1) 하늘의 허다한 무리가 하나님의 심판을 찬양했습니다.

바벨론이 멸망한 일 후에 사도 요한이 들으니 하늘에 허다한 무리의 큰 음성 같은 것이 이르되 "할렐루야 구원과 영광과 능력이 우리 하나님께 있도다" 하며(계19:1), "그의 심판은 참되고 의로운지라 음행으로 땅을 더럽게 한 큰 음녀(바벨론)를 심판하사 자기 종들의 피를 그 음녀의 손에 갚으셨도다" 하고(계19:2), 두 번째로 "할렐루야" 하니 그 연기가 세세토록 올라갔습니다(계19:3). 또 이십사 장로와 네 생물이 엎드려 보좌에 앉으신 하나님께 경배 하여 이르되 "아멘 할렐루야" 하였습니다(계19:4). 이에 보좌에서 음성이 나서 이르되 "하나님의 종들 곧 그를 경외하는 너희들아 작은 자나 큰 자나 다 우리 하나님께 찬송하라" 하였습니다(계19:5).

계19:1	"이 일 후에 내가 들으니 하늘에 허다한 무리의 큰 음성 같은 것이 있어 이르되 할렐루야 구원과 영광과 능력이 우리 하나님께 있도다"
계19:2	"그의 심판은 참되고 의로운지라 음행으로 땅을 더럽게 한 큰 음녀를 심판하사 자기 종들의 피를 그 음녀의 손에 갚으셨도다 하고"
계19:3	"두 번째로 할렐루야 하니 그 연기가 세세토록 올라가리로다"
계19:4	"또 이십사 장로와 네 생물이 엎드려 보좌에 앉으신 하나님께 경배하여 이르되 아멘 할렐루야 하니"
계19:5	"보좌에서 음성이 나서 이르시되 하나님의 종들 곧 그를 경외하는 너희들아 작은 자나 큰 자나 다 우리 하나님께 찬송하라 하더라"

바벨론이 멸망한 후에 사도 요한이 들은 〈하늘의 허다한 무리의 큰 음성 같은 것〉은 천국에 있는 구원 받은 성도들의 찬양 소리입니다. 구원 받은 성도들은 구원과 영광과 능력이 하나님께 있음을 찬양했습니다. 구원받은 성도들이 하나님을 찬양한 것은 음행으로 땅을 더럽게 한 바벨론을 심판하여 자기 종들의 피를 바벨론에게 갚으신 하나님의 심판은 참되고 의롭고 영원하기 때문이었습니다. 그리고 〈그 고난의 연기가 세세토록 올라감〉은 바벨론의 심판이 영원함을 의미합니다. 또 이십사 장로와 네 생물이 엎드려 보좌에 앉으신 하나님께 경배하며 "아멘 할렐루야" 하였는데 이는 참되고 의롭고 영원하신 하나

님의 심판을 찬양한 것입니다. 이에 보좌에서 음성이 나서 하나님의 종들은 하나님께 찬송하라 하였습니다. 하나님의 종들은 하나님을 경외하는 자들이며, 하나님을 경외하는 하나님의 종들은 다 구원하시고 심판하신 하나님께 찬송해야 합니다.

큰 음녀 바벨론의 멸망이 이 세상에 속한 사람들에게는 큰 절망과 슬픔입니다. 그러나 바벨론의 박해 중에서도 오직 믿음을 지킨 성도들에게는 바벨론의 멸망이 찬송의 제목이 됩니다. 그래서 큰 음녀 바벨론이 멸망한 후에 하늘에 허다한 무리들이 바벨론을 심판하신 하나님을 찬양했습니다.

2) 어린 양의 혼인 기약이 이르렀고 그의 아내가 준비하였습니다.

또 사도 요한이 들으니 허다한 무리의 음성과도 같고 많은 물소리와도 같고 큰 우렛소리와도 같은 소리로 이르되 "할렐루야 주 우리 하나님 곧 전능하신 이가 통치하시도다"(계19:6) 하며, "우리가 즐거워하고 크게 기뻐하며 그에게 영광을 돌리세 어린 양의 혼인 기약이 이르렀고 그의 아내가 자신을 준비하였으므로 그에게 빛나고 깨끗한 세마포 옷을 입도록 허락하셨으니 이 세마포 옷은 성도들의 옳은 행실이로다" 하였습니다(계19:7-8).

계19:6   "또 내가 들으니 허다한 무리의 음성과도 같고 많은 물소리와도 같고 큰 우렛소리와도 같은 소리로 이르되 할렐루야 주 우리 하나님 곧 전능하신 이가 통치하시도다"

계19:7-8   "우리가 즐거워하고 크게 기뻐하며 그에게 영광을 돌리세 어린 양의 혼인 기약이 이르렀고 그의 아내가 자신을 준비하였으므로 그에게 빛나고 깨끗한 세마포 옷을 입도록 허락하셨으니 이 세마포 옷은 성도들의 옳은 행실이로다 하더라"

또 사도 요한은 허다한 무리의 음성과도 같고 많은 물소리와 같고 큰 우렛소리와도 같은 소리를 들었는데 전능하신 하나님이 통치하심을 찬양하고, 어린 양(예수님)의 혼인 기약이 이르렀고 그의 아내가 준비하였으므로 그에게 빛나고 깨끗한 세마포 옷을 입도록 허락하셨으니 즐거워하고 크게 기뻐하며 하나님께 영광을 돌리라고 찬양하는 소리를 들었습니다. 하나님이 어린 양의 아내에게 입도록 허락하신 〈빛나고 깨끗한 세마포 옷〉은 성도들의 옳은 행실입니다. 하나님께서 어린 양의 혼인잔치에 참여할 성도들을 옳은 행실로 준비하게 하십니다. 어린 양의 혼인잔치에 참여할 예수님의 아내 된 성도들은 옳은 행실을 합니다.

3) 어린 양의 혼인 잔치에 청함을 입은 자들이 복이 있습니다.

천사가 사도 요한에게 기록하라고 말하며 "어린 양의 혼인 잔치에 청함을 입은 자들이 복이 있도다" 하고 또 사도 요한에게 말하되 "이것은 하나님의 참되신 말씀이라" 하였습니다(계19:9). 이에 사도 요한이 그 천사의 발 앞에 엎드려 경배하려고 하니 그 천사가 사도 요한에게 말하되 "나는 너와 및 예수의 증언을 받은 네 형제들과 같이 된 종이니 삼가 그리하지 말고 오직 하나님께 경배하라 예수의 증언은 예언의 영이라" 하였습니다(계19:10).

계19:9	"천사가 내게 말하기를 기록하라 어린 양의 혼인 잔치에 청함을 받은 자들은 복이 있도다 하고 또 내게 말하되 이것은 하나님의 참되신 말씀이라 하기로"
계19:10	"내가 그 발 앞에 엎드려 경배하려 하니 그가 나에게 말하기를 나는 너와 및 예수의 증언을 받은 네 형제들과 같이 된 종이니 삼가 그리하지 말고 오직 하나님께 경배하라 예수의 증언은 예언의 영이라 하더라"

천사가 사도 요한에게 기록하라고 말하며 어린 양의 혼인잔치에 청함을 받은 자들은 복이 있다 하며, 이것은 하나님의 참된 말씀이라 하였습니다. 어린 양의 혼인잔치에 청함을 받은 자들이 복이 있습니다. 이는 하나님의 말씀입니다. 우리는 어린 양의 혼인잔치에 청함을 받은 자들이 복이 있다는 하나님의 말씀을 알아야 합니다. 계시와 환상에 압도된 사도 요한은 천사의 발 앞에 엎드려 경배하려 했습니다. 그러나 천사는 경배받기를 단호히 거절하였습니다. 왜냐하면 천사는 예수님의 증언을 받은 사도들과 같이 된 종이며, 경배의 유일한 대상은 오직 하나님 한 분이시기 때문이며, 예수님을 증언하는 것은 예언의 영 곧 성령을 받아서 하는 것이기 때문입니다.

2. 예수님의 지상 재림

예수님께서 호령과 천사장의 소리와 하나님의 나팔로 친히 하늘로부터 강림(재림)하십니다. 그리고 예수님이 재림하실 때 그리스도 안에서 죽은 자들이 먼저 일어나고 그 후에 살아남은 자들도 구름 속으로 끌어 올려 공중에서 주를 영접하게 하십니다(살전4:16-17). 이를 공중 재림이라 하며 어린 양의 혼인잔치라 합니다. 그런데 어린 양의 혼인잔치에 대하여 요한계시록에서는 어린 양의 혼인 기약이 이르렀고 그의 아내가 준비하였으며 혼인잔치에 청함을 입은 자들이 복이 있음을 말씀합니다. 그리고 공중에서 부활을 한 성도들이 영접한 예수님은 성도들과 천사들과 함께 지상으로 재림하시는데 지상으로 재림하신 예수님을 백마를 탄자로 말씀합니다. 그리고 예수님이 지상으로 재림하실 때 7년 대환난의 후 삼년 반 동안 세계를 지배하며 성도들을 박해하였던 짐승과 땅의 임금들과 그들의 군대들이 모여 재림하시는 예수님과 그의 군대와 더불어 전쟁을 일으킵니다.

1) 하늘이 열리고 백마와 그것을 탄자가 있었습니다.

또 사도 요한이 하늘이 열린 것을 보니 백마와 그것을 탄자가 있었으며, 그 이름은 충신과 진실이며 그가 공의로 심판하며 싸웠습니다(계19:11). 그리고 백마를 탄자의 눈은 불 꽃 같고 그 머리에는 많은 관들이 있고 또 이름 쓴 것 하나가 있으니 자기밖에 아는 자가 없었습니다(계19:12). 또 백마를 탄자가 피 뿌린 옷을 입었는데 그 이름은 하나님의 말씀이라 칭하였습니다(계19:13). 그리고 하늘에 있는 군대들이 희고 깨끗한 세마포 옷을 입고 백마를 타고 백마를 탄자를 따랐습니다(계19:14). 그런데 백마를 탄자의 입에서 예리한 검이 나오니 그것으로 만국을 치겠고 친히 그들을 철장으로 다스리며 또 친히 하나님 곧 전능하신 이의 맹렬한 진노의 포도주 틀을 밟을 것입니다(계19:15). 또한 백마를 탄자의 옷과 다리에 이름을 쓴 것이 있으니 만왕의 왕이요 만주의 주라 하였습니다(계19:16).

계19:11   "또 내가 하늘이 열린 것을 보니 보라 백마와 그것을 탄 자가 있으니 그 이름은 충신과 진실이라 그가 공의로 심판하며 싸우더라"

계19:12   "그 눈은 불꽃 같고 그 머리에는 많은 관들이 있고 또 이름 쓴 것 하나가 있으니 자기밖에 아는 자가 없고"

계19:13   "또 그가 피 뿌린 옷을 입었는데 그 이름은 하나님의 말씀이라 칭하더라"

계19:14   "하늘에 있는 군대들이 희고 깨끗한 세마포 옷을 입고 백마를 타고 그를 따르더라"

계19:15   "그의 입에서 예리한 검이 나오니 그것으로 만국을 치겠고 친히 그들을 철장으로 다스리며 또 친히 하나님 곧 전능하신 이의 맹렬한 진노의 포도주 틀을 밟겠고"

계19:16   "그 옷과 그 다리에 이름을 쓴 것이 있으니 만왕의 왕이요 만주의 주라 하였더라"

사도 요한이 하늘이 열린 것을 보았을 때 그가 본 〈백마〉는 승리를 의미하며, 〈백마를 탄 자〉는 재림하시는 예수 그리스도 곧 승리자이시며 심판하시려고 오시는 예수님을 의미합니다. 재림하시는 예수님은 죄인들을 정죄하시며(유1:14-15), 성도들을 박해한 짐승을 폐하시며(살후2:8), 세상 나라를 그리스도의 나라가 되게 하셔서 왕 노릇 하시며(고전15:24-25), 모든 사람들을 심판하시기 위하여 오실 것입 니다(롬2:16). 그리고 〈그 이름이 충신과 진실이며 그가 공의로 심판 하시며 싸우심〉은 재림하시는 예수님은 하나님 아버지의 뜻을 충성 을 다하여 이행하시며, 흠이나 티가 없는 참되신 분임을 의미하며, 충 신과 진실이신 예수님은 공의로 심판하며 싸우심을 의미합니다. 또 한 〈그 눈이 불 꽃 같음〉은 재림하시는 예수님은 모든 것을 감찰하 는 통찰력을 가지셨음을 의미하며, 〈그 머리에는 많은 관들이 있음〉 은 재림하시는 예수님은 승리자이심을 의미합니다. 그리고 〈그가 피 뿌린 옷을 입었는데 그 이름은 하나님의 말씀이라 칭함〉은 재림하시 는 예수님은 죄인들을 구원하시기 위하여 십자가에 못 박혀 피 흘려 죽으셨으며, 태초부터 있는 생명의 말씀이심을 의미합니다. 재림하시 는 예수님은 그를 대적하는 자들의 피를 뿌리게 하실 것이며, 말씀으 로 심판하실 것입니다. 또한 〈희고 깨끗한 세마포를 입고 백마를 타고 예수님을 따른 하늘에 있는 군대들〉은 부활하여 공중에서 예수님을 영접한 성도들과 천사들을 의미하며, 〈희고 깨끗한 세마포를 입음〉 은 거룩함을 의미하며, 〈백마를 탐〉은 승리를 의미합니다. 예수님은 거룩한 천사들과 모든 성도와 함께 재림하실 것입니다(막8:38, 살전 3:13). 그리고 〈그의 입에서 예리한 검이 나오니 그것으로 만국을 치 겠고 친히 그들을 철장으로 다스림〉은 재림하신 예수님이 말씀과 강 한 권세와 능력으로 만국을 치고 다스림을 의미하며, 〈입에서 나온 예리한 검〉은 말씀을 의미하며, 〈철장〉은 강한 권세와 능력을 의미합 니다. 또한 〈친히 전능하신 하나님의 맹렬한 진노의 포도주 틀을 밟음〉은 예수님께서 불신자들을 심판하실 것을 의미하며, 〈그 옷과 다리에 이름을 쓴 것이 있으니 만왕의 왕이요 만주의 주라 함〉은 재림하시는 예수님이 만왕의 왕이요 만주의 주이심을 의미합니다.

유1:14-15 "아담의 칠대 손 에녹이 이 사람들에 대하여도 예언하여 이르되 보라 주께서 그 수만의 거룩한 자와 함께 임하셨나니 이는 뭇 사람을 심판하사 모든 경건하지 않은 자가 경건하지 않게 행한 경건하지 않은 일과 또 경건하지 않은 죄인들이 주를 거슬러 한 모든 완악한 말로 말미암아 그들을 정죄하려 하심이라 하였느니라"

살후2:8 "그 때에 불법한 자가 나타나리니 주 예수께서 그 입의 기운으로 그를 죽이시고 강림하여 나타나심으로 폐하시리라"

고전15:24-25 "그 후에는 마지막이니 그가 모든 통치와 모든 권세와 능력을 멸하시고 나라를 아버지 하나님께 바칠 때라 그가 모든 원수를 발 아래에 둘 때까지 반드시 왕 노릇 하시리니"

롬2:16 "곧 나의 복음에 이른 바와 같이 하나님이 예수 그리스도로 말미암아 사람들의 은밀한 것을 심판하시는 그 날이라"

막8:38 "누구든지 이 음란하고 죄 많은 세대에서 나와 내 말을 부끄러워하면 인자도 아버지의 영광으로 거룩한 천사들과 함께 올 때에 그 사람을 부끄러워하리라"

살전3:13 "너희 마음을 굳건하게 하시고 우리 주 예수께서 그의 모든 성도와 함께 강림하실 때에 하나님 우리 아버지 앞에서 거룩함에 흠이 없게 하시기를 원하노라"

2) 짐승과 땅의 임금들이 재림하시는 예수님과 전쟁을 일으킵니다.

또 사도 요한이 보니 한 천사가 태양 안에 서서 공중에 나는 모든 새를 향하여 큰 음성으로 외쳐 이르되 "와서 하나님의 큰 잔치에 모여 왕들의 살과 장군들의 살과 장사들의 살과 말들과 그것을 탄자들의 살과 자유인들이나 종들이나 작은 자나 큰 자나 모든 자의 살을 먹으라" 하였습니다(계19:17-18). 또 사도 요한이 보매 그 짐승과 땅의 임금들과 그들의 군대들이 모여 그 말 탄자와 그의 군대와 더불어 전쟁을 일으키다가 짐승이 잡히고 그 앞에서 표적을 행하던 거짓 선지자도 함께 잡혔는데 거짓 선지자는 짐승의 표를 받고 그의 우상에게 경배하던 자들을 표적으로 미혹하던 자입니다(계19:19-20上). 짐승과 거짓 선지자 이 둘이 산 채로 유황불 붙는 못에 던져지고 그 나머지는 말 탄 자의 입으로부터 나오는 검에 죽으매 모든 새가 그들의 살로 배불리었습니다(계19:20下-21).

계19:17-18 "또 내가 보니 한 천사가 태양 안에 서서 공중에 나는 모든 새를 향하여 큰 음성으로 외쳐 이르되 와서 하나님의 큰 잔치에 모여 왕들의 살과 장군들의 살과 장사들의 살과 말들과 그것을 탄자들의 살과 자유인들이나 종들이나 작은 자나 큰 자나 모든 자의 살을 먹으라 하더라"

계19:19-20上 "또 내가 보매 그 짐승과 땅의 임금들과 그들의 군대들이 모여 그 말 탄자와 그의 군대와 더불어 전쟁을 일으키다가 짐승이 잡히고 그 앞에서 표적을 행하던 거짓 선지자도 함께 잡혔으니 이는 짐승의 표를 받고 그의 우상에게 경배하던 자들을 표적으로 미혹하던 자라"

계19:20下-21   "이 둘이 산 채로 유황불 붙는 못에 던져지고 그 나머지는
            말 탄 자의 입으로부터 나오는 검에 죽으매 모든 새가 그들의
            살로 배불리더라"

　사도 요한이 보니 한 천사가 태양 안에 서서 공중에 나는 모든 새를
향하여 큰 음성으로 외쳐 이르되 〈와서 하나님의 큰 잔치에 모여 왕들
의 살과 장군들의 살과 장사들의 살과 말들과 그것을 탄자들의 살과
자유인이나 종들이나 작은 자나 큰 자나 모든 자의 살을 먹으라 한
것〉은 재림하시는 예수님을 대적하여 싸우는 자들이 죽임을 당할 것
을 의미합니다. 그리고 사도 요한이 보매 〈그 짐승과 땅의 임금들과
그들의 군대들이 모여 그 말 탄 자와 그의 군대와 더불어 전쟁을 일으
킨 것〉은 7년 대환난의 후 삼년 반 동안 세계를 지배하며 성도들을 박
해하였던 독재자(짐승)와 그를 따르는 임금들과 그들의 군대들이 지
상 재림하시는 예수님과 천사들과 성도들을 대적하여 싸우는 것을 의
미하며, 〈짐승이 잡히고 그 앞에서 표적을 행하던 거짓 선지자도 함
께 잡힌 것〉은 짐승이 전쟁에서 패한 것을 의미합니다. 이 전쟁이 여
섯째 대접 재앙에서 말씀한 하나님의 큰 날(예수님의 재림의 날)에 있
을 아마겟돈 전쟁이며, 이 전쟁을 위하여 세 더러운 영이 온 천하 왕
들에게 가서 그들을 아마겟돈으로 모았습니다(계16:13-14, 16). 또
한 〈이 둘이 산 채로 유황불 붙는 못에 던져진 것〉은 짐승과 거짓 선지
자가 산 채로 지옥에 던져진 것을 의미하며, 〈그 나머지는 말 탄 자의
입으로부터 나오는 검에 죽으매 모든 새가 그들의 살로 배불리는 것〉

은 예수님을 대적하여 싸운 임금들과 그들의 군대들이 죽임을 당하는 것을 의미합니다. 그리고 〈예수님의 입으로부터 나오는 검〉은 말씀입니다. 예수님은 말씀 한 마디로 수많은 사람들을 죽일 수 있으십니다.

계16:13-14 "또 내가 보매 개구리 같은 세 더러운 영이 용의 입과 짐승의 입과 거짓 선지자의 입에서 나오니 그들은 귀신의 영이라 이적을 행하여 온 천하 왕들에게서 가서 하나님 곧 전능하신 이의 큰 날에 있을 전쟁을 위하여 그들을 모으더라"

계16:16 "세 영이 히브리어로 아마겟돈이라 하는 곳으로 왕들을 모으더라"

3. 천년왕국

예수 그리스도께서 이 세상에 다시 오심으로 세상 나라가 하나님과 그리스도의 나라가 되어 그리스도께서 왕 노릇하실 것입니다(계11:15). 곧 세상이 새롭게 되어 예수님이 자기 영광의 보좌에 앉으실 것입니다(마19:28). 예수님이 지상 재림하시면 천사가 하늘로부터 내려와 마귀(사탄)를 잡아 천 년 동안 결박하여 무저갱에 던져 넣어 잠그고 그 위에 인봉하여 천 년이 차도록 다시는 만국을 미혹하지 못하게 합니다. 천년왕국에서는 마귀의 미혹이 없으므로 해됨도 없고 상함도 없으며 물이 바다를 덮음 같이 하나님을 아는 지식이 세상에 충만할 것입니다(사11:6-9). 그리고 천년왕국은 예수님이 왕으로 통치하시며, 첫째 부활에 참여한 자들이 그리스도와 더불어 왕 노릇할 것입니다.

계11:15   "일곱째 천사가 나팔을 불매 하늘에 큰 음성들이 나서 이르되 세상 나라가 우리 주와 그의 그리스도의 나라가 되어 그가 세세토록 왕 노릇 하시리로다 하니"

마19:28   "예수께서 이르시되 내가 진실로 너희에게 이르노니 세상이 새롭게 되어 인자가 자기 영광의 보좌에 앉을 때에 나를 따르는 너희도 열두 보좌에 앉아 이스라엘 열두 지파를 심판하리라"

사11:6-9   "그 때에 이리가 어린 양과 함께 살며 표범이 어린 염소와 함께 누우며 송아지와 어린 사자와 살진 짐승이 함께 있어 어린 아이에게 끌리며 암소와 곰이 함께 먹으며 그것들의 새끼가 함께 엎드리며 사자가 소처럼 풀을 먹을 것이며 젖 먹는 아이가 독사의 구멍에서 장난하며 젖 뗀 어린 아이가 독사의 굴에 손을 넣을 것이라 내 거룩한 산 모든 곳에서 해 됨도 없고 상함도 없을 것이니 이는 물이 바다를 덮음 같이 여호와를 아는 지식이 세상에 충만할 것임이라"

【천년왕국설】

천년왕국설이란 이 세상과 영원한 천국 사이에 예수 그리스도와 성도들에 의해 통치되는 천 년 동안의 지상 왕국이 있다고 믿는 학설을 말합니다. 천년왕국설은 요한계시록 20:1-6에 근거하고 있는 학설입니다.

※ 전 천년설(천년왕국 전 예수님의 재림설)

전 천년설이란 천년왕국 전에 예수 그리스도의 재림이 있다고 주장하는 학설입니다. 전 천년설에는 역사적 전 천년설과 세대주의적 전 천년설이 있습니다.

①역사적 전 천년설

교회가 7년 대환난을 통과 한 후에 예수 그리스도의 재림이 있다고 주장하며, 예수 그리스도의 재림을 공중 재림과 지상 재림으로 나누지 않고 하나로 보는 학설입니다. 이 학설은 예수님이 7년 대환난 후에 재림하시는데 예수님이 재림하실 때 성도들이 부활하여 공중으로 끌어올려져 예수님을 영접하고, 예수님이 성도들과 함께 지상으로 내려오신다고 주장합니다.

②세대주의적 전 천년설

교회가 7년 대환난을 통과하지 않고 그 전에 공중 휴거를 주장하며, 예수 그리스도의 재림을 7년 대환난 전의 공중 재림과 7년 대환난 후의 지상 재림으로 나누는 학설입니다. 이 학설은 예수님이 7년 대환난 전에 재림하시는데 이 때는 예수님이 공중으로 재림하시며, 성도들이 부활하여 공중에서 예수님을 영접하여 그곳에서 있다가 7년 대환난 후에 예수님이 성도들과 함께 지상으로 내려오신다고 주장합니다.

※ 후 천년설(천년왕국 후 예수님의 재림설)

후 천년설이란 천년왕국 후에 예수 그리스도의 재림이 있다고 주장하는 학설입니다. 이 학설은 이 세상의 종말에 가서 이상 사회가 실현

되는데 이 때를 천년왕국으로 보며, 그 후에 대환난이 있고 예수 그리스도의 재림이 있다고 주장합니다.

※ 무 천년설

무 천년설이란 천년왕국을 문자적 의미로 보지 않고 상징적인 의미로 보아 천년왕국은 없으며, 천년왕국은 예수 그리스도의 초림으로부터 재림에 이르는 기간이라고 주장하는 학설입니다.

1) 천사가 하늘로부터 내려와 사탄(마귀)을 잡아 천 년 동안 결박하여 무저갱에 던져 넣어 잠급니다.

또 사도 요한이 보매 천사가 무저갱의 열쇠와 큰 쇠사슬을 그의 손에 가지고 하늘로부터 내려와 용을 잡았는데 곧 옛 뱀이요 마귀요 사탄입니다(계20:1-2上). 천사가 용(사탄)을 잡아서 천 년 동안 결박하여 무저갱에 던져 넣어 잠그고 그 위에 인봉하여 천 년이 차도록 다시는 만국을 미혹하지 못하게 하였는데 그 후에는 반드시 잠깐 놓이게 됩니다(계20:2下-3).

계20:1-2上 "또 내가 보매 천사가 무저갱의 열쇠와 큰 쇠사슬을 그의 손에 가지고 하늘로부터 내려와서 용을 잡으니 곧 옛 뱀이요 마귀요 사탄이라"

계20:2下-3 "잡아서 천 년 동안 결박하여 무저갱에 던져 넣어 잠그고 그 위에 인봉하여 천 년이 차도록 다시는 만국을 미혹하지 못하게 하였는데 그 후에는 반드시 잠깐 놓이리라"

예수님이 이 세상에 다시 오심으로 이 세상이 하나님과 그리스도의 나라가 되며 예수님께서 천년 동안 왕 노릇하십니다. 이를 지상 천년왕국이라 합니다. 지상 천년왕국은 마귀를 무저갱에 가둠으로 시작됩니다. 그래서 사도 요한이 보매 천사가 무저갱의 열쇠와 큰 쇠사슬을 그의 손에 가지고 하늘로부터 내려와서 용을 잡아서 천년 동안 무저갱에 가두었습니다. 〈무저갱의 열쇠와 큰 쇠사슬〉은 무저갱을 통제하며 마귀의 세력을 제한할 수 있는 권세와 능력을 의미하며, 이 권세는 하나님께서 주신 것입니다. 그리고 〈용을 잡으니 곧 옛 뱀이요 마귀요 사탄이라 함〉은 한 존재인데 용이라 하며, 옛 뱀이라 하며, 마귀라 하며, 사탄이라 함을 의미합니다. 또한 하늘에서 내려온 천사가 마귀를 〈잡아서 천년 동안 결박하여 무저갱에 던져 넣어 잠그고 그 위에 인봉하여 천 년이 차도록 다시는 만국을 미혹하지 못하게 함〉은 천 년 동안 곧 지상 천년왕국에서는 마귀의 미혹이 없음을 의미하며, 〈무저갱〉은 지옥이 아닌 마귀와 그 세력을 일시적으로 가둬놓는 형벌의 장소를 말씀합니다. 그리고 〈그 후에는 반드시 잠깐 놓이리라〉는 천 년이 차면 마귀가 무저갱에서 놓여나와서 땅의 사방 백성을 다시 미혹할 것을 의미합니다.

2) 첫째 부활에 참여한 자들이 천 년 동안 그리스도로 더불어 왕 노릇합니다.

또 사도 요한이 보좌들을 보니 거기에 앉은 자들이 있어 심판하는 권세를 받았습니다(계20:4上). 또 사도 요한이 보니 예수를 증언함과 하나님의 말씀 때문에 목 베임을 당한 자들의 영혼들과 또 짐승과 그의 우상에게 경배하지 아니하고 그들의 이마와 손에 그의 표를 받지 아니한 자들이 살아서 그리스도와 더불어 천 년 동안 왕 노릇하는데 이는 첫째 부활입니다(계20:4下-5). 그리고 그 나머지 죽은 자들 곧 첫째 부활에 참여하지 아니한 자들은 그 천 년이 차기까지 살지 못합니다(계20:5). 그러므로 이 첫째 부활에 참여한 자들은 복이 있고 거룩하며, 둘째 사망이 그들을 다스리는 권세가 없고 도리어 그들이 하나님과 그리스도의 제사장이 되어 천 년 동안 그리스도와 더불어 왕 노릇할 것입니다(계20:6)

계20:4上   "또 내가 보좌들을 보니 거기에 앉은 자들이 있어 심판하는 권세를 받았더라"

계20:4下-5 "또 내가 보니 예수를 증언함과 하나님의 말씀 때문에 목 베임을 당한 자들의 영혼들과 또 짐승과 그의 우상에게 경배하지 아니하고 그들의 이마와 손에 그의 표를 받지 아니한 자들이 살아서 그리스도와 더불어 천 년 동안 왕 노릇 하니 (그 나머지 죽은 자들은 그 천 년이 차기까지 살지 못하더라) 이는 첫째 부활이라"

계20:6   "이 첫째 부활에 참여하는 자들은 복이 있고 거룩하도다 둘째 사망이 그들을 다스리는 권세가 없고 도리어 그들이 하나님과 그리스도의 제사장이 되어 천 년 동안 그리스도와 더불어 왕 노릇 하리라"

천년왕국에서는 첫째 부활에 참여한 성도들이 하나님과 그리스도의 제사장이 되어 천년 동안 그리스도와 더불어 왕 노릇 합니다. 사도 요한은 보좌들을 보았으며, 거기에 앉은 자들이 있어 심판하는 권세를 받았습니다. 〈보좌에 앉은 자들이 있어 심판하는 권세를 받았음〉은 천년 왕국에서는 보좌에 앉은 성도들이 세상을 심판할 것을 의미합니다. 성도들은 세상을 판단할 권세가 있습니다(고전6:2-3). 예수님의 열 두 제자들은 열두 보좌에 앉아 이스라엘 열 두 지파를 심판할 것입니다(마 19:28). 그리고 천년왕국에서 그리스도와 더불어 왕 노릇하는 자들은 첫째 부활(예수님의 재림 때에 하는 부활)에 참여한 자들 곧 예수님을 증언함과 하나님의 말씀 때문에 목 베임을 당한 영혼들(순교자들)과 또 짐승과 그의 우상에게 경배하지 아니하고 그들의 이마와 손에 그의 표를 받지 아니한 자들입니다. 첫째 부활에 참여하지 못한 그 나머지 죽은 자들(불신자들)은 그 천 년이 차기까지 살지(부활하지) 못합니다. 그러므로 첫째 부활에 참여하는 자들은 복이 있고 거룩합니다. 곧 둘째 사망(불 못에 던져지는 것)이 그들을 다스리는 권세가 없고 도리어 그들이 하나님과 그리스도의 제사장이 되어 천 년 동안 그리스도와 더불어 왕 노릇합니다.

고전6:2-3   "성도가 세상을 판단할 것을 너희가 알지 못하느냐 세상도 너희에게 판단을 받겠거든 지극히 작은 일 판단하기를 감당하지 못하겠느냐 우리가 천사를 판단할 것을 너희가 알지 못하느냐 그러하거든 하물며 세상 일이랴"

마19:28   "예수께서 이르시되 내가 진실로 너희에게 이르노니 세상이 새롭게 되어 인자가 자기 영광의 보좌에 앉을 때에 나를 따르는 너희도 열두 보좌에 앉아 이스라엘 열두 지파를 심판하리라"

4. 이 세상의 불 심판과 사탄(마귀)의 멸망

지상 천년왕국이 끝날 때 곧 천 년이 차므로 무저갱에 갇힌 사탄(마귀)이 놓여나와서 땅의 사방 백성을 미혹하여 싸움을 붙일 것입니다. 이에 마귀의 미혹을 받은 땅의 사방 백성이 성도들과 싸우려고 할 때 하늘에서 불이 내려와 그들을 태워버립니다. 그리고 그들을 미혹한 마귀가 불과 유황 못(지옥)에 던져집니다.

1) 사탄이 옥에서 놓여나와서 땅의 사방 백성을 미혹합니다.

천 년이 차므로 사탄(마귀)이 갇힌 옥(무저갱)에서 놓여나와서 땅의 사방 백성 곧 곡과 마곡을 모아 싸움을 붙일 것이며, 그 수가 바다의 모래 같이 많을 것입니다(계20:7-8).

계20:7-8 　　"천 년이 차매 사탄이 그 옥에서 놓여나와서 땅의 사방 백성 곧 곡과 마곡을 미혹하고 모아 싸움을 붙이리니 그 수가 바다의 모래 같으리라"

"그(천 년) 후에는 반드시 잠깐 놓이리라"는 요한계시록 20:3의 말씀대로 천 년이 차매 사탄이 그 옥(무저갱)에서 놓여나와서 땅의 사방 백성 곧 곡과 마곡을 미혹하고 모아 성도들과 싸움을 붙이는데 그 수가 바다의 모래 같이 많습니다. 〈곡과 마곡〉은 이스라엘의 동부에 위치한 강대국으로 하나님의 백성을 대적하는 민족으로 모든 불신자들을 의미합니다. 불신자들이 천년왕국에서는 사탄의 미혹이 없으므로 하나님을 섬깁니다. 그러나 무저갱에서 놓여나온 사탄이 다시 그들을 미혹하므로 그들이 성도들을 대적합니다.

2) 하늘에서 불이 내려와 성도들을 대적한 자들을 태워버립니다.

옥(무저갱)에서 나온 사탄의 미혹을 받은 땅의 사방 백성들이 지면에 널리 퍼져 성도들의 진과 하나님이 사랑하시는 성을 두르며, 이에 하늘에서 불이 내려와 그들을 태워버립니다(계20:9).

계20:9   "그들이 지면에 널리 퍼져 성도들의 진과 사랑하시는 성을 두르매 하늘에서 불이 내려와 그들을 태워버리고"

옥(무저갱)에서 나온 사탄의 미혹을 받은 땅의 사방 백성들이 〈지면에 널리 퍼져 성도들의 진과 사랑하시는 성을 두름〉은 성도들을 대적하는 것을 의미합니다. 그리고 〈하늘에서 불이 내려와 그들을 태워버리는 것〉은 하나님께서 불로 세상을 심판하신 것입니다. 이 날이 경건하지 아니한 자들의 심판과 멸망의 날이요 주의 날이며, 하나님의 날입니다. 하늘과 땅은 그것을 창조하신 동일한 말씀으로 불사르기 위하여 보호하신바 되어 경건하지 아니한 사람들의 심판과 멸망의 날까지 보존하여 두신 것입니다(벧후3:7). 또 주의 날에는 하늘이 큰 소리로 떠나가고 물질이 뜨거운 불에 풀어지고 땅과 그 중에 있는 모든 것이 드러나며(벧후3:10), 하나님의 날에는 하늘이 불에 타서 풀어지고 체질이 뜨거운 불에 녹아집니다(벧후3:12). 그래서 우리는 하나님의 약속대로 의가 있는 곳인 새 하늘과 새 땅을 바라봅니다(벧후3:13).

벧후3:7   "이제 하늘과 땅은 그 동일한 말씀으로 불사르기 위하여 보호
           하신바 되어 경건하지 아니한 사람들의 심판과 멸망의 날까지
           보존하여 두신 것이니라"

벧후3:10   "그러나 주의 날이 도둑 같이 오리니 그 날에는 하늘이 큰 소리
           로 떠나가고 물질이 뜨거운 불에 풀어지고 땅과 그 중에 있는
           모든 일이 드러나리로다"

벧후3:12   "하나님의 날이 임하기를 바라보고 간절히 사모하라 그 날에
           하늘이 불에 타서 풀어지고 물질이 뜨거운 불에 녹아지려니와"

벧후3:13   "우리는 그의 약속대로 의가 있는 곳인 새 하늘과 새 땅을 바라
           보도다"

3) 사탄(마귀)이 불과 유황 못(지옥)에 던져집니다.

또 땅의 사방 백성을 미혹하는 마귀가 불과 유황 못에 던져지는데
거기는 그 짐승과 거짓 선지자도 있어 세세토록 밤낮 괴로움을 받을
것입니다(계20:30).

계20:30   "또 그들을 미혹하는 마귀가 불과 유황 못에 던져지니 거기는 그
           짐승과 거짓 선지자도 있어 세세토록 밤낮 괴로움을 받으리라"

성도들을 대적하는 땅의 사방 백성들을 하늘에서 불이 내려와 태워
버렸습니다. 또 성도들을 대적하도록 땅의 사방 백성을 미혹한 마귀
가 불과 유황 못에 던져졌습니다. 〈마귀가 불과 유황 못(지옥)에 던져
진 것〉은 마귀가 지옥에 들어간 것을 의미합니다. 그리고 마귀가 던져

진 불과 유황 못에는 그 짐승과 거짓 선지자도 있어 세세토록 밤낮 괴로움을 받을 것입니다. 〈그 짐승과 거짓 선지자〉는 7년 대환난의 후 삼 년 반에 세계를 지배하며 성도들을 박해한 자들입니다. 그 짐승과 거짓 선지자는 예수님의 지상 재림 때 예수님을 대적하여 싸우다가 붙잡혀 산 채로 유황불 붙는 못(지옥)에 던져졌습니다.

5. 최후의 흰 보좌의 심판

사람은 누구나 그리스도의 최후의 심판을 받아야 합니다. 한 번 죽는 것은 사람에게 정해진 것이요 그 후에는 심판이 있습니다(히9:27). 그러므로 우리가 다 반드시 그리스도의 심판대 앞에 나타나게 되어 각각 선악 간에 그 몸으로 행한 것을 따라 받을 것입니다(고후5:10). 하나님은 모든 행위와 모든 은밀한 일을 선악 간에 심판하실 것입니다(전12:14).

하늘에서 불이 내려와 성도들을 대적하는 불신자들을 태워버리고 그들을 미혹하는 마귀가 불과 유황 못에 던져진 후에 모든 죽은 자들 곧 불신자들이 심판의 부활을 하여 크고 흰 보좌 앞에 서 있어 자기 행위를 따라 심판을 받습니다. 그리고 사망과 음부도 불 못에 던져지고 누구든지 생명책에 기록되지 못한 자 곧 불신자는 불 못(지옥)에 던져집니다.

히9:27　　　"한번 죽는 것은 사람에게 정해진 것이요 그 후에는 심판이 있으리니"

고후5:10   "이는 우리가 다 반드시 그리스도의 심판대 앞에 나타나게 되
어 각각 선악 간에 그 몸으로 행한 것을 따라 받으려 함이라"

전12:14   "하나님은 모든 행위와 모든 은밀한 일을 선악 간에 심판하시
리라"

1) 모든 죽은 자들이 보좌 앞에 서서 자기의 행위를 따라 심판을 받습니다.
또 사도 요한이 크고 흰 보좌와 그 위에 앉으신 이를 보았는데 땅
과 하늘 곧 이 세상이 그 앞에서 피하여 간 데 없었습니다(계20:11).
또 사도 요한이 보니 죽은 자들이 큰 자나 작은 자나 그 보좌 앞에 서
있는데 책들이 펴 있고 또 다른 책이 펴 있는데 곧 생명책입니다(계
20:12上). 그리고 죽은 자들이 자기 행위를 따라 책들에 기록된 대로
심판을 받습니다(계20:12下). 이에 바다가 그 가운데에서 죽은 자들
을 내주고 또 사망과 음부도 그 가운데에서 죽은 자들을 내주매 각 사
람이 자기의 행위대로 심판을 받습니다(계20:13).

계20:11   "또 내가 크고 흰 보좌와 그 위에 앉으신 이를 보니 땅과 하늘
이 그 앞에서 피하여 간 데 없더라"

계20:12上   "또 내가 보니 죽은 자들이 큰 자나 작은 자나 그 보좌 앞에 서
있는데 책들이 펴 있고 또 다른 책이 펴졌으니 곧 생명책이라"

계20:20下   "죽은 자들이 자기 행위를 따라 책들에 기록된 대로 심판을 받
으니"

계20:13   "바다가 그 가운데에서 죽은 자들을 내주고 또 사망과 음부도

그 가운데에서 죽은 자들을 내주매 각 사람이 자기의 행위대로
심판을 받고"

    사도 요한이 본 〈크고 흰 보좌〉는 무한히 위대하시고 절대 성결하신 하나님의 주권을 의미하며, 〈보좌 위에 앉으신 이〉는 예수 그리스도이십니다. 하나님 아버지는 심판을 다 아들에게 맡기셨습니다(요 5:22). 그리고 〈땅과 하늘이 그 앞에서 피하여 간 데 없음〉은 이 세상의 땅과 하늘이 하나님의 불 심판을 받아 간 데 없어진 것을 말씀합니다. 또한 〈죽은 자들이 큰 자나 작은 자나 그 보좌 앞에 서 있음〉은 최후의 심판인 크고 흰 보좌의 심판을 받기 위하여 서 있음을 의미하며, 〈책들이 펴 있고 또 다른 책이 펴졌으니 곧 생명책〉은 책들은 사람들의 행위가 기록된 책이며, 생명책은 천국에 들어갈 자들의 이름이 기록된 책입니다. 그리고 〈바다가 그 가운데에서 죽은 자들을 내주고 또 사망과 음부도 그 가운데에서 죽은 자들을 내줌〉은 불신자들의 부활(심판의 부활)을 말씀합니다. 성도들은 천년왕국 전에 곧 예수님이 재림하실 때에 부활(첫째 부활)을 하며, 불신자들은 천년왕국 후에 크고 흰 보좌의 심판을 받기 위하여 부활을 합니다(계20:5). 곧 선한 일을 행한 자는 생명의 부활로, 악한 일을 행한 자는 심판의 부활로 나옵니다(요5:29). 또 〈각 사람이 자기의 행위대로 심판을 받음〉은 사망의 부활을 한 불신자들이 행위의 책들에 기록된 자기의 행위대로 심판을 받음을 의미합니다.

계20:5   "(그 나머지 죽은 자들은 그 천 년이 차기까지 살지 못하더라)

이는 첫째 부활이라"

요5:29　　"선한 일을 행한 자는 생명의 부활로, 악한 일을 행한 자는 심판의 부활로 나오리라"

2) 누구든지 생명책에 기록되지 못한 자는 불 못(지옥)에 던져집니다.

크고 흰 보좌에 앉으신 이에게 각 사람이 자기의 행위대로 심판을 받은 후에 사망과 음부도 불 못(지옥)에 던져지는데 이것은 둘째 사망 곧 불 못입니다(계20:14). 그리고 누구든지 생명책에 기록되지 못한 자는 불 못(지옥)에 던져집니다(계20:15).

계20:14　　"사망과 음부도 불못에 던져지니 이것은 둘째 사망 곧 불못이라"

계20:15　　"누구든지 생명책에 기록되지 못한 자는 불못에 던져지더라"

〈사망과 음부도 불 못에 던져짐〉은 사망과 음부도 불 못 곧 지옥에 던져짐을 의미합니다. 맨 나중에 멸망 받을 원수는 사망이며(고전15:26), 음부는 불신자가 죽은 후에 그 영이 들어간 곳입니다. 그리고 〈누구든지 생명책에 기록되지 못한 자는 불 못에 던져짐〉은 모든 불신자들이 불 못 곧 지옥에 들어감을 말씀합니다. 짐승과 거짓 선지자가 예수님이 재림하실 때 붙잡혀 산 채로 불 못(지옥)에 던져지며, 마귀(사탄)가 천년왕국 후에 불 못(지옥)에 던져지고, 그 후에 불신자들이 최후의 심판을 받고 불 못(지옥)에 던져지며, 사망과 음부도 불 못(지옥)에 던져집니다. 영원한 불(지옥)은 마귀와 그 사자들을 위하여 예비 된 곳입니다(마25:41). 지옥에 던져지는 것이 영벌에 들어가는 것이며(마25:46), 영벌을 받는 곳인 지옥은 영원한 불 못으로 밤낮 쉬지 않고 고난을 받는 가장 고통스러운 곳입니다. 그러므로 지옥에 던져지지 않는 것이 가장 유익합니다(마5:29-30).

고전15:26	"맨 나중에 멸망 받을 원수는 사망이니라"
마25:41	"또 왼편에 있는 자들에게 이르시되 저주를 받은 자들아 나를 떠나 마귀와 그 사자들을 위하여 예비 된 영원한 불에 들어가라"
마25:46	"그들은 영벌에, 의인들은 영생에 들어가리라 하시니라"
마5:29-30	"만일 네 오른 눈이 너로 실족하게 하거든 빼어 내버리라 네 백체 중 하나가 없어지고 온 몸이 지옥에 던져지지 않는 것이 유익하며 또한 만일 네 오른손이 너로 실족하게 하거든 찍어 내버리라 네 백체 중 하나가 없어지고 온 몸이 지옥에 던져지지 않는 것이 유익하니라"

　하나님이 범죄 한 천사들을 던져 심판 때까지 지키게 하신 지옥은 영원한 형벌의 장소로서의 지옥이 아닙니다(벧후2:4). 벧후2:4에서 말씀한 지옥은 "타루타루스"라는 용어로 지옥인 "게헨나"라는 용어와 다릅니다. 타루타루스(지옥)는 어두운 구덩이로 하나님이 심판 때까지 범죄 한 천사들을 던져 지키게 하신 곳입니다.
　무저갱(아비소스)은 "끝없이 깊은 구덩이"란 뜻으로 옥이라고도 하며 마귀를 천 년 동안 가두는 곳이며(계20:3), 귀신들이 벌을 받아 들어가는 곳이기도 합니다(눅8:30-31).
　음부(스올)는 불신자들이 죽으면 그 영혼이 들어가서 불꽃 가운데서 고통 받는 곳으로 불신자들이 심판의 부활을 하여 들어가는 지옥과는 다릅니다(시9:17, 눅16:22-24). 음부도 지옥에 던져집니다.

벧전3:19에는 노아의 날 방주 예비할 동안 하나님이 오래 참고 기다리실 때에 순종하지 아니하던 자들의 영이 있는 옥을 말씀합니다. 예수님이 십자가에 달려 죽임을 당하셨을 때에 영으로 이 옥에 있는 영들에게 전파하셨다고 말씀합니다(벧전3:18-20). 이 옥은 노아의 날 방주 예비할 동안에 순종하지 아니하던 자들의 영들이 있는 곳으로만 보아야 합니다.

벤후2:4   "하나님이 범죄한 천사들을 용서하지 아니하시고 지옥에 던져 어두운 구덩이에 두어 심판 때까지 지키게 하셨으며"

계20:3   "무저갱에 던져 넣어 잠그고 그 위에 인봉하여 천 년이 차도록 다시는 만국을 미혹하지 못하게 하였는데 그 후에는 반드시 잠깐 놓이리라"

눅8:30-31   "예수께서 네 이름이 무엇이냐 물으신즉 이르되 군대라 하니 이는 많은 귀신이 들렸음이라 무저갱으로 들어가라 하지 마시기를 간구하더니"

시9:17   "악인들이 스올로 돌아감이여 하나님을 잊어버린 모든 이방 나라들이 그리하리로다"

눅16:22-24 "이에 그 거지가 죽어 천사들에게 받들려 아브라함의 품에 들어가고 부자도 죽어 장사되매 그가 음부에서 고통 중에 눈을 들어 멀리 아브라함과 그의 품에 있는 나사로를 보고 불러 이르되 아버지 아브라함이여 나를 긍휼히 여기사 나사로를 보내어 그 손가락 끝에 물을 찍어 내 혀를 서늘하게 하소서 내가 이 불꽃 가운데서 괴로워하나이다"

벧전3:18-20 "그리스도께서도 단번에 죄를 위하여 죽으사 의인으로서 불의한 자를 대신하셨으니 이는 우리를 하나님 앞으로 인도하려 하심이라 육체로는 죽임을 당하시고 영으로는 살리심을 받으셨으니 그가 또한 영으로 가서 옥에 있는 영들에게 선포하시니라 그들은 전에 노아의 날 방주를 준비할 동안 하나님이 오래 참고 기다리실 때에 복종하지 아니하던 자들이라 방주에서 물로 말미암아 구원을 얻은 자가 몇 명뿐이니 겨우 여덟 명이라"

6. 새 하늘과 새 땅과 거룩한 성 새 예루살렘(천국)

예수 그리스도의 재림으로 인한 최후의 심판이 끝났습니다. 처음 하늘과 처음 땅(이 세상)은 간 데 없어졌습니다. 또 마귀와 사망과 음부는 불 못(지옥)에 던져졌으며, 생명책에 기록되지 못한 불신자들은 모두 불 못(지옥)에 던져졌습니다.

전능하신 하나님의 의로운 심판으로 이 세상인 처음 하늘과 처음 땅과 바다는 없어졌고, 이제는 천국인 새 하늘과 새 땅 그리고 거룩한 성 새 예루살렘을 보게 됩니다. 천국은 사람의 범죄 이후 모든 피조물이 심히 고대해온 곳이며, 모든 성도들이 소망해온 곳입니다. 요한계시록 21장과 22장 1-5절은 새 하늘과 새 땅 그리고 거룩한 성 새 예루살렘에 대하여 말씀합니다. 천국을 새 하늘과 새 땅에 있는 거룩한 성 새 예루살렘으로 계시하신 것입니다.

낙원은 성도들이 죽은 후에 그 영이 가는 곳입니다(눅23:43). 천국은 성도들이 부활한 후에 그 몸과 영이 가는 곳입니다. 천국을 하나님 아버지의 집이라고 하며(요14:2-3), 하늘에 있는 본향이라고 하며(히11:16), 천국을 위라고 하며 이 세상을 아래라고도 하며(요8:23), 천국을 이 세상과 비교하여 오는 세상이라고도 합니다(마12:32).

눅23:43	"예수께서 이르시되 내가 진실로 네게 이르노니 오늘 네가 나와 함께 낙원에 있으리라 하시니라"
요14:2-3	"내 아버지 집에 거할 곳이 많도다 그렇지 않으면 너희에게 일렀으리라 내가 너희를 위하여 거처를 예비하러 가노니 가서 너희를 위하여 거처를 예비하면 내가 다시 와서 너희를 내게로 영접하여 나 있는 곳에 너희도 있게 하리라"
히11:16	"그들이 이제는 더 나은 본향을 사모하니 곧 하늘에 있는 것이라 이러므로 하나님이 그들의 하나님이라 일컬음 받으심을 부끄러워하지 아니하시고 그들을 위하여 한 성을 예비하셨느니라"
요8:23	"예수께서 이르시되 너희는 아래에서 났고 나는 위에서 났으며 너희는 이 세상에 속하였고 나는 이 세상에 속하지 아니하였느니라"
마12:32	"또 누구든지 말로 인자를 거역하면 사하심을 얻되 누구든지 말로 성령을 거역하면 이 세상과 오는 세상에서도 사하심을 얻지 못하리라"

이 세상은 어떻게 될까요? 이 세상은 지나갑니다(요일2:17). 이 세상은 끝이 있으며(마13:40), 없어집니다(막13:31). 이 세상이 새롭게 되어 천국이 되는 것이 아니며, 천국은 따로 존재합니다. 그런데 천국의 위치가 어디인지는 우리가 알 수 없습니다. 그러나 우리는 천국에도 새 하늘이 있고 새 땅이 있음을 알 수 있습니다. 또한 우리는 천국은 죄와 악이 성행하는 이 세상과는 달리 영적으로나 도덕적으로 온전히 의롭고 선하며 성결한 곳임을 알 수 있습니다. 그리고 천국에 있는 것은 썩지 않고 더럽지 않고 쇠하지 아니하는 것임을 알 수 있습니다(벧전1:4).

요일2:17 "이 세상도, 그 정욕도 지나가되 오직 하나님의 뜻을 행하는 자는 영원히 거하느니라"

마13:40 "그런즉 가라지를 거두어 불에 사르는 것 같이 세상 끝에도 그러하리라"

막13:31 "천지는 없어지겠으나 내 말은 없어지지 아니하리라"

벧전1:4 "썩지 않고 더럽지 않고 쇠하지 아니하는 유업을 잇게 하시나니 곧 너희를 위하여 하늘에 간직하신 것이라"

 1) 사도 요한은 새 하늘과 새 땅과 거룩한 성 새 예루살렘을 보았습니다.
 하나님의 불 심판으로 말미암아 땅과 하늘(이 세상)은 간 데 없어지고, 사망과 음부도 불 못(지옥)에 던져지고, 생명책에 기록되지 못한 불신자들도 모두 불 못(지옥)에 던져졌습니다. 이를 본 사도 요한은 또 새 하늘과 새 땅을 보았으며 처음 하늘과 처음 땅이 없어졌고 바다도 다시 있지 않았습니다(계21:1). 또 사도 요한이 보매 거룩한 성 새 예루살렘이 하늘에서 내려오는데 그 준비한 것이 신부가 남편을 위하여 단장한 것 같았습니다(계21:2).

계21:1 "또 내가 새 하늘과 새 땅을 보니 처음 하늘과 처음 땅이 없어졌고 바다도 다시 있지 않더라"

계21:2 "또 내가 보매 거룩한 성 새 예루살렘이 하나님께로부터 하늘에서 내려오니 그 준비한 것이 신부가 남편을 위하여 단장한 것 같더라"

사도 요한이 본 〈새 하늘과 새 땅〉은 천국입니다. 천국을 이 세상의 하늘과 땅과 비교하여 새 하늘과 새 땅이라고 말씀합니다. 그리고 사도 요한이 새 하늘과 새 땅을 보니 〈처음 하늘과 처음 땅이 없어졌고 바다도 다시 있지 않음〉은 이 세상이 하나님의 불 심판으로 없어졌음을 의미하며, 이 세상을 처음 하늘과 처음 땅이라고 말씀합니다. 또한 사도 요한이 본 〈거룩한 성 새 예루살렘〉도 천국입니다. 천국을 이 세상에 있는 예루살렘과 비교하여 거룩한 성 새 예루살렘이라고 말씀합니다. 그리고 〈거룩한 성 새 예루살렘이 하나님께로부터 하늘에서 내려온 것〉은 천국을 하나님이 예비하셨음을 의미합니다. 천국은 하나님이 창세로부터 성도들을 위하여 예비하신 나라입니다(마25:34). 또한 거룩한 성 새 예루살렘이 〈신부가 남편을 위하여 단장한 것 같음〉은 천국은 가장 아름다운 곳임을 의미합니다. 천국은 모든 성도들이 정결하고 아름답고 기쁨이 넘치는 삶을 살게 되는 곳입니다. 천국은 가장 아름다운 곳이며, 가장 빛나는 곳이며, 가장 평안하고 행복한 곳입니다.

마25:34   "그 때에 임금이 그 오른편에 있는 자들에게 이르시되 내 아버지께 복 받을 자들이여 나아와 창세로부터 너희를 위하여 예비된 나라를 상속 받으라"

2) 거룩한 성 새 예루살렘에는 하나님이 성도들과 함께 계십니다.

새 하늘과 새 땅 그리고 거룩한 성 새 예루살렘을 본 사도 요한이 들으니 보좌에서 큰 음성이 나서 이르되 "보라 하나님의 장막이 사람들과 함께 있으매 하나님이 그들과 함께 계시리니 그들은 하나님의 백성이 되리라"고 하시며, "하나님은 친히 그들과 함께 계셔서 모든 눈물을 그 눈에서 닦아 주시니 다시는 사망이 없고 애통하는 것이나 곡하는 것이나 아픈 것이 다시 있지 아니하리니 처음 것들이 다 지나갔음이러라"고 하셨습니다(계21:3-4).

계21:3-4   "내가 들으니 보좌에서 큰 음성이 나서 이르되 보라 하나님의 장막이 사람들과 함께 있으매 하나님이 그들과 함께 계시리니 그들은 하나님의 백성이 되고 하나님은 그들과 함께 계셔서 모든 눈물을 그 눈에서 닦아 주시니 다시는 사망이 없고 애통하는 것이나 곡하는 것이나 아픈 것이 다시 있지 아니하리니 처음 것들이 다 지나갔음이러라"

사도 요한이 들은 〈보좌에서 난 큰 음성〉은 예수님의 음성이며, 〈하나님의 장막이 사람들과 함께 있으매 하나님이 그들과 함께 계심〉은 새 하늘과 새 땅의 거룩한 성 새 예루살렘 곧 천국에서는 하나님이 성도들과 함께 계심을 말씀합니다. 천국에서는 성도들이 하나님과 함께 영원히 살게 됩니다. 천국에서는 임마누엘의 약속이 완전하게 성취됩니다. 〈하나님의 장막〉은 하나님의 거처 곧 하나님의 집이며, 예수님은 천국을 하나님 아버지의 집이라고 말씀하셨습니다(요14:2). 천국에서는 하나님이 성도들과 함께 계시며, 성도들은 하나님의 백성이 되고, 하나님은 그들과 함께 계셔서 모든 눈물을 그 눈에서 닦아주십니다. 그래서 천국에서는 다시는 사망이 없고 애통하는 것이나 곡하는 것이나 아픈 것이 다시 있지 아니합니다. 왜냐하면 처음 것들 곧 이 세상의 것들이 다 지나갔기 때문입니다.

3) 거룩한 성 새 예루살렘은 이기는 자 곧 하나님의 아들이 상속으로 받습니다.

사도 요한이 들으니 보좌에 앉으신 이가 이르시되 "보라 내가 만물을 새롭게 하노라" 하시고 또 이르시되 "이 말은 신실하고 참되니 기록하라" 하셨습니다(계21:5). 그리고 보좌에 앉으신 이가 또 사도 요한에게 "이루었도다 나는 알파와 오메가요 처음과 마지막이라 내가 생명수 샘물을 목마른 자에게 값없이 주리니 이기는 자는 이것들을 상속으로 받으리라 나는 그의 하나님이 되고 그는 내 아들이 되리라"고 말씀하시며(계21:6-7), "그러나 두려워하는 자들과 믿지 아니하는 자들과 흉악한 자들과 살인자들과 음행하는 자들과 점술가들과 우상 숭배자들과 거짓말하는 모든 자들은 불과 유황으로 타는 못에 던져지리니 이것이 둘째 사망이라"고 말씀하셨습니다(계21:8).

계21:5   "보좌에 앉으신 이가 이르시되 보라 내가 만물을 새롭게 하노라 하시고 또 이르시되 이 말은 신실하고 참되니 기록하라 하시고"

계21:6-7   "또 내게 말씀하시되 이루었도다 나는 알파와 오메가요 처음과 마지막이라 내가 생명수 샘물을 목마른 자에게 주리니 이기는 자는 이것들을 상속으로 받으리라 나는 그의 하나님이 되고 그는 내 아들이 되리라"

계21:8   "그러나 두려워하는 자들과 믿지 아니하는 자들과 흉악한 자들과 살인자들과 음행하는 자들과 점술가들과 우상 숭배자들과 거짓말하는 모든 자들은 불과 유황으로 타는 못에 던져지리니 이것이 둘째 사망이라"

사도 요한에게 말씀하신 〈보좌에 앉으신 이〉는 하나님이십니다. 그리고 보좌에 앉으신 이가 〈내가 만물을 새롭게 하심〉은 세상을 새롭게 해서 천국이 되게 하신다는 말씀은 아닙니다. 천국은 이 세상과는 다른 전혀 새로운 곳입니다. 천국에 들어간 성도들이 하나님께서 새롭게 하신 자들인 것처럼 천국에 있는 모든 것들은 하나님이 새롭게 하신 것입니다. 예수님은 하나님 아버지의 나라에서 새것으로 마시리라고 말씀하셨습니다(마26:29). 그리고 〈이 말은 신실하고 참되니 기록하라 하심〉은 하나님이 만물을 새롭게 하신다는 말씀은 신실하고 참되므로 기록하라는 의미입니다. 또 사도 요한에게 말씀하시되 〈이루었도다 나는 알파와 오메가요 처음과 나중이라 하심〉은 하나님이 창조자요 심판자이심을 의미하며, 하나님의 뜻과 계획과 섭리를 다 이루셨음을 의미합니다. 천국은 하나님의 뜻이 온전히 이루어진 곳입니다. 그리고 예수님은 생명수 샘물을 목마른 자에게 주시며, 이기는 자는 이것들을 상속으로 받으며, 하나님의 그의 하나님이 되시고 그는 하나님의 아들이 됩니다. 그러나 두려워하는 자들과 믿지 아니하는 자들과 흉악한 자들과 살인자들과 음행하는 자들과 점술가들과 우상 숭배자들과 거짓말하는 모든 자들은 불과 유황으로 타는 못에 던져지며, 이는 둘째 사망입니다.

4) 거룩한 성 예루살렘의 모습

일곱 대접을 가지고 마지막 일곱 재앙을 담은 일곱 천사 중 하나가 나아와서 사도 요한에게 말하여 이르되 "이리 오라 내가 신부 곧 어린 양의 아내를 네게 보이리라" 하였습니다(계21:9). 그리고 그 천사는 성령으로 사도 요한을 데리고 크고 높은 산으로 올라가 하나님께로부터 하늘에서 내려오는 거룩한 성 예루살렘을 보여주었습니다(계21:10). 사도 요한이 본 거룩한 성 예루살렘은 하나님의 영광이 있어 그 성의 빛이 지극히 귀한 보석 같고 벽옥과 수정 같이 맑았습니다(계21:11). 그리고 거룩한 성 예루살렘은 크고 높은 성곽이 있고 열두 문이 있는데 문에 열두 천사가 있고, 문들 위에 이름을 썼는데 이스라엘 열두 지파의 이름들이었습니다(계21:12). 거룩한 성 예루살렘의 열두 문은 동쪽에 세 문, 북쪽에 세 문, 남쪽에 세 문, 서쪽에 세 문이 있으며, 그 성의 성곽에는 열두 기초석이 있고 그 위에는 어린 양의 열두 사도의 열두 이름이 있었습니다(계21:13-14).

계21:9	"일곱 대접을 가지고 마지막 일곱 재앙을 담은 일곱 천사 중 하나가 나아와서 내게 말하여 이르되 이리 오라 내가 신부 곧 어린 양의 아내를 네게 보이리라 하고"
계21:10	"성령으로 나를 데리고 크고 높은 산으로 올라가 하나님께로부터 하늘에서 내려오는 거룩한 성 예루살렘을 보이니"
계21:11	"하나님의 영광이 있어 그 성의 빛이 지극히 귀한 보석 같고 벽옥과 수정 같이 맑더라"
계21:12	"크고 높은 성곽이 있고 열두 문이 있는데 문에 열두 천사가 있고 그 문들 위에 이름을 썼으니 이스라엘 자손 열두 지파의 이름들이라"
계21:13-14	"동쪽에 세 문, 북쪽에 세 문, 남쪽에 세 문, 서쪽에 세 문이니 그 성의 성곽에는 열두 기초석이 있고 그 위에는 어린 양의 열두 사도의 이름이 있더라"

　　요한계시록 21장 9-14절은 예수님이 천사를 통하여 사도 요한에게 하늘의 거룩한 성 예루살렘(천국)의 모습을 보여주신 것입니다. 천사는 사도 요한에게 이르되 "이리 오라 내가 신부 곧 어린 양의 아내를 네게 보이리라"고 하였습니다. 그리고 천사가 성령으로 사도 요한을 데리고 크고 높은 산으로 올라가 하나님께로부터 하늘에서 내려오는 거룩한 성 예루살렘을 사도 요한에게 보여주었습니다. 〈하늘에서 내려오는 거룩한 성 예루살렘을 신부 곧 어린 양의 아내라 함〉은 성도들이 영원히 사는 거룩한 성 예루살렘은 어린 양의 신부와 같이 아름다운 곳임을 의미합니다. 땅에 있는 예루살렘을 하갈에 비유하고,

위에 있는 곧 하늘에 있는 예루살렘은 사라에 비유하기도 합니다(갈 4:25-26). 또한 사도 요한이 본 거룩한 성 예루살렘은 〈하나님의 영광이 있어 그 성의 빛이 지극히 귀한 보석 같고 벽옥과 수정 같이 맑음〉은 거룩한 성 예루살렘은 하나님의 영광이 있으며 지극히 귀한 보석으로 표현할 수 있는 영화로운 곳이며, 성결한 곳임을 의미합니다. 그리고 〈크고 높은 성곽이 있음〉은 절대 안전하며 견고한 곳임을 의미하며, 〈성곽에는 열두 기초석이 있고 그 위에는 어린 양의 열두 사도의 이름이 있음〉은 열두 사도의 믿음의 터 위에 세우심을 입은 성도들이 들어가는 곳임을 의미합니다. 우리는 사도들과 선지자들의 터 위에 세우심을 입은 자이며(엡2:20), 사도들과 동일한 보배로운 믿음을 하나님께 받은 자들입니다(벧후1:1). 또한 〈열두 문이 있는데 문에 열두 천사가 있음〉과 〈그 문들 위에 이름을 썼으니 이스라엘 자손 열두 지파의 이름들임〉은 거룩한 성 예루살렘은 모든 사람들에게 개방된 곳이 아니며, 하나님의 선택받은 하나님의 자녀들만이 들어가는 곳임을 의미합니다. 예수님은 사람들 앞에서 예수님을 시인하는 자를 천사들 앞에서 시인하실 것이며(눅12:8), 이기는 자를 천사들 앞에서 시인하실 것입니다(계3:5).

갈4:25-26   "이 하갈은 아라비아에 있는 시내산으로서 지금 있는 예루살렘과 같은 곳이니 그가 그 자녀들과 더불어 종 노릇 하고 오직 위에 있는 예루살렘은 자유자니 곧 우리 어머니라"

엡2:20   "너희는 사도들과 선지자들의 터 위에 세우심을 입은 자라 그리스도 예수께서 친히 모퉁잇돌이 되셨느니라"

벧후1:1   "예수 그리스도의 종이며 사도인 시몬 베드로는 우리 하나님
          과 구주 예수 그리스도의 의를 힘입어 동일하게 보배로운 믿음
          을 우리와 함께 받은 자들에게 편지하노니"

눅12:8   "내가 또한 너희에게 말하노니 누구든지 사람 앞에서 나를 시
          인하면 인자도 하나님의 사자들 앞에서 그를 시인할 것이요"

계3:5   "이기는 자는 이와 같이 흰 옷을 입을 것이요 내가 그 이름을
          생명책에서 결코 지우지 아니하고 그 이름을 내 아버지 앞과
          그의 천사들 앞에서 시인하리라"

5) 거룩한 성 예루살렘과 그 문들과 성곽의 모습

사도 요한에게 말하는 천사가 거룩한 성 예루살렘 성과 그 문들과
성곽을 측량하려고 금 갈대를 가지고 있었습니다(계21:15). 예루살
렘 성은 네모가 반듯하여 길이와 너비가 같으므로 그 갈대 자로 그 성
을 측량하니 만 이천 스다디온이요 길이와 너비와 높이가 같았습니
다(계21:16). 그리고 예루살렘 성의 성곽을 측량하니 백사십사 규빗
이며 사람의 측량 곧 천사의 측량이었습니다(계21:17). 예루살렘 성
의 성곽은 벽옥으로 쌓였고 그 성은 정금이며 맑은 유리 같았습니다(
계21:18). 그리고 예루살렘 성의 성곽의 기초석은 각색 보석으로 꾸
몄으며 첫째 기초석은 벽옥이요 둘째는 남보석이요 셋째는 옥수요 넷
째는 녹보석이요 다섯째는 홍마노요 여섯째는 홍보석이요 일곱째는
황옥이요 여덟째는 녹옥이요 아홉째는 담황옥이요 열째는 비취옥이
요 열한째는 청옥이요 열두째는 자수정이었습니다(계21:19-20). 또
한 예루살렘 성의 열두 문은 열두 진주이며 각 문마다 한 개의 진주

로 되어 있고, 성의 길은 맑은 유리 같은 정금이었습니다(계21:21).

계21:15	"내게 말하는 자가 그 성과 그 문들과 성곽을 측량하려고 금 갈대 자를 가졌더라"
계21:16	"그 성은 네모가 반듯하여 길이와 너비가 같은지라 그 갈대 자로 그 성을 측량하니 만 이천 스다디온이요 길이와 너비와 높이가 같더라"
계21:17	"그 성곽을 측량하매 백사십사 규빗이니 사람의 측량 곧 천사의 측량이라"
계21:18	"그 성곽은 벽옥으로 쌓였고 그 성은 정금인데 맑은 유리 같더라"
계21:19-20	"그 성의 성곽의 기초석은 각색 보석으로 꾸몄는데 첫째 기초석은 벽옥이요 둘째는 남보석이요 셋째는 옥수요 넷째는 녹보석이요 다섯째는 홍마노요 여섯째는 홍보석이요 일곱째는 황옥이요 여덟째는 녹옥이요 아홉째는 담황옥이요 열째는 비취옥이요 열한째는 청옥이요 열두째는 자수정이라"
계21:21	"그 열두 문은 열두 진주니 각 문마다 한 개의 진주로 되어 있고 성의 길은 맑은 유리 같은 정금이더라"

　　요한계시록 22장 15-21절은 거룩한 성 예루살렘과 그 문들과 성곽의 모습을 말씀합니다. 사도 요한에게 말한 천사가 거룩한 성 예루살렘성과 그 문들과 성곽을 측량하려고 금 갈대 자를 가지고 측량하였습니다. 거룩한 성 예루살렘을 측량하는 것은 그 성의 거룩함을 보전하기 위한 것으로 볼 수 있습니다. 거룩한 성 예루살렘은 거룩하신 하

나님이 거하신 곳이며, 모든 구원 받은 성도들이 영원히 거하는 완전한 곳입니다. 천사가 금 갈대 자로 그 성을 측량하니 〈만 이천 스다디온인 것〉은 약 2,220㎞로 거룩한 성이 크고 넓은 곳임을 의미하며, 〈길이와 너비와 높이가 같은 것〉은 거룩한 성이 완전한 곳임을 의미합니다. 솔로몬이 지은 성전의 지성소도 길이와 너비와 높이가 같았습니다(왕상6:20). 그리고 〈사람의 측량 곧 천사의 측량이라〉함은 사람이 이해할 수 있도록 계시한 측량임을 의미합니다. 또한 〈그 성은 정금인데 맑은 유리 같음〉과 〈성의 길은 정금인데 맑은 유리 같은 정금인 것〉은 순결과 거룩함을 의미하며, 거룩한 성 예루살렘은 거룩한 곳으로 순결하고 거룩한 자들이 거하며 다니는 곳임을 말씀합니다. 또한 〈그 성곽은 벽옥으로 쌓였고, 그 성곽의 기초석은 각색 보석으로 꾸민 것〉은 벽옥은 하나님의 거룩함을 의미하며, 각색 보석은 하나님의 영광을 의미하는 것으로 거룩한 성 예루살렘은 하나님의 거룩함과 영광으로 충만히 채워진 곳임을 말씀합니다. 장차 성도들은 천국에서 보석 같이 찬란한 하나님의 영광을 누리게 됩니다. 그리고 〈그 열두 문은 열두 진주니 각 문마다 한 개의 진주로 되어 있는 것〉은 진주는 진리를 의미하며, 하나님의 말씀을 진리로 믿고 순종하는 자가 천국의 문으로 들어갈 수 있음을 말씀합니다.

왕상6:20   "그 내소의 안의 길이가 이십 규빗이요 너비가 이십 규빗이요 높이가 이십 규빗이라 정금으로 입혔고 백향목 제단에도 입혔더라"

6) 거룩한 성 예루살렘의 특징

사도 요한이 거룩한 성 예루살렘 성 안에서 성전을 보지 못하였는데 이는 주 하나님 곧 전능하신 이와 및 어린 양이신 예수님이 그 성전이심 이었습니다(계21:22). 또 예루살렘 성은 해나 달의 비침이 쓸 데 없었는데 이는 하나님의 영광이 비치고 어린 양이 그 등불이 되심이었습니다(계21:23). 그래서 만국이 그 빛 가운데로 다니고 땅의 왕들이 자기 영광을 가지고 그리로 들어갈 것입니다(계21:24). 그리고 예루살렘 성은 낮에 성문들을 도무지 닫지 아니하는데 거기에는 밤이 없음입니다(계21:25). 그래서 사람들이 만국의 영광과 존귀를 가지고 그리로 들어가겠고 무엇이든지 속된 것이나 가증한 일 또는 거짓말하는 자는 결코 그리로 들어가지 못하되 오직 어린 양의 생명책에 기록된 자들만 들어갈 것입니다(계21:26-27).

계21:22   "성 안에서 내가 성전을 보지 못하였으니 이는 주 하나님 곧 전능하신 이와 및 어린 양이 그 성전이심이라"

계21:23   "그 성은 해나 달의 비침이 쓸 데 없으니 이는 하나님의 영광이 비치고 어린 양이 그 등불이 되심이라"

계21:24   "만국이 그 빛 가운데로 다니고 땅의 왕들이 자기 영광을 가지고 그리로 들어가리라"

계21:25   "낮에 성문들을 도무지 닫지 아니하리니 거기에는 밤이 없음이라"

계21:26-27   "사람들이 만국의 영광과 존귀를 가지고 그리로 들어가겠고 무엇이든지 속된 것이나 가증한 일 또는 거짓말하는 자는 결코 그리로 들어가지 못하되 오직 어린 양의 생명책에 기록된 자들만 들어가리라"

요한계시록 21장 22-27절은 거룩한 성 예루살렘의 특징을 말씀합니다. 거룩한 성 예루살렘은 전능하신 하나님과 어린 양이신 예수님이 성전이심으로 성 안에 성전이 없습니다. 또한 거룩한 성 예루살렘은 하나님의 영광이 비치고 어린 양이신 예수님이 빛이심으로 그 성은 해나 달의 비침이 쓸 데 없으며, 만국이 그 빛 가운데로 다니고 땅의 왕들이 자기의 영광을 가지고 그리로 들어갑니다. 그리고 거룩한 성 예루살렘은 밤이 없으므로 낮에 성문들을 닫지 아니하며, 사람들이 만국의 영광과 존귀를 가지고 그리로 들어가며 어린 양의 생명책에 기록된 자들만 들어갑니다. 무엇이든지 속된 것이나 가증한 일 또는 거짓말 하는 자는 결코 그리고 들어가지 못합니다. 불의한 자는 하나님의 나라를 유업으로 받지 못합니다(고전6:9-10), 곧 육체의 일을 하는 자들은 하나님의 나라를 유업으로 받지 못합니다(갈5:19-21).

고전6:9-10 　"불의한 자가 하나님의 나라를 유업으로 받지 못할 줄을 알지 못하느냐 미혹을 받지 말라 음행하는 자나 우상 숭배하는 자나 간음하는 자나 탐색하는 자나 남색하는 자나 도적이나 탐욕을 부리는 자나 술 취하는 자나 모욕하는 자나 속여 빼앗는 자들은 하나님의 나라를 유업으로 받지 못하리라"

갈5:19-21 　"육체의 일은 분명하니 곧 음행과 더러운 것과 호색과 우상 숭배와 주술과 원수 맺는 것과 분쟁과 시기와 분냄과 당 짓는 것과 분열함과 이단과 투기와 술 취함과 방탕함과 또 그와 같은 것들이라 전에 너희에게 경계한 것 같이 경계하노니 이런 일을 하는 자들은 하나님의 나라를 유업으로 받지 못할 것이요"

7) 거룩한 성 예루살렘의 성도들의 삶

사도 요한에게 말하던 천사가 또 수정 같이 맑은 생명수의 강을 사도 요한에게 보여주는데 하나님과 및 어린 양의 보좌로부터 나와서 길 가운데로 흐르며, 강 좌우에 생명나무가 있어 열두 가지 열매를 맺되 달마다 그 열매를 맺고 그 나무 잎사귀들은 만국을 치료하기 위하여 있었습니다(계22:1-2). 그리고 다시 저주가 없으며 하나님과 그 어린 양의 보좌가 그 가운데에 있으므로 그의 종들이 그를 섬기며 그의 얼굴을 볼 것이며 그의 이름도 그들의 이마에 있을 것입니다(계22:3-4). 또한 다시 밤이 없겠고 등불과 햇빛이 쓸 데 없으니 이는 주 하나님이 그들에게 비치심이며, 그들이 세세토록 왕 노릇 할 것입니다(계22:5).

계22:1-2 "또 그가 수정 같이 맑은 생명수의 강을 내게 보이니 하나님과 및 어린 양의 보좌로부터 나와서 길 가운데로 흐르더라 강 좌우에 생명나무가 있어 열두 가지 열매를 맺되 달마다 그 열매를 맺고 그 나무 잎사귀들은 만국을 치료하기 위하여 있더라"

계22:3-4 "다시 저주가 없으며 하나님과 그 어린 양의 보좌가 그 가운데에 있으리니 그의 종들이 그를 섬기며 그의 얼굴을 볼 터이요 그의 이름도 그들의 이마에 있으리라"

계22:5 "다시 밤이 없겠고 등불과 햇빛이 쓸 데 없으니 이는 주 하나님이 그들에게 비치심이라 그들이 세세토록 왕 노릇 하리로다"

요한계시록 22장 1-5절은 거룩한 성 예루살렘의 성도들의 삶을 말씀합니다. 어린 양의 생명책에 기록된 자들만 들어가는 거룩한 성 예루살렘은 수정 같이 맑은 생명수의 강이 하나님과 및 어린 양(예수님)의 보좌로부터 나와서 길 가운데로 흐릅니다. 그리고 강 좌우에 생명나무가 있어 열두 가지 열매를 맺는데 달마다 그 열매를 맺으며, 그 잎사귀는 만국을 치료하기 위하여 있습니다. 거룩한 성 예루살렘에서 성도들은 생명수를 마시며 생명나무의 열매를 먹으며, 항상 치료를 받으므로 행복합니다. 거룩한 성 예루살렘에는 성도들에게 다시 저주가 없고, 성도들은 보좌에 앉으신 하나님과 어린 양(예수님)을 그의 종들로서 섬기며, 그의 얼굴을 보며, 그의 소유가 됩니다. 성도들의 가장 큰 행복은 하나님과 예수님의 종들로서 섬기며, 하나님과 예수님의 얼굴을 보며, 하나님과 예수님의 소유가 되는 것입니다. 또한 거룩한 성 예루살렘은 하나님이 성도들에게 비치심으로 밤이 없고 등불과 햇빛이 쓸 데 없으며 성도들이 세세토록 왕 노릇 합니다. 의인들은 자기 아버지 나라에서 해와 같이 빛날 것입니다(마13:43).

마13:43   "그 때에 의인들은 자기 아버지 나라에서 해와 같이 빛나리라 귀 있는 자는 들으라"

요한계시록 19장-22장 5절은 예수님이 재림하실 때 성도들이 공중으로 끌어올려져 재림하신 예수님을 영접하는 어린양의 혼인잔치와 예수님이 성도들과 천사들과 함께 지상으로 내려오시는 예수님의 지상 재림과 예수님이 지상에 내려오심으로 지상에 세워지는 천년왕국과 천년왕국 후에 있는 이 세상의 불심판과 사탄(마귀)이 지옥에 던져지는 멸망과 그 후에 불신자들이 심판의 부활을 하여 그 행위대로 심판을 받고 지옥에 던져지는 최후의 흰 보좌의 심판과 성도들이 들어가서 영생복락을 누리게 될 새 하늘과 새 땅(천국)과 거룩한 성 새 예루살렘(천국)에 대하여 말씀합니다.

사도 요한은 바벨론이 멸망한 일을 본 후에 하늘의 허다한 무리가 바벨론을 심판하신 하나님을 찬양하는 소리를 들었습니다. 그리고 사도 요한은 어린양의 혼인 기약이 이르렀고 그의 아내가 준비하였으므로 그에게 빛나고 깨끗한 세마포 옷을 입도록 허락하셨다는 소리를 들었습니다. 또한 사도 요한은 어린양의 혼인잔치에 청함을 입은 자들은 복이 있으며, 이것은 하나님의 참되신 말씀이므로 기록하라는 천사의 말을 들었습니다. 일곱 대접 재앙으로 바벨론(이 세상나라들)이 멸망한 후에 예수님이 재림하실 때 성도들이 생명의 부활(첫째 부활)을 하여 공중으로 끌어올려져 예수님을 영접하게 되는데 이를 어린양의 혼인잔치라 합니다.

사도 요한은 하늘이 열린 것을 보고 백마와 그 탄자를 보았습니다. 사도 요한은 지상 재림하시는 예수님을 백마를 탄자로 본 것입니다. 그리고 사도 요한은 하늘에 군대들(부활한 성도들과 천사들)이 희고 깨끗한 세마포 옷을 입고 백마를 타고 예수님을 따르는 것을 보았습니다. 또 사도 요한은 세계를 지배하던 짐승과 그에게 협력한 땅의 임금들과 그들의 군대들이 모여 예수님과 그의 군대와 더불어 전쟁을 일으키다가 짐승과 거짓 선지자가 함께 붙잡혀 이 둘이 산 채로 유황 불 못에 던져지고 그 나머지는 예수님의 입으로부터 나오는 검에 죽는 것을 보았습니다.

또 사도 요한은 천사가 무저갱의 열쇠와 큰 쇠사슬을 그의 손에 가지고 하늘로부터 내려와 마귀(사탄)를 잡아서 천 년 동안 결박하여 무저갱에 던져 넣어 잠그고 그 위에 인봉하여 천 년이 차도록 다시는 만국을 미혹하지 못하게 하는 것을 보았습니다. 이 기간이 천년왕국이며 예수님을 증언함과 하나님의 말씀 때문에 목 베임을 당한 영혼들과 또 짐승과 그의 우상에게 경배하지 아니하고 그들의 이마와 손에 짐승의 표를 받지 아니한 자들이 부활하여 그리스도와 더불어 천 년 동안 왕 노릇합니다. 이 첫째 부활에 참여한 자들은 복이 있고 거룩하며, 둘째 사망이 그들을 다스리는 권세가 없고 도리어 그들이 하나님과 그리스도의 제사장이 되어 천 년 동안 그리스도와 더불어 왕 노릇할 것입니다.

천 년이 차면 마귀(사탄)가 그 옥에서 놓여나와서 땅의 사방 백성(불신자들)을 미혹하고 싸움을 붙입니다. 이에 마귀의 미혹을 받은 불신자들이 성도들을 대적하여 싸우려 할 때 하늘에서 불이 내려와 그들을 태워버립니다. 이것이 이 세상의 불 심판입니다. 그리고 땅의 사방 백성을 미혹한 마귀(사탄)가 불과 유황 못(지옥)에 던져져 세세토록 밤낮 괴로움을 받을 것입니다.

하늘에서 불이 내려와 성도들을 대적하는 불신자들을 태워버리고 그들을 미혹하는 마귀가 불과 유황 못에 던져진 후에 모든 불신자들이 심판의 부활을 하여 크고 흰 보좌 앞에 서 있어 자기 행위를 따라 심판을 받습니다. 그리고 사망과 음부도 불 못(지옥)에 던져지는데 이것이 둘째 사망이며, 누구든지 생명책에 기록되지 못한 자(불신자)는 불 못(지옥)에 던져집니다.

전능하신 하나님의 의로운 심판으로 이 세상 곧 처음 하늘과 처음 땅과 바다는 간 데 없어졌습니다. 이제는 천국 곧 새 하늘과 새 땅 그리고 거룩한 성 새 예루살렘을 보게 됩니다. 사도 요한은 새 하늘과 새 땅을 보았으며, 거룩한 성 예루살렘이 하늘에서 내려오는 것을 보았는데 그 준비한 것이 신부가 남편을 위하여 단장한 것 같았습니다. 거룩한 성 새 예루살렘에는 하나님이 성도들과 함께 계시며, 거룩한 성 새 예루살렘은 이기는 자 곧 하나님의 아들이 상속으로 받습니다. 그리고 거룩한 성 예루살렘은 그 성의 빛이 지극히 귀한 보석 같고 벽옥과 수정 같이 맑았으며, 크고 높은 성곽이 있고 열두 문이 있으며, 문에 열두 천사가 있었습니다. 문들 위에는 이스라엘 열두 지파의 이름들을 썼고, 성곽의 열두 기초석에는 예수님의 열두 사도의 이름이 있었습니다. 거룩한 성 예루살렘의 성곽은 벽옥으로 쌓였고, 그 성은 정금이며 맑은 유리 같았습니다. 또한 성곽의 기초석은 각색 보석으로 꾸몄습니다. 그리고 거룩한 성 예루살렘은 하나님과 예수님이 성전이심으로 성 안에 성전이 없으며, 하나님의 영광이 비치고 예수님이 그 등불이 되심으로 해나 달의 비침이 쓸 데 없고, 거기에는 밤이 없음으로 낮에 성문들을 닫지 아니합니다. 거룩한 성 예루살렘은 죄인들은 들어가지 못하며, 어린양의 생명책에 기록된 자들만 들어갈 것입니다. 거룩한 성 예루살렘에서 성도들은 생명수를 마시며, 생명나무의 열매를 먹으며, 항상 치료를 받으므로 행복합니다. 그리고 거룩한 성 예루살렘에서는 성도들에게 다시 저주가 없고, 성도들은 보좌에 앉으신 하나님과 예수님을 섬기며, 그의 얼굴을 보며, 그의 소유가 됩니다. 할렐루야 아멘.

결론

　요한계시록 22장 6-21절은 요한계시록의 결론의 말씀입니다. 요한계시록의 말씀은 신실하고 참됩니다. 그리고 요한계시록의 말씀을 들은 자는 사도 요한입니다. 또 요한계시록의 말씀은 때가 가깝기 때문에 인봉하지 말아야 합니다. 예수님은 교회들을 위하여 사자를 보내어 요한계시록의 말씀을 증언하게 하셨기에 교회는 성령님과 함께 요한계시록의 말씀을 증언해야 합니다. 그리고 요한계시록의 말씀은 더하지도 말고 제하지도 말아야 합니다. 뿐만 아니라 우리들은 예수님께서 속히 오실 것을 알고 예수님이 다시 오시기를 사모하여 "아멘 주 예수여 오시옵소서" 라고 기도하며 주 예수의 은혜가 있어야 합니다.

1) 요한계시록의 말씀은 신실하고 참됩니다.

　사도 요한에게 말한 천사가 또 사도 요한에게 말하기를 "이 말은 신실하고 참된지라 주 곧 선지자들의 영의 하나님이 그의 종들에게 반드시 속히 되어질 일을 보이시려고 그의 천사를 보내셨도다" 하였습니다(계22:6). 그리고 예수님이 "보라 내가 속히 오리니 이 두루마리의 예언의 말씀을 지키는 자는 복이 있으리라" 하셨습니다(계22:7).

계22:6   "또 그가 내게 말하기를 이 말은 신실하고 참된지라 주 곧 선지
          자들의 영의 하나님이 그의 종들에게 반드시 속히 되어질 일을
          보이시려고 그의 천사를 보내셨도다"
계22:7   "보라 내가 속히 오리니 이 두루마리의 예언의 말씀을 지키는
          자는 복이 있으리라 하더라"

요한계시록의 예언의 말씀은 신실하고 참됩니다. 요한계시록은 선
지자들의 영의 하나님이 그의 종들에게 반드시 속히 되어질 일을 보
이시려고 그의 천사를 보내셔서 알게 하신 말씀입니다. 그리고 계시
하신 예수님이 속히 오실 것입니다. 그러므로 요한계시록의 예언의
말씀이 신실하고 참됨을 알고 지키는 자는 복이 있습니다. 〈선지자들
의 영의 하나님〉은 하나님께서 성령으로 선지자들을 통해 예언하게
하셨음을 말씀합니다.

  2) 요한계시록의 말씀을 보고 들은 자는 사도 요한입니다.

  주 곧 선지자들의 영의 하나님이 그의 천사를 보내 보이신 속히 되
어질 일을 보고 들은 자는 사도 요한이며, 사도 요한은 듣고 볼 때에
이 일을 그에게 보이던 천사의 발 앞에 경배하려고 엎드렸습니다(계
22:8). 이에 그 천사가 사도 요한에게 말하기를 "나는 너와 네 형제 선
지자들과 또 이 두루마리의 말을 지키는 자들과 함께 된 종이니 그리
하지 말고 하나님께 경배하라" 하였습니다(계22:9).

계22:8   "이것들을 보고 들은 자는 나 요한이니 내가 듣고 볼 때에 이

일을 내게 보이던 천사의 발 앞에 경배하려고 엎드렸더니"

계22:9　　　"그가 내게 말하기를 나는 너와 네 형제 선지자들과 또 이 두루
　　　　　　마리의 말을 지키는 자들과 함께 된 종이니 그리하지 말고 하
　　　　　　나님께 경배하라 하더라"

　요한계시록의 예언의 말씀을 보고 들은 자는 사도 요한입니다. 사도
요한은 듣고 볼 때에 이 일을 보이던 천사의 발 앞에 경배하려고 엎드
렸습니다. 이에 그 천사는 사도 요한에게 자기에게 경배하지 말고 하
나님께 경배하라 하였습니다. 왜냐하면 그 천사는 사도 요한과 그의
형제 선지자들과 또 요한계시록의 말씀을 지키는 자들과 함께 된 종
이었기 때문입니다. 천사와 사도 요한과 선지자들과 요한계시록의 말
씀을 지키는 자들은 다 하나님의 종으로 하나님께 경배해야 합니다.
하나님 외에 경배를 받을 자는 아무도 없습니다.

　3) 요한계시록의 말씀은 때가 가깝기 때문에 인봉하지 말아야 합니다.
　또 천사가 사도 요한에게 말하되 "이 두루마리의 예언의 말씀을 인
봉하지 말라 때가 가까우니라" 하며(계22:10), "불의를 행하는 자는
그대로 불의를 행하고 더러운 자는 그대로 더럽고 의로운 자는 그대로
의를 행하고 거룩한 자는 그대로 거룩하라"고 하였습니다(계22:11).

계22:10　　　"또 내게 말하되 이 두루마리의 예언의 말씀을 인봉하지 말라
　　　　　　때가 가까우니라"

계22:11　　　"불의를 행하는 자는 그대로 불의를 행하고 더러운 자는 그대

로 더럽고 의로운 자는 그대로 의를 행하고 거룩한 자는 그대
로 거룩하게 하라"

요한계시록의 예언의 말씀은 인봉하지 말고 열어야 합니다. 곧 요한
계시록의 말씀을 알고 이해하며 전파하여 사람들이 알도록 해야 합니
다. 왜냐하면 예수님의 재림의 때가 가깝기 때문입니다. 그리고 예수
님의 재림의 때가 가깝기 때문에 불의를 행한 자는 회개하지 아니하
고 그대로 불의를 행하며, 더러운 자는 회개하지 아니하고 그대로 더
러우며, 의로운 자는 그대로 의를 행하고, 거룩한 자는 그대로 거룩할
것입니다. 예수님의 재림의 때가 가까울수록 악한 자들은 회개하지
아니하고 불의를 행하며, 의로운 자들은 의를 행합니다.

**4) 요한계시록은 예수님이 교회들을 위하여 그 사자를 보내어 증언하게
하셨습니다.**

예수님께서 "보라 내가 속히 오리니 내가 줄 상이 내게 있어 각 사람
에게 그가 행한 대로 갚아 주리라"고 말씀하시며(계22:12), "나는 알
파와 오메가요 처음과 마지막이니 시작과 마침이라"고 말씀하셨습니
다(계22:13). 또 예수님은 "자기 두루마기를 빠는 자들은 복이 있으니
이는 그들이 생명나무에 나아가며 문들을 통하여 성에 들어갈 권세를
받으려 함이로다" 말씀하시며(계22:14), "개들과 점술가들과 음행하
는 자들과 살인자들과 우상 숭배자들과 및 거짓말을 좋아하며 지어내
는 자는 다 성 밖에 있으리라"고 말씀하셨습니다(계22:15). 그러면서
예수님은 "나 예수는 교회들을 위하여 내 사자를 보내어 이것들을 너

희에게 증언하게 하였노라"고 말씀하시며, "나는 다윗의 뿌리요 자손이니 곧 광명한 새벽 별이라"고 말씀하셨습니다(계22:16).

계22:12	"보라 내가 속히 오리니 내가 줄 상이 내게 있어 각 사람에게 그가 행한 대로 갚아 주리라"
계22:13	"나는 알파와 오메가요 처음과 마지막이요 시작과 마침이라"
계22:14	"자기 두루마기를 빠는 자들은 복이 있으니 이는 그들이 생명나무에 나아가며 문들을 통하여 성에 들어갈 권세를 받으려 함이로다"
계22:15	"개들과 점술가들과 음행하는 자들과 살인자들과 우상 숭배자들과 및 거짓말을 좋아하며 지어내는 자는 다 성 밖에 있으리라"
계22:16	"나 예수는 교회들을 위하여 내 사자를 보내어 이것들을 너희에게 증언하게 하였노라 나는 다윗의 뿌리요 자손이니 곧 광명한 새벽 별이라 하시더라"

예수님은 속히 오실 것입니다. 그리고 예수님이 오시면 주실 상이 있어 각 사람에게 그가 행한 대로 갚아 주실 것입니다. 예수님은 알파와 오메가요 처음과 마지막이요 시작과 마침이십니다. 곧 예수님은 창조자시오 심판자이십니다. 그러므로 자기 두루마기를 빠는 자들 곧 자기 행실을 예수 그리스도의 피에 깨끗하게 하는 자들은 복이 있습니다. 자기 두루마기를 빠는 자들은 생명나무에 나아가며, 문들을 통하여 거룩한 성에 들어갈 권세를 받게 됩니다. 그러나 개들 곧 불신자들과 점술가들과 음행하는 자들과 살인자들과 우상 숭배자들과 및 거짓말을 좋아하며 지어내는 자는 다 거룩한 성에 들어가지 못하고 성

밖에 있을 것입니다. 예수님은 교회들을 위하여 그 사자(천사)를 보내어 요한계시록의 예언의 말씀을 증언하게 하셨습니다. 예수님은 다윗의 뿌리요 자손이시며, 광명한 새벽별이십니다. 〈예수님이 알파와 오메가요 처음과 마지막이요 시작과 마침이심〉은 예수님이 창조자와 심판자이심을 의미하며, 〈예수님이 다윗의 뿌리요 자손이심〉은 예수님이 다윗의 자손으로 세상에 오셨음을 의미하며, 〈예수님이 새벽 별이심〉은 예수님이 성도들에게 빛이심을 의미합니다.

5) 요한계시록의 말씀은 교회가 성령님과 함께 증언해야 합니다.

성령과 신부가 말씀하시기를 "오라" 하셨으며, "듣는 자도 오라 할 것이요 목마른 자도 올 것이요 또 원하는 자는 값없이 생명수를 받으라" 하셨습니다(계22:17).

계22:17   "성령과 신부가 말씀하시기를 오라 하시는도다 듣는 자도 오라 할 것이요 목마른 자도 올 것이요 또 원하는 자는 값없이 생명수를 받으라 하시더라"

성령님과 신부가 "오라"고 말씀하십니다. 곧 성령님과 신부가 "듣는 자도 오라 할 것이요 목마른 자도 올 것이요 또 원하는 자는 값없이 생명수를 받으라" 하셨습니다. 〈신부〉는 그리스도의 교회를 의미합니다. 그리스도의 교회들은 성령님과 함께 증언해야 합니다. 성령님은 교회와 함께 증언하십니다.

6) 요한계시록의 말씀은 더하지도 말고 제하지도 말아야 합니다.

사도 요한은 이 두루마리의 예언의 말씀을 듣는 모든 사람에게 증언하기를 "만일 누구든지 이것들 외에 더하면 하나님이 이 두루마리에 기록된 재앙들을 그에게 더하실 것이요 만일 누구든지 이 두루마리의 예언의 말씀에서 제하여 버리면 하나님이 이 두루마리에 기록된 생명나무와 및 거룩한 성에 참여함을 제하여 버리시리라"고 하였습니다(계22:18-19).

계22:18-19 "내가 이 두루마리의 예언의 말씀을 듣는 모든 사람에게 증언하노니 만일 누구든지 이것들 외에 더하면 하나님이 이 두루마리에 기록된 재앙들을 그에게 더하실 것이요 만일 누구든지 이 두루마리의 예언의 말씀에서 제하여 버리면 하나님이 이 두루마리에 기록된 생명나무와 및 거룩한 성에 참여함을 제하여 버리시리라"

요한계시록의 예언의 말씀을 듣는 모든 자들은 요한계시록의 예언의 말씀에 더하지도 말고 제하지도 말아야 합니다. 누구든지 요한계시록의 예언의 말씀 외에 더하면 하나님께서 요한계시록에 기록된 재앙들을 그에게 더하실 것입니다. 또한 누구든지 요한계시록의 예언의 말씀에서 제하여 버리면 하나님께서 요한계시록에 기록된 생명나무에 참여함을 제하여 버리시며, 거룩한 성에 참여함을 제하여 버리실 것입니다.

7) 속히 오실 예수님을 사모하며 기다려야 합니다.

요한계시록에 기록된 예언의 말씀을 증언하신 예수님께서 "내가 진실로 속히 오리라" 말씀하시므로 "아멘 주 예수여 오시옵소서 주 예수의 은혜가 모든 자들에게 있을지어다 아멘" 하였습니다(계22:20-21).

계22:20-21 "이것들을 증언하신 이가 이르시되 내가 진실로 속히 오리라 하시거늘 아멘 주 예수여 오시옵소서 주 예수의 은혜가 모든 자들에게 있을지어다 아멘"

요한계시록의 예언의 말씀들을 증언하신 예수님은 "내가 진실로 속히 오리라"고 말씀하셨습니다. 그러므로 우리는 "아멘 주 예수여 오시옵소서"라고 해야 합니다. 그리고 예수님이 진실로 속히 오시기 때문에 우리 모두에게는 주 예수의 은혜가 있어야 합니다. 〈아멘 주 예수여 오시옵소서〉는 아람어로 "마라나타"인데 초대 교회 성도들이 널리 사용하던 인사말이었으며, 성찬예식을 행할 때 공식적으로 사용한 기도문이었다고 합니다. 그리스도인들에게는 예수님의 재림이 최대의 소망입니다. 예수님은 자기를 바라는 자들에게 두 번째 나타나실(재림하실) 것입니다(히9:28). 우리 모두 재림하실 예수님을 바라보며 '아멘 주 예수여 오시옵소서"라고 기도합시다.

히9:28 "이와 같이 그리스도도 많은 사람의 죄를 담당하시려고 단번에 드리신 바 되셨고 구원에 이르게 하기 위하여 죄와 상관 없이 자기를 바라는 자들에게 두 번째 나타나시리라"

참고 도서

1) 요한계시록 주해 - 이상근 저, 대한예수교장로회 총회교육부, 1974

2) 요한계시록 성서주석 - W 바클레이 저, 기독교문사, 1974

3) 크로스 종합주석(요한계시록) - 도서출판 시내, 1992

4) 풀핏 성경주석(요한계시록) - 보문출판사, 1983